国家社会科学基金（教育学科）“十一五”规划课题研究成果
全 国 高 等 职 业 院 校 汽 车 类 专 业 规 划 教 材

汽车电工电子应用

王玉娟　王西方　主　编
葛莉华　闫冬梅　林朝辉　副主编
高中义　袁金辉　参　编
刘金华　成玉莲　主　审

中国铁道出版社
CHINA RAILWAY PUBLISHING HOUSE

内容简介

本书针对汽车专业要求，对汽车电工电子的教学内容进行整合，选取了最基本、最主要的电工电子基础内容；采用任务式教学，在讲述汽车电工电子基本概念、原理的同时，融入电工电子在汽车中应用的介绍。

全书共分为六个任务，主要介绍汽车电路、电磁、电机、半导体器件、数字电路、汽车常用传感器等内容，在讲解主要内容的同时讲述了常用电工电子仪器仪表的使用方法以及电工电子技术在汽车上的应用。

本书适合作为高职高专院校汽车类专业的教材，也可供从事汽车维修和管理工作的技术人员参考使用。

图书在版编目（CIP）数据

汽车电工电子应用/王玉娟，王西方主编．—北京：中国铁道出版社，2011.6（2016.8重印）
全国高等职业院校汽车类专业规划教材　国家社会科学基金（教育学科）“十一五”规划课题研究成果
ISBN 978-7-113-12936-1

Ⅰ．①汽…　Ⅱ．①王…②王…　Ⅲ．①汽车—电工技术—高等职业教育—教材②汽车—电子技术—高等职业教育—教材　Ⅳ．①U463.6

中国版本图书馆 CIP 数据核字（2011）第 082696 号

书　　名：汽车电工电子应用
作　　者：王玉娟　王西方　主编

策划编辑：何红艳
责任编辑：秦绪好　　**封面制作**：白　雪
编辑助理：陈　庆　　**责任印制**：李　佳
封面设计：付　巍

出版发行：中国铁道出版社（北京市西城区右安门西街 8 号　　邮政编码：100054）
印　　刷：虎彩印艺股份有限公司
开　　本：787mm×1092mm　1/16　**印张**：11　**字数**：257 千
版　　次：2011 年 6 月第 1 版　2016 年 8 月第 2 次印刷
印　　数：3 001～4 000 册
书　　号：ISBN 978-7-113-12936-1
定　　价：25.00 元

国家社会科学基金(教育学科)“十一五”规划课题研究成果
全国高等职业院校汽车类专业规划教材

编审委员会

序

PREFACE

在国家社会科学基金课题"以就业为导向的职业教育教学理论与实践研究"取得理论研究成果的基础上，我们选取了高等职业教育十个专业大类开展实践研究。高职高专汽车类是其中之一。

本课题研究发现，高等职业教育在专业教育上承担着帮助学生构建起专业理论知识体系、专业技术框架体系和相应职业活动逻辑体系的任务，而这三个体系的构建需要通过专业教材体系和专业教材内部结构得以实现。为此，这套高职高专汽车类专业系列教材的设计，依据不同教材在其构建理论知识、技术方法、职业活动三个体系中的作用，采用不同的教材内部结构设计和编写体例。

承担专业理论知识体系构建任务的教材，强调了专业理论知识体系的完整性与系统性，不强调专业理论知识的深度和难度；追求的是学生对专业理论知识整体框架的把握和应用，不追求学生只掌握某些局部内容，而求其深度和难度。

承担专业技术框架体系构建任务的教材，注重让学生了解这种技术的产生与演变过程，培养学生的技术创新意识；注重让学生把握这种技术的整体框架，培养学生对新技术的学习能力；注重让学生在技术应用过程中掌握这种技术的操作，培养学生的技术应用能力；注重让学生区别同种用途的其他技术的特点，培养学生职业活动过程中的技术比较与选择能力。

承担职业活动体系构建任务的教材，依据不同职业活动对所从事人职业特质的要求，分别采用过程驱动、情景驱动、效果驱动的方式，形成做学合一的各种教材结构与体例，诸如：项目结构、案例结构等。过程驱动培养所从事人的程序逻辑思维；情景驱动培养所从事人的情景敏感特质；效果驱动培养所从事人的发散思维。

本套教材无论从课程标准的开发、教材体系的建立、教材内容的筛选、教材结构的设计还是教材素材的选择，都得到了汽车行业专家的大力支持，他们对职业资格标准和各类技术在我国的应用广泛程度方面，提出了十分有益的建议；倾注了国内知名职业教育专家和全国多所高职高专院校汽车类专业一线老师的心血，他们对高职高专汽车类专业培养的人才类型提出了可贵意见，对高职高专汽车类专业教学提供了丰富的素材和鲜活的教学经验。

这套教材是我国高职高专教育近年来从只注重学生单一职业活动逻辑体系构建，向专业理论知识体系、技术框架体系和职业活动逻辑体系三个体系构建转变的有益尝试，也是国家社会科学研究基金课题"以就业为导向的职业教育教学理论与实践研究"研究成果的具体应用之一。

如本套教材有不足之处，敬请各位专家、老师和广大同学不吝赐教。希望通过本套教材的出版，为我国高等职业教育和汽车产业的发展作出贡献。

邓泽民
2009年12月

前言

FOREWORD

《汽车电工电子应用》是高职高专院校汽车类专业的核心专业基础课程。本书以教育部高职高专示范校教材建设要求为依据,以能力培养为目的,兼顾对后续课程的辅助作用,确定编写思路和内容。

在汽车电工电子应用的学习过程中,除了培养学生必要的基本理论知识外,还着重培养学生的职业技能、实训实践能力和创新能力。

本书的参考教学学时为70学时左右,可根据实际需要制定教学方案。本书共分为六个任务,以实际工作任务为导向,引出电工电子基本概念、工作原理和应用。任务一为汽车闪光器的制作,包括汽车基本电气及电子元件的识别、测量与检查的方法。任务二为直流稳压电源的制作,包括直流电路的基本知识、复杂电路的解决方法及电位的测量;介绍单相交流电路的基本知识、三相交流电的基本知识等的同时,让学生制作一个采用集成稳压方式将交流电(市电)转变为稳压直流电的稳压电源。任务三为汽车喇叭电路的连接,包括变压器、电磁铁、继电器的结构、工作原理及其在汽车上的应用。任务四为汽车电动门窗升降器的制作,包括直流电动机、步进电动机、交流发电机的基本构造和工作原理及在汽车上的应用。任务五为汽车水箱水位过低报警器的制作,包括数字电路基础知识、组合逻辑电路、时序逻辑电路、555定时器等。任务六为汽车常用传感器的识别与检测,包括空气流量传感器、进气压力传感器、冷却液温度传感器、进气温度传感器、节气门位置传感器、曲轴位置传感器、氧传感器、爆震传感器的识别与检测。

本书针对汽车类专业需求,选取了最基本、最主要的电工电子基础内容,并列举了许多汽车电子电路的实例,理论结合实际,通俗易懂,便于学生学中做,做中学,为后续专业课起到铺垫作用,适用性强。本书讲述内容的同时,根据课程整体需要以及对后续课的辅助作用,开发了焊点练习、汽车闪光器制作等实训项目来加强学生对本课程的学习。实训设置主要依据由简单到复杂、层层深入、力求加强对学生动手能力培养的原则,同时考虑实用性以及对后续课的作用,让学生逐渐对本课程产生兴趣,最终使学生成为既懂汽车维修理论知识又具备实际操作能力、既懂机械又会电子的高素质的汽车维修职业技能型人才。

本书由长春职业技术学院的王玉娟、王酉方任主编,葛莉华、闫冬梅、林朝辉任副主编。本书由刘金华、成玉莲主审,参与本书编写的还有高中义、袁金辉。

本书在编写时,参阅了许多同类教材和资料,得到了不少启发和教益,在此向编著者致以诚挚的谢意。

本书适合作为高职高专院校汽车类专业的教材,也可供从事汽车维修和管理工作的技术人员参考使用。

由于编者水平有限,编写时间仓促,书中难免有错误和不当之处,殷切希望广大读者批评指正。

编　者

2011年4月

目 录

CONTENTS

任务一　汽车闪光器的制作

学习目标

· 掌握汽车基本电气及电子元件的识别、测量与检查的方法。
· 能正确认识汽车上的常用电气和电子元件，包括熔断器、开关、电阻器等。
· 能够正确使用仪表对基本电气及电子元件进行检查与测量。

任务描述

汽车闪光器是汽车行驶方向变化的闪光装置，其电路是一个常见的电路。该任务通过汽车闪光器的制作，使同学掌握汽车基本电气及电子元件的识别、测量与检查，同时能够把电路检测技术应用到电路中去，并学会焊接简单电路板。

相关知识

一、汽车常用电路元件识别及检测

（一）电路保护元件识别及检测

在有些情况下，电路中会出现大电流。若没有电路保护措施，电路仅可以在短时间内允许一定量的电流流过。假如电流超过了电路的承载能力，将会导致导线过热而烧毁。

每个电路均配备有一个或多个电路保护装置，以防止损坏导线和电气部件。这些装置可能是熔断器（俗称保险丝）、易熔线、电路断路器，或是上述装置的综合应用。当电路过载时，汽车上的某些设备通过关闭来保护自己。

综上可知电路保护元件功用为：使许多汽车电子电路都能在电流高于额定值时受到保护。

1. 熔断器

熔断器是汽车电路中最常用的电路保护元件。

每根导线都只能承受一定的持续电流。电流过大（例如短路时）会造成导线发热，有发生火灾的危险。为保护导线和电气部件，电路中需安装电路保护元件。熔断器有一根很细的熔丝，达到一定电流时熔丝就会熔化从而切断电路。熔丝有的通过一个小玻璃圆筒或陶瓷圆筒拉紧，有的作为熔断保险电桥嵌入扁平的塑料盒内。熔断器位于一个熔体盒内。熔断器布置位置取决于车辆配置和年款。熔断器盒盖上通常有一个概览表，标示了熔断器的名称、位置以及规格，更换时必须使用相同规格的熔断器。额定电流通过熔体上的颜色代码或印刷文字标示出来。

熔断器按形状和材料可分为三种基本的可快速更换的熔断器：玻璃管熔断器、陶瓷熔断器及片形熔断器，玻璃管熔断器和陶瓷熔断器属于传统产品，均为管状。引脚式陶瓷熔断器为第二代产品。目前汽车上应用最广的片形熔断器为第三代产品。

（1）玻璃管熔断器

玻璃管熔断器两端为金属端帽，中间为小玻璃圆管，如图 1-1 所示，玻璃管内的连接两金属端帽的熔丝在电流超出额定值时会快速熔断。玻璃管熔断器常用于摩托车上。

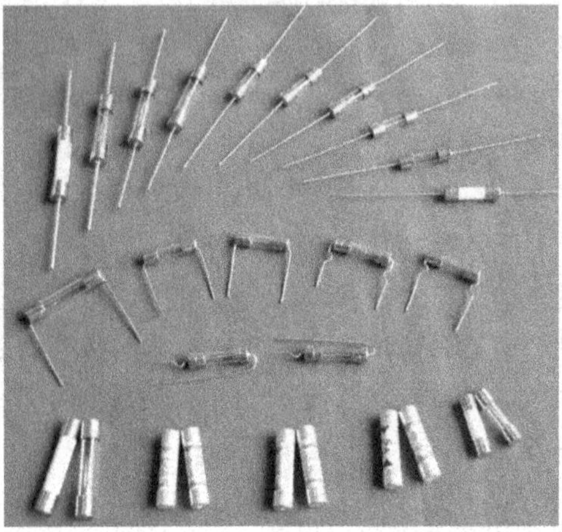

图 1-1　玻璃管熔断器

（2）陶瓷熔断器

陶瓷熔断器多用在家用电器、工业控制、仪器仪表中，其标志色及额定电流如图 1-2 所示。

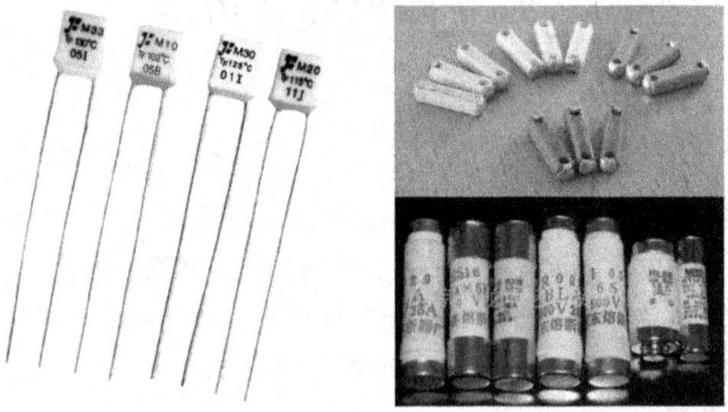

标志色	额定电流/A
黄色	5
白色	8
红色	16
蓝色	25

图 1-2　陶瓷熔断器及标志色

（3）片形熔断器

片形熔断器是插接式装置，如图 1-3 所示，这类熔断器由一个半透明的塑料外壳及连接着两个插片的熔丝组成，并具有规定的额定电流和颜色编码。其一定标明了额定电流值。熔断器外壳体上有两个外露的插片上端触点，可以使修理工很方便地检查电压和导通性。它有三种不同的类型。

（a） 自动熔断器　　（b）大电流熔断器　　（c）小电流熔断器

图 1-3　片形熔断器

① 自动熔断器。自动熔断器（额定电流 3～30A）是目前车辆上应用最广泛的保护系统元件和导线免受损坏的熔断器，其额定电流值和颜色编码如图 1-4 所示。

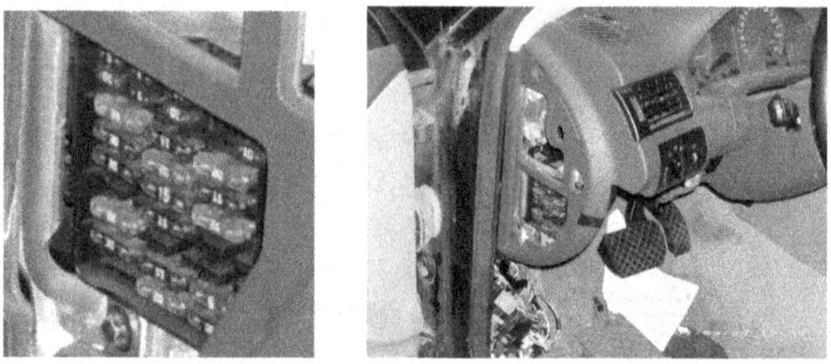

标志色	额定电流/A
紫	3
粉	4
米	5
棕	7.5
红	10
蓝	15
黄	20
白	25
绿	30

图 1-4　自动熔断器及标志色

② 大电流熔断器。大电流熔断器（额定电流为 20～80A）是比自动熔断器额定电流大而熔体熔断缓慢的熔断器，一般安装在蓄电池和主熔断盒之间，如图 1-5 所示。

③ 小电流熔断器。小电流熔断器（额定电流为 5～30A）在设计和工作情况上和自动熔断器相似，但它更细小。使用这种熔断器主要是考虑到很多系统中在同样大小的空间中还要安放单独的熔断器。

熔断器通常串联在电路中所有负载的前面，但也可以位于每个负载的支路中，如图 1-6、图1-7 所示。

标志色	额定电流/A
黄	20
绿	30
琥珀	40
红	50
蓝	60
棕	70
土黄	80

图 1-5　大电流熔断器及标志色

一般地，当通过熔断器的电流达到其额定值时，熔丝熔断使电路断开。视觉检查不能轻易就能发现已熔断的熔体。因此，看起来正常的熔断器可能仍有故障，如图 1-8、图 1-9 所示。

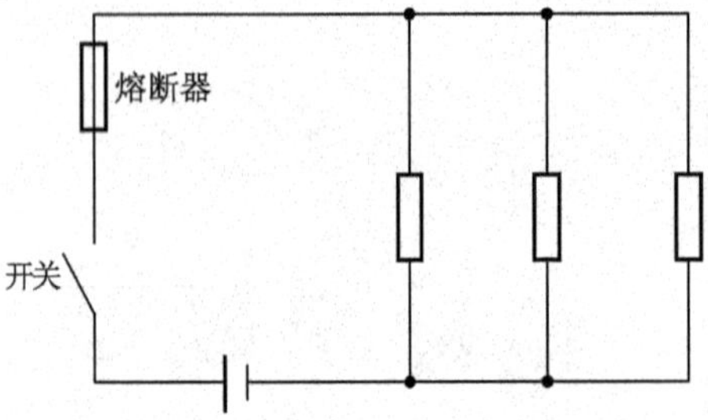

图 1-6　熔断器位于所有负载前

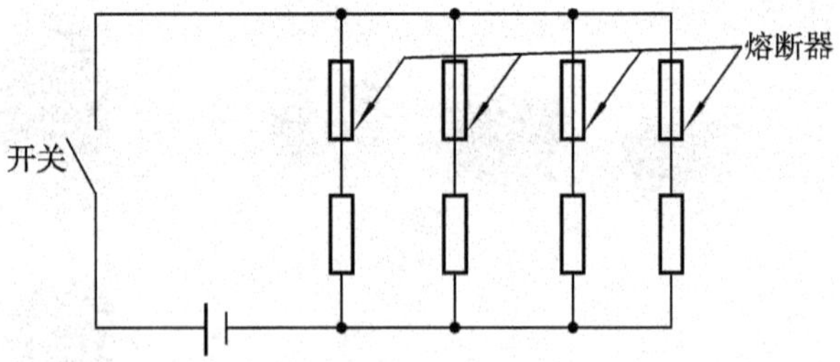

图 1-7　熔断器位于每个负载的支路中

为了避免视觉误差，应尽可能使用电阻表、电压表或测试灯正确地对熔断器进行检查。当用电阻表检查熔断器或熔体时，应先取出熔断器或将电源断开。如果正常，电阻表的读数应为 0 ~ 1Ω，如果熔体已熔断，读数应为无穷大。

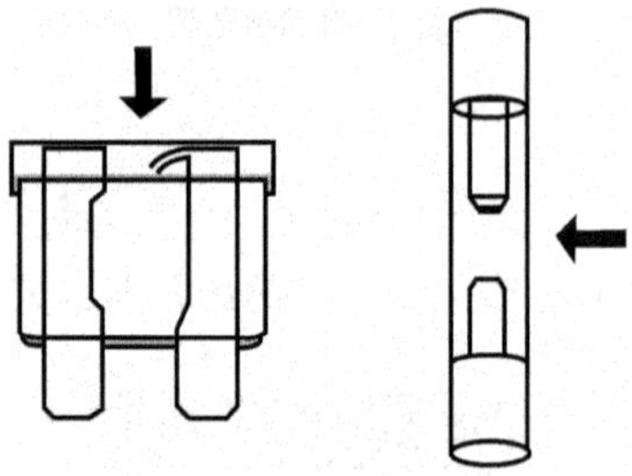

图 1-8　明显熔断的熔断器

用电压表或测试灯检测熔断器或熔线时，应检查被测单元两端的电压。如果元件尚好，两端应均有电压降，熔断的熔体末端无电压。

警告：熔断器通过专用电路的电流量标定，不可旁通熔断器或用更大容量的电路保护元件替换生产商已设计好的熔断器。对于熔断器盒上印记不清的熔断器，应参照设备说明书选用正确的熔断器。

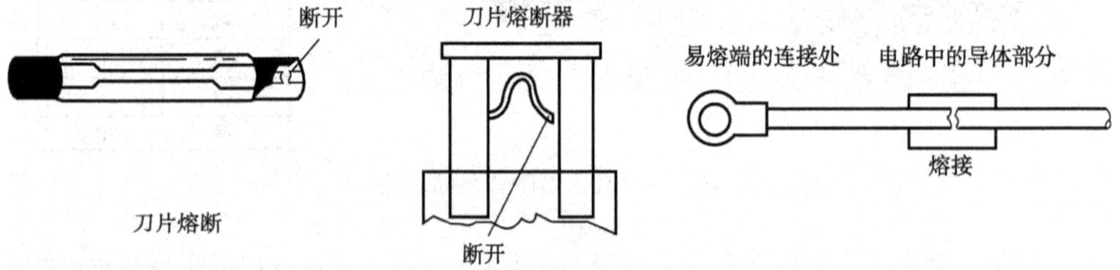

图 1-9　某些情况下不易发现的熔断器故障

电气设备出现故障时，必须先对熔体进行现场直观检查。如果熔体已熔断，必须换上一个额定电流相同的熔体。如果更换后熔体再次熔断，则必须检查该电路。

2. 电路断路器

功用：保护易过载的电路和用电设备。一般安装在熔断器盒面板上或装在电路的线路中。

电路断路器分为三种类型：自动复位电路断路器、手动电路断路器、正温度系数（PTC）固态电路断路器，如图 1-10、图 1-11、图 1-12 所示。

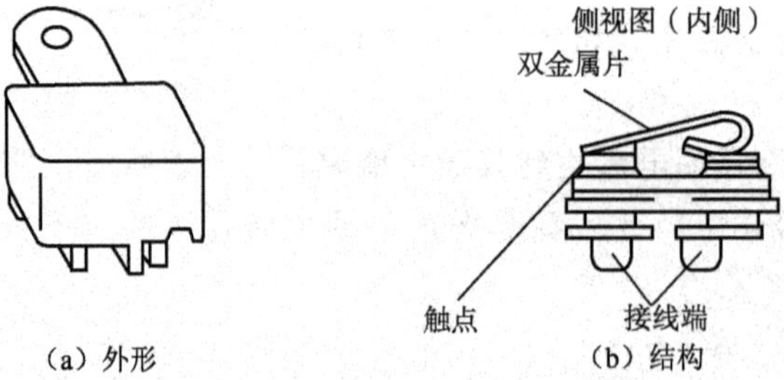

图 1-10　自动复位电路断路器

自动复位电路断路器主要元件是双金属片，随着温度恢复自动复位。

手动复位电路断路器主要元件也是双金属片，需要按动按钮或关闭电源才能复位。

PTC（正温度系数）固态电路断路器常在负载元件内部使用。

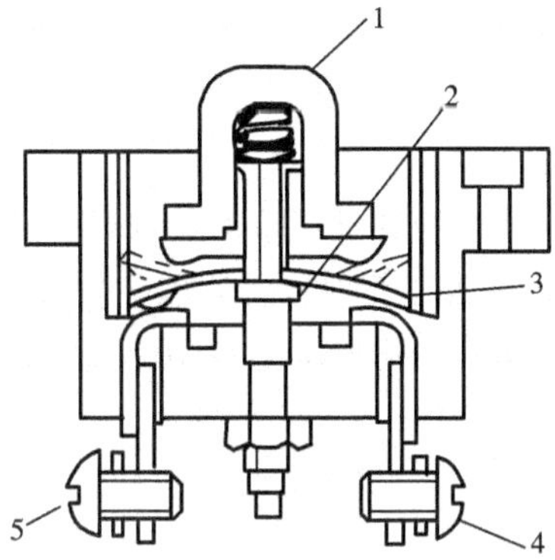

图 1-11　手动复位电路断路器
1—复位按钮；2—双金属片；
3—触点；4、5—接线柱

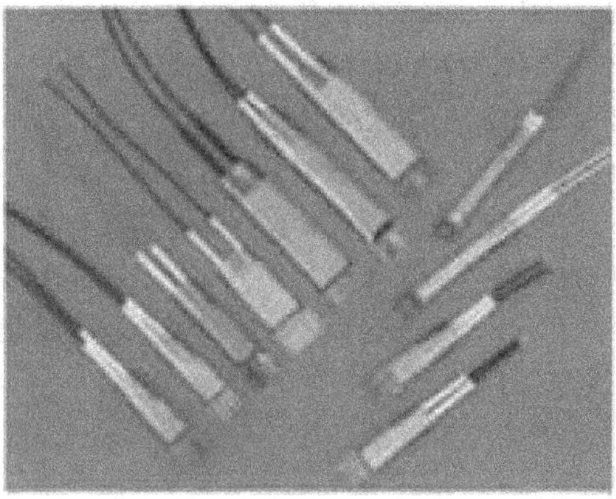

图 1-12　PTC 电路断路器

（二）汽车上导线的识别及检测

1. 汽车上导线的识别

一辆典型的汽车上有总长 2000ft（1ft = 0.3048m）的导线，如图 1-13 所示。

按承受电压的高低分为高压导线和低压导线。

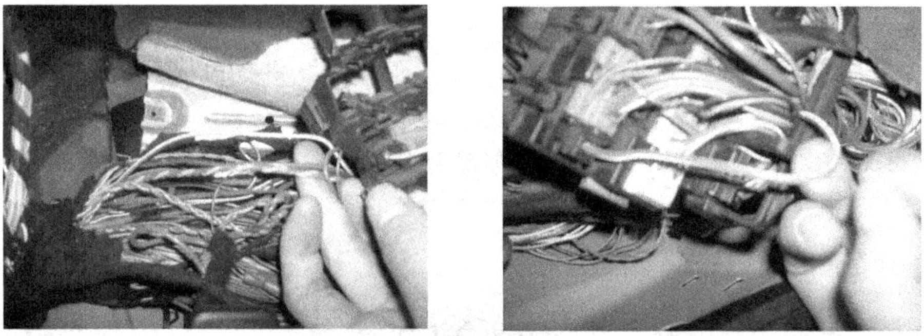

图 1-13　汽车导线

为使全车线路规整，安装方便、保护导线的绝缘及防止受热老化、震动摩擦，汽车上的全车线路除高压线、蓄电池电缆和起动机电缆外，一般将同区域的不同规格的导线用布带捆扎或薄聚氯乙烯带缠绕包扎成束，称为线束，如图 1-14 所示。

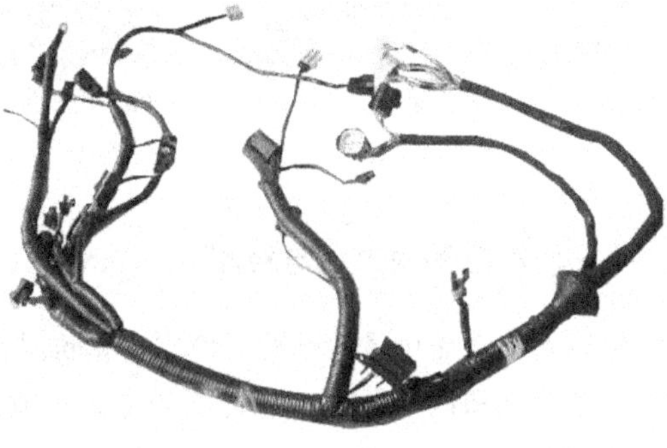

图 1-14　汽车线束

导线截面积是根据用电设备的负载电流大小选择的。其选择原则一般为：长时间工作的导线选用实际载流量 60% 的导线；短时间工作的可选用实际载流量60% ~100%之间的导线。

同时，还应考虑电路中的电压降和导线发热等情况，避免超过导线的允许温度以免影响用电设备的电气性能。

为保证机械强度，一般低压导线截面积不小于0.5mm²。

2. 导线的检查和测量

导线可能由于下述原因而损坏或断裂：受热老化、震动摩擦、外力挤压撕扯、插接器松动或氧化腐浊，有时边缘锋利的车身部件也会造成导线损坏。

元件功能不正常时应首先检查外部线路是否导通正常。为此可用检测灯进行导通性检测或用万用表测量导线的电阻，如图1-15、图1-16所示。注意测电阻时应将局部电路的导线和其他部分断开，导线电阻过大时无法向用电器提供足够高的电压，同时会出现功能故障。因此导线电压降不能过大。

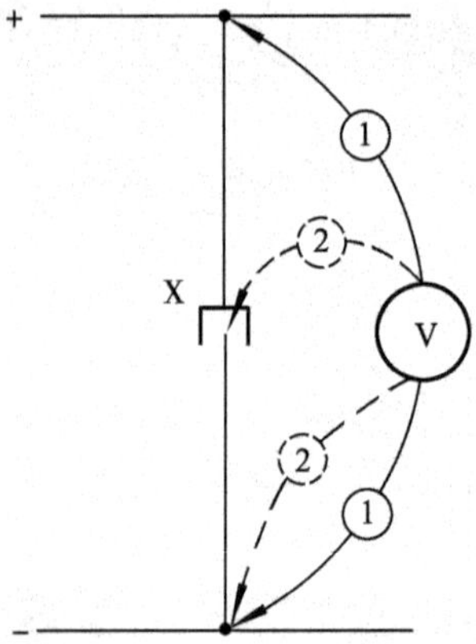

图1-15 导线通断的检查

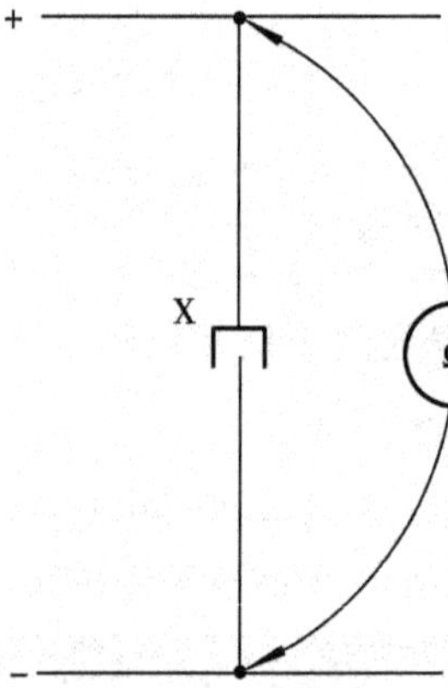

图1-16 导线电阻的检查

3. 导线的维修

导线出现故障时需要对导线进行维修，如图1-17所示，但不允许维修带屏蔽层的传感器（例如转速传感器）导线，也不允许维修安全气囊系统的导线。用黄色绝缘胶带在维修用导线上做标记。

（a）剥去绝缘层　（b）用压接钳把压接连接件压紧　（c）用热吹风机包上绝缘层

图1-17 导线的维修

（三）电阻器的识别与检测

电阻器是电路中最常见的元件之一，也是汽车电气及电子设备中用得最多的基本元件之一，主要用于控制和调节电路中的电流和电压、放热、点亮灯泡或实现设计的电压降。例如，点烟器、风窗玻璃、后视镜电加热丝都是靠镍铬合金丝制成的电阻来释放热量。白炽灯的光也是利用钨丝加热而发出的，其符号为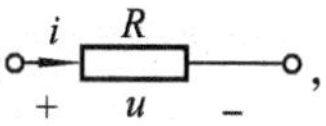，单位为 Ω（欧姆）。

1. 电阻器的类别

电阻器根据其自身阻值特性可分为固定阻值电阻器、分级电阻器和可调电阻器。

（1） 固定值电阻器

固定值电阻器是目前电路中最常用的一种电阻器。有引线金属膜固定值电阻器、绕线固定值电阻器、厚膜固定值电阻器，如图 1-18 所示。

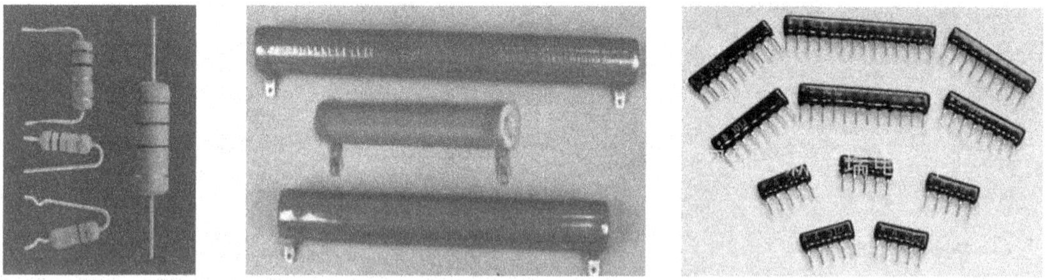

（a）引线金属膜固定值电阻器　（b）绕线固定值电阻器　（c）厚膜固定电阻器

图 1-18　固定值电阻器

（2） 分级电阻器

汽车上一般采用分级电阻器来控制散热器风扇电动机空调系统鼓风机的转速，如图 1-19 所示。

图中当开关置于最低位置时总电阻值为 30Ω，置于中间位置时总电阻值为 20Ω，置于中-高位置时总电阻值为 10Ω，置于最高位置时总电阻值为 0Ω。

如果风扇开关置于低速位置，电路中的电流必须通过所有三个电阻器才能到达风扇电动机。当开关移到其他位置时，电流流经的电阻器数目将减少（少于总数）。

检测分级电阻器最好的方法就是将电阻器从电路中取出检测。图 1-19 所示的是用欧姆表检测每个电阻线圈。然后将所测结果与说明书上的电阻值相比较。

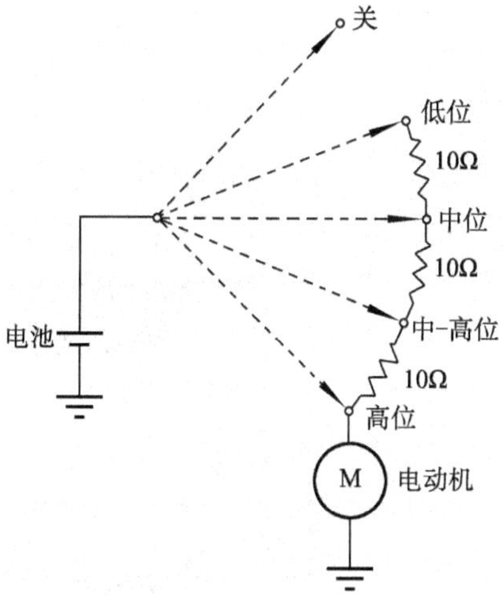

图 1-19　分级电阻

（3） 可调电阻器

可调电阻器可以改变一个电路潜在的电阻值。最常见的可调电阻器类型分别是变阻器、电位器和热敏电阻器，如图 1-20 所示。变阻器其中一个接线端接在电阻的固定端上，另一端接在称为滑动触头的可移动的接触器上。汽车上最常见的变阻器是前照灯开关，改变电阻器上滑动触头的位置，阻值会增加（灯变暗）或减小（灯变亮），以此来控制电流大小。

2. 电阻值的标志

（1） 直标法

直标法是将电阻器的阻值及误差直接用数字和字母印在电阻器上，分为四部分，如图 1-21 所示。第一部分代表主称，用字母表示：R——电阻器、RP——电位器；第二部分代表材料，用字母表示：

T——碳膜、H——合成膜、J——金属膜（箔）、Y——氧化膜、S——有机实心、N——无机实心、I——玻璃油膜、X——线绕、C——沉积膜、G——光敏；第三部分为类别，用数字或字母表示：1——普通、2——普通、3——超高频、4——高阻、5——高温、7——精密、8——高压、9——特殊、G——高功率、T——可调、X——小型、L——测量用、W——微调、D——多圈。

（a）滑线变阻器　　（b）电位器　　（c）热敏电阻器

图 1-20　可调电阻器

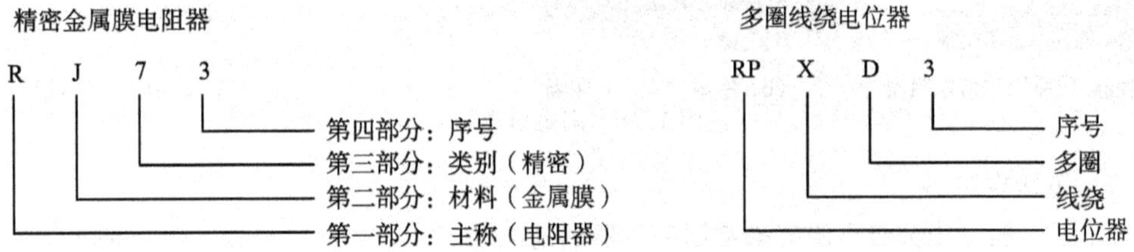

图 1-21　直标法标注的电阻器

（2）色标法

最常见的电阻器色标系统是四色带系统。电阻色标如图 1-22 所示。每种颜色代表不同的数字：黑 0、棕 1、红 2、橙 3、黄 4、绿 5、蓝 6、紫 7、灰 8、白 9；金、银表示误差。

颜色	黑	棕	红	橙	黄	绿	蓝
有效数字	0	1	2	3	4	5	6
倍乘数	10^0	10^1	10^2	10^3	10^4	10^5	10^6
允许偏差		±1%	±2%			±0.5%	±0.25%
颜色	紫	灰	白	金	银	无色	
有效数字	7	8	9				
倍乘数	10^7	10^8	10^9	10^{-1}	10^{-2}		
允许偏差	±1%			±5%	±10%	±20%	

图 1-22　电阻器色标参考图

如图 1-23 所示的带有四色带色标的固定值电阻器，前两条色带表示的数值如图 1-22 所示。第三条色带表示所乘的倍数，或者说起始两色带代表的数值后面应该加 0 的个数。第四条色带指的是电阻器的误差值。例如，一只 1200Ω 的电阻器上有一条金色的误差色带，则电阻值允许的误差为 1200Ω × 0.05 = 60Ω。这意味着该 1200Ω 的电阻其值可高到 1260Ω，或可低至 1140Ω，仍被认为是1200Ω的电阻器。银色的第四色带意指电阻值允许有10%的误差。如果没有第四色带，那么误差默认为20%。

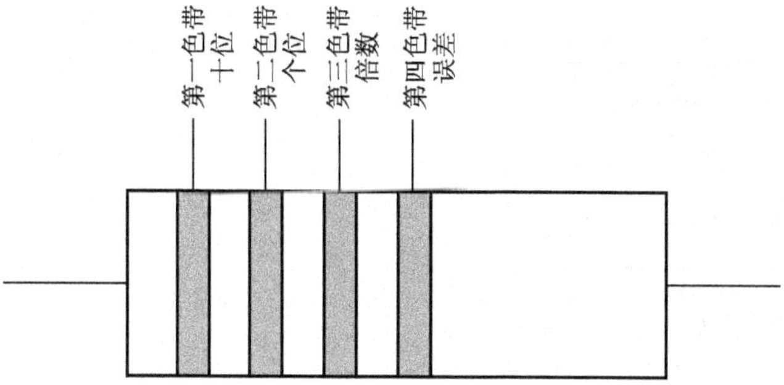

图1-23　带有四色带色标的固定值电阻器

下面以两个例子来说明怎样确定带有色带的固定值电阻器的阻值。

① 在图1-24中，第一色带为红色，其代表的数值在色标图表中为2；第二色带棕色在色标图表中值为1；第三色带为倍数，橙色值为3。因此，将三个0加在前两个数值后面得到21000。换言之，将数21乘1000等于21000Ω。误差色带为金色，因此电阻的允许误差为±5%，电阻值可高到21000Ω＋1050Ω＝22050Ω，或者其值可低至21000Ω－1050Ω＝19950Ω。

② 在图1-25中，第一色带为蓝色，其在色标图表中的值为6；第二色带为灰色，其值为8；第三色带为倍数且为红色，其值为2。在前两个数值之后加两个0得到6800。误差色带为银色，因此电阻器的允许误差为±10%。电阻值可高到6800Ω＋680Ω＝7480Ω，可低至6800Ω－680Ω＝6120Ω。

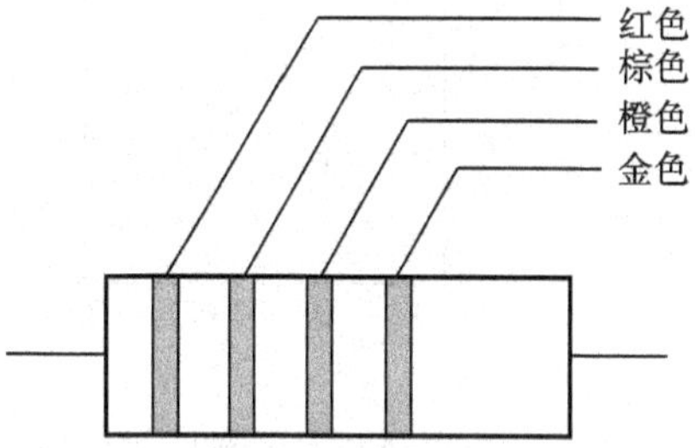

图1-24　电阻值21000Ω，±5%

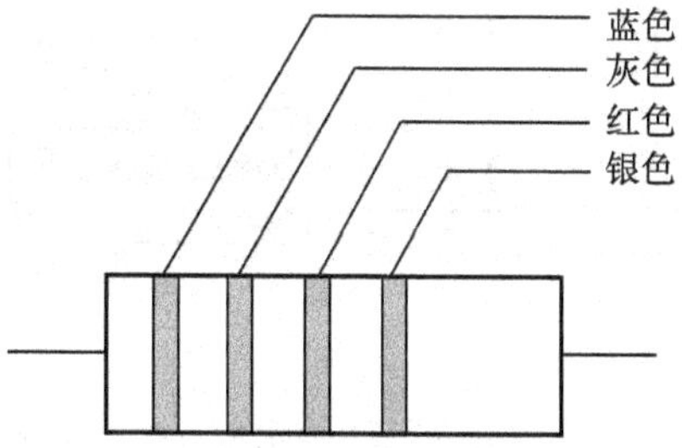

图1-25　电阻值6800Ω，±10%

3. 电阻器的检查和测量

在汽车上会需要测量用电器两端的电压，由于用电器都是有阻值的，在图1-26中，用电阻代替用电器。

闭合电路中，如图1-26（a）所示，用电器电压等于蓄电池电压（12V）减去在导线和开关处的电压降。

在非闭合电路中，如图1-26（b）所示，测得用电器电压$U=0$V，因为到蓄电池正极的连接已经断开。

4. 应用在汽车上的特殊电阻器

（1）热敏电阻器

热敏电阻器有三种：正温度系数热敏电阻器，即阻值随温度升高而增大的电阻器；负温度系数热敏电阻器，即阻值随温度升高而降低的电阻器；临界温度系数热敏电阻器（CTR），在某一温度下，电阻值随温度增加急剧减小，具有很大的负温度系数，具有突变特性。热敏电阻式温度传感器，具有体积小、灵敏度高、安装简单、价格低廉等特点。因此，在汽车电子控制系统中应用广泛。

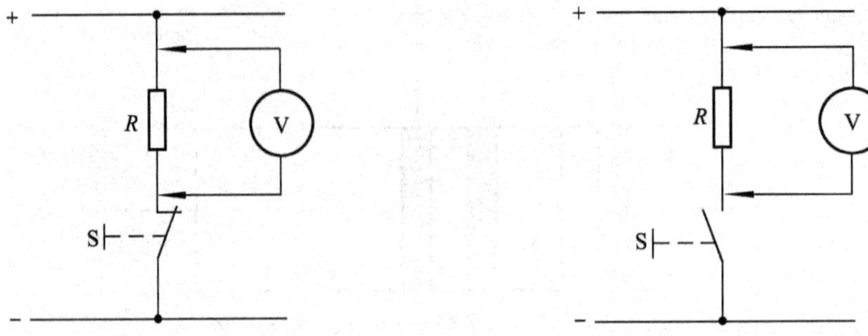

（a）闭合电路中电阻两端电压　　（b）断开电路中电阻两端电压

图 1-26　电阻两端电压

在汽车上，NTC 型温度传感器有冷却液温度传感器、进气温度传感器、排气温度传感器及车内外温度传感器等。

汽车燃油量报警装置（见图 1-27）的主要元件是一个负温度系数热敏电阻（NTC），是一种电阻值随温度升高而下降的半导体电阻。NTC 温度特性曲线如图 1-28 所示。

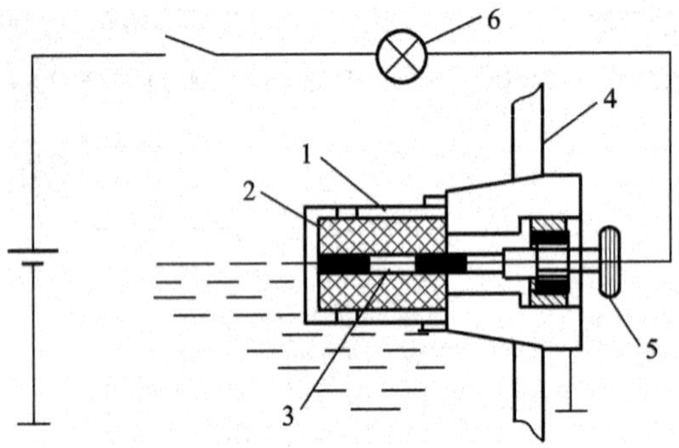

图 1-27　燃油量报警灯电路图

1—外壳；2—防爆用金属网；3—热敏电阻器；4—油箱外壳；5—接线柱；6—报警灯

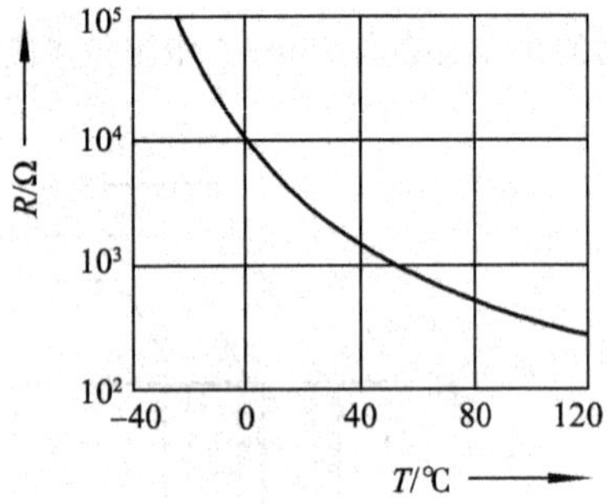

图 1-28　NTC 温度特性曲线

汽车上 PTC 温度传感器较小。汽车风窗玻璃清洗喷嘴加热装置，如图 1-29 所示，R_1 是左侧清洗喷嘴的加热电阻器，R_2 是右侧清洗喷嘴的加热电阻器，是正温度系数（PTC）热敏电阻器。PTC 是电阻值随温度升高而显著提高的半导体电阻器，其温度特性曲线如图 1-30 所示。由于其加热作用是自动调节的，故适合作为加热元件使用。当温度升高时电阻也会增大，在电压不变的情况下电流变小，因此加热作用也会减弱。

在此，PTC 电阻器作为执行机构使用，受热时温度每增加 1 ℃，电阻值平均增加 2Ω。PTC 电阻器可用于过载保护等。如果电流超过一个允许值，PTC 电阻器就会受热，电阻值升高并由此对电流进行限流。

其他应用：后风窗玻璃加热装置，柴油发动机的预热塞、氧传感器加热装置、车外后视镜加热装置。

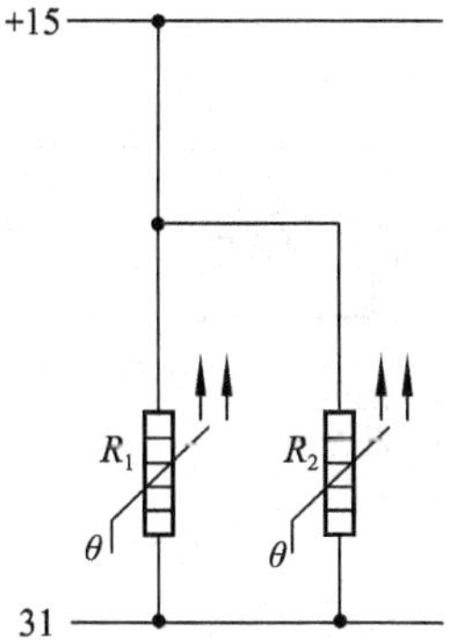

图 1-29　汽车风窗玻璃清洗喷嘴加热装置

R_1—左侧清洗喷嘴加热电阻；R_2—右侧清洗喷嘴加热电阻

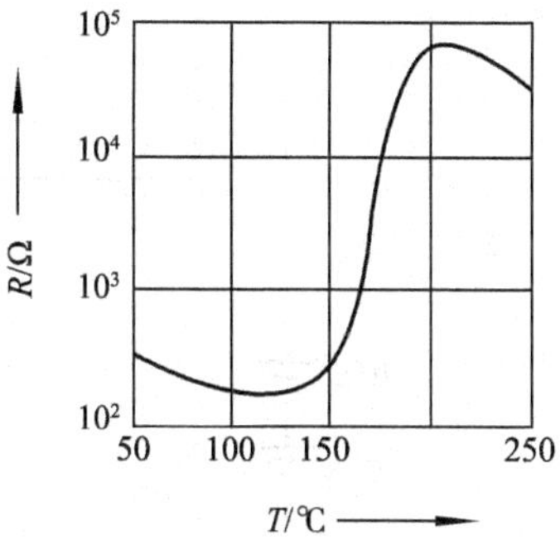

图 1-30　PTC 温度特性曲线

临界温度热敏电阻传感器（CTR），此传感器电阻同样利用热敏电阻器的阻值随温度变化而变化的特性制成，但其在临界温度时电阻值将急剧变化，如图 1-31 所示。由于它具有这种特性，所以通常将其用作开关控制。

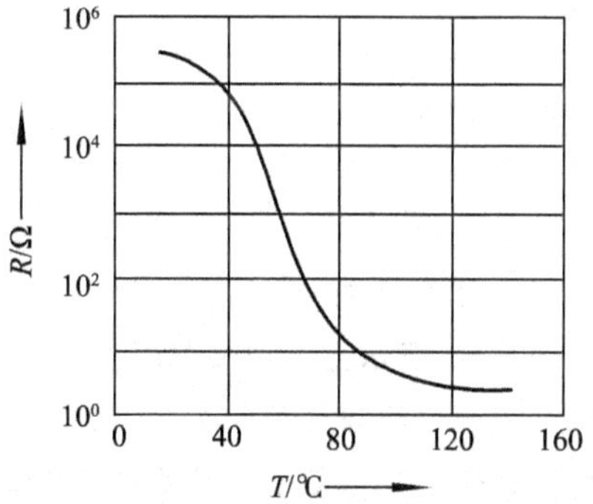

图 1-31　CTR 温度特性曲线

（2）压敏电阻器

应用在进气压力传感器、爆震传感器、碰撞传感器等，具体内容在任务六另行介绍。

（3）光敏电阻器

应用在自动变光控制系统、昏暗自动发光控制系统、雨滴传感器等。

（四）开关装置的识别与检测

汽车上所有用电设备的接通和停止，都必须经过开关控制。对开关的要求是坚固耐用、安全可靠、操作方便、性能稳定。

1. 开关的分类

按开关触点的数量以及状态，开关可分为单刀单掷开关、单刀双掷开关、多位开关、瞬时接触开关、组合开关等多种。

（1）单刀单掷开关

用于断开一个电路并接通另一个电路，如图 1-32 所示。常开触点：用于断开电路；常闭触点：用于接通电路。

（2）单刀双掷开关

用于断开一个电路并接通另一个电路。图 1-33 所示的自动变光系统开关就是一个单刀双掷开关。

（a）常开触点　　（b）常闭触点

图 1-32　单刀单掷开关

（3）多位开关（联动开头）

用于同时接通或断开几个电路。如图 1-34 所示，点火开关就是一组联动开关。

（4）瞬时接触开关

内部的压簧使触点一直处于断开状态，除非外加的力作用于按钮上。如图 1-35 所示，喇叭开关（按钮）就是一个瞬时接触开关。

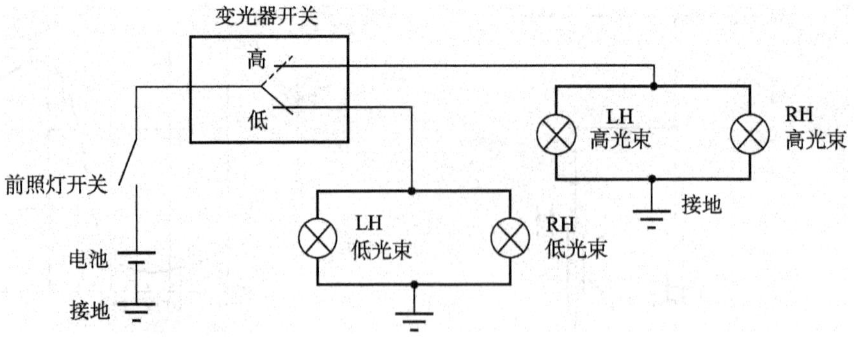

图 1-33 自动变光系统单刀双掷开关

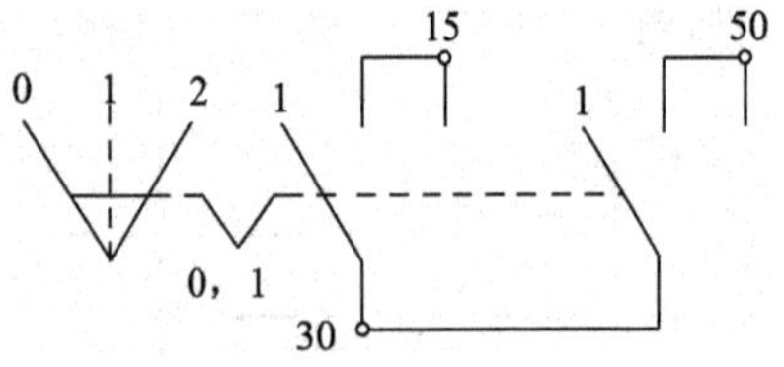

图 1-34 点火开关

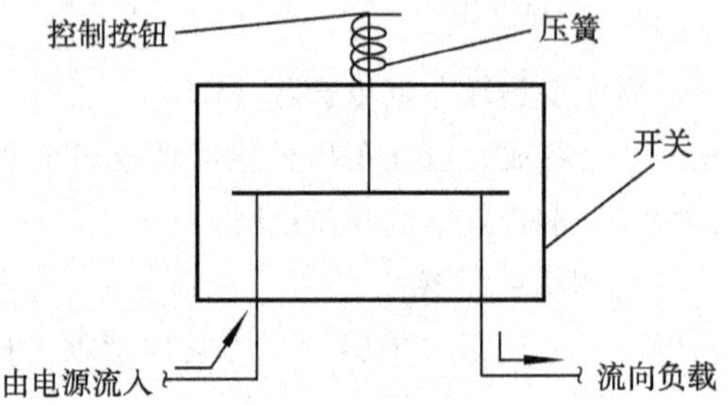

图 1-35 喇叭开关

（5）组合开关

图 1-36 所示为一种汽车用多功能组合开关，由变光开关、灯光开关、转身开关组合的灯光转向开关、由雨刮开关、洗涤开关组合的刮水开关构成。结构紧凑、合理、零件便于加工且装面之工艺性能好，整个产品采用模块组合式结构，便于产品系列化，容易适应不同本型需要。

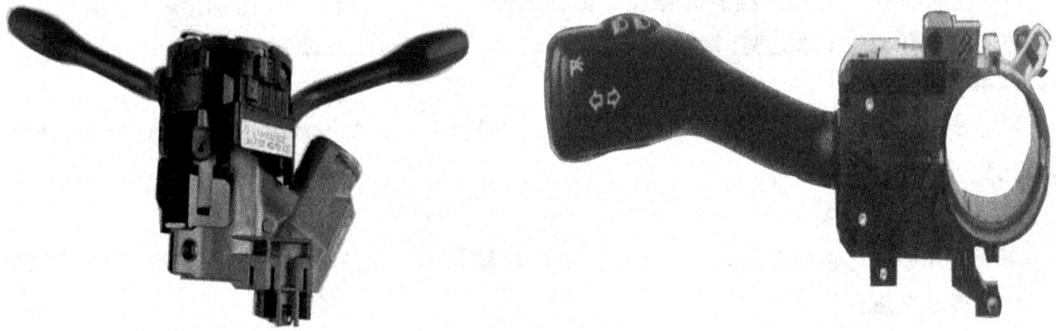

图 1-36 组合开关

2. 开关的检测

检测开关时一般检测开关两端的电压。接通电流，用万用表电压挡检测开关靠近电源侧是否有电压，如果没有应检查电源电路，如果有说明电源正常，再检测开关另一侧是否有电压，如果开关另一侧没有电压应更换开关。

3. 开关的应用

开关在汽车照明设备上应用举例，如图 1-37 所示。

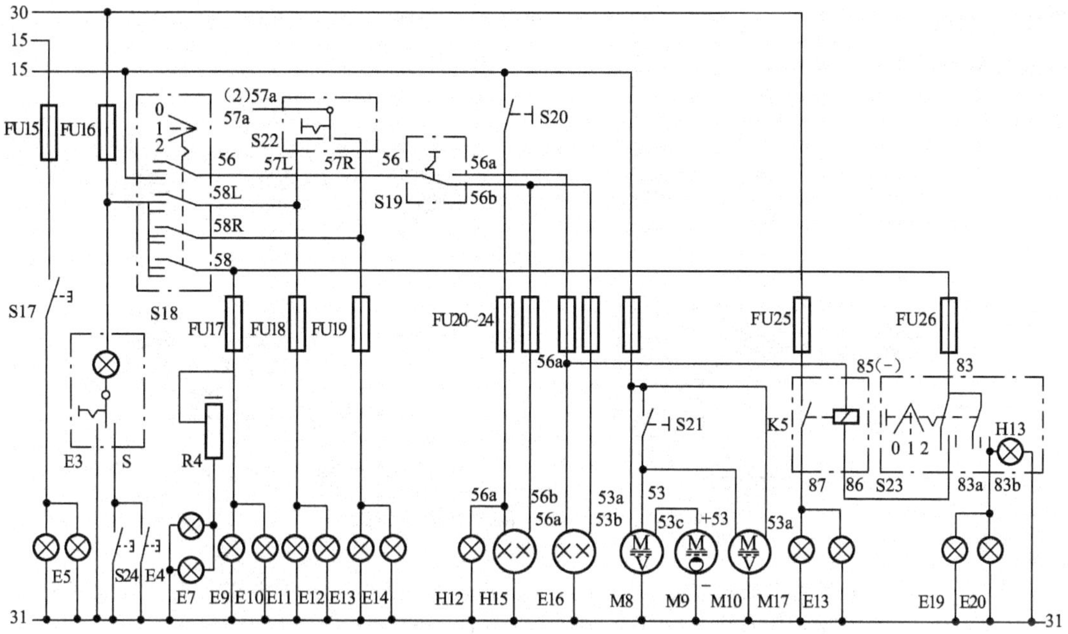

图 1-37　汽车照明系统电路图

E3—带开关的车内照明灯；S—倒车灯开关；S18—车灯开关；S19—近光灯开关；
S20—远光灯瞬时接通按钮；S21—照明灯刮水器开关；
S22—停车灯开关；S23—雾灯开关；S24—车门触点开关

二、汽车常用电子元件识别及检测

（一）半导体二极管（Diode）的识别及检测

半导体是一种具有特殊性质的物质，它不像导体那样能够完全导电，又不像绝缘体那样不能导电，它介于两者之间，所以称为半导体。半导体最重要的两种元素是硅和锗。

1. 半导体元件

（1）本征半导体

自然界中的物质按导电能力来分类，可以分为导体、绝缘体以及半导体三类。半导体是导电能力介于导体和绝缘体之间的物质。常用的半导体材料有硅、锗。纯净的半导体称为本征半导体，如硅、锗单晶体。本征半导体在热力学温度为零时电子被共价键紧紧束缚，故没有导电能力。当温度升高时，电子获得足够能量摆脱共价键的束缚成为自由电子，使其具有一定的导电能力，同时，在共价键中留下一个空位，称为空穴，空穴失去一个电子带正电。由于正、负电荷相互吸引，空穴附近的电子会填补这个空位而产生新的空穴，这样就形成了空穴运动。由热激发产生的自由电子和空穴是成对出现的，自由电子和空穴都称为载流子。自由电子和空穴在运动中相遇重新结合、成对消失的过程叫复合。如果对半导体施回外电压，自由电子和空穴在电场作用下将定向运动，称为漂移。

（2）杂质半导体

在本征半导体中掺入微量杂质元素可提高半导体的导电能力，掺杂后的半导体称为杂质半导体。根据掺入杂质的不同可分为N型半导体和P型半导体，如图1-38所示，掺入五价磷元素杂质的半导体称为N型半导体，掺入三价硼元素杂质的半导体称为P型半导体。

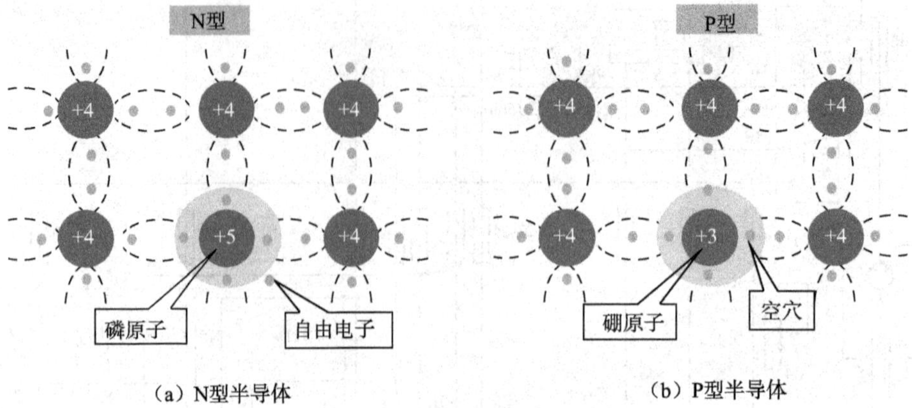

图1-38 N型半导体和P型半导体

N型半导体中电子为多数载流子，空穴为少数载流子；P型半导体中空穴为多数载流子，电子为少数载流子。杂质半导体的示意表示法如图1-39所示。

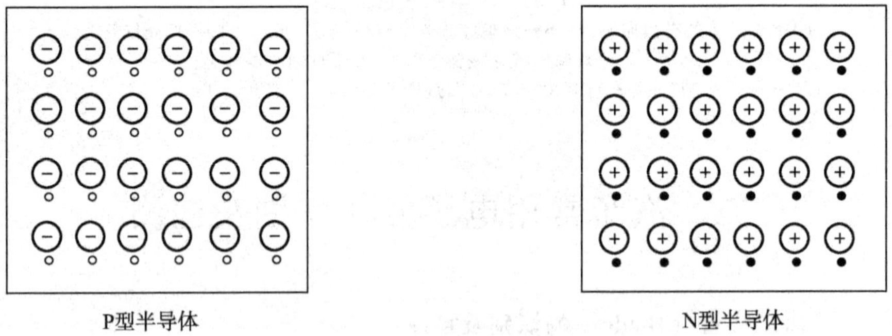

图1-39 杂质半导体的示意表示法

杂质半导体的导电性能主要取决于多子（多数载流子）浓度，如图1-40所示，而多子浓度主要取决于掺杂浓度，其值较大且稳定，因此导电性能得到明显提高。少子（少数载流子）浓度主要与本征激发有关，对温度敏感，温度升高，其值增大。

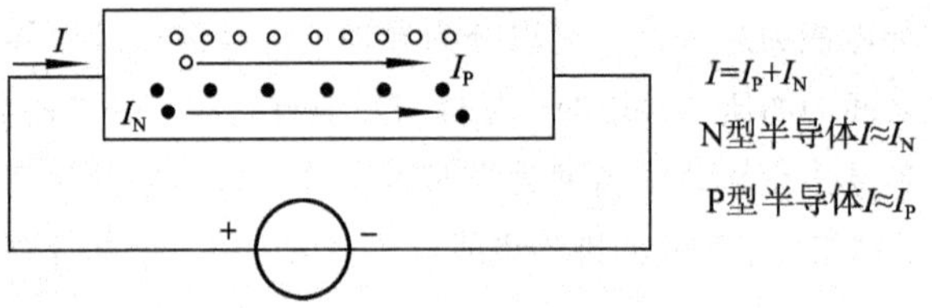

图1-40 杂质半导体的导电性能示意图

2. PN结（PN Junction）

（1）PN结的形成

在同一片半导体基片上，分别制造P型半导体和N型半导体，经过载流子的扩散，在它们的交界面处就形成了PN结。形成原因主要有以下三个：①载流子的浓度差引起多子的扩散；

②复合使交界面形成空间电荷区（耗尽层）；③扩散和漂移达到动态平衡。

（2）PN 结的单向导电性

加在 PN 结上的电压称为偏置电压。若 P 区接高电位，N 区接低电位，称 PN 结外接正向电压或 PN 结正向偏置，简称正偏；反之，称 PN 结外接反向电压或 PN 结反向偏置，简称反偏。

PN 结正偏：外电场使多子向 PN 结移动，中和部分少子使空间电荷区变窄。扩散运动加强形成正向电流 $I_F = I_{多子} - I_{少子} \approx I_{多子}$。

PN 结反偏：外电场使少子背离 PN 结移动，空间电荷区变宽。漂移运动加强形成反向电流 $I_R = I_{少子} \approx 0$。

结论：正偏导通，呈小电阻，电流较大；反偏截止，电阻很大，电流近似为零。

（3）PN 结的击穿特性

当加于 PN 结两端的反向电压增大到一定值时，二极管的反向电流将随反向电压的增加而急剧增大，这种现象称为反向击穿。反向击穿后，只要反向电流和反向电压的乘积不超过 PN 结容许的耗散功率，PN 结一般不会损坏。若反向电压下降到击穿电压以下后，其性能可恢复到原有情况，即这种击穿是可逆的，称为电击穿；若反向击穿电流过大，则会导致 PN 结结温过高而烧坏，这种击穿是不可逆的，称为热击穿。

PN 结的反向击穿有雪崩击穿和齐纳（Zener）击穿两种机理。当反向电压足够大时，PN 结的内电场加强，使少子漂移速度加快，动能增大，通过空间电荷区与原子相撞，产生很多新电子－空穴对，这些新产生的电子又会去撞击更多的原子，这种作用如同雪崩一样，使电流急剧增加，这种击穿称为雪崩击穿。雪崩击穿发生在掺杂浓度较低的 PN 结中，因为这种 PN 结的耗尽层宽，因碰撞而电离的机会就多。由高浓度掺杂材料制成的 PN 结中耗尽层宽度很窄，即使反向电压不高也容易在很窄的耗尽层中形成很强的电场，将价电子直接从共价键中拉出来产生电子－空穴对，致使反向电流急剧增加，这种击穿称为齐纳击穿。

3. 二极管的特性及主要参数

（1）半导体二极管（简称二极管）的结构和类型

二极管一般由三部分组成：PN 结、引线、管壳。

符号：—▷|—，一般用 D、VD 表示。

半导体二极管的分类如下：

① 根据材料分为硅二极管、锗二极管。

② 根据结构分为点接触型、面接触型、平面型，部分结构和符号如图 1-41 所示；按用途分为整流二极管、检波二极管、发光二极管、稳压二极管、光电（光敏）二极管、开关二极管和快恢复二极管，部分符号如图 1-42 所示。

点接触二极管工作频率高，承受高电压和大电流能力差，一般用于小电流的整流、高频开关电路中。面接触二极管适用于工作频率低，工作电压、电流大的场合，一般用于低频整流电路中。平面型二极管常用做小电流开关。

主板上用到的大部分都是贴片二极管，有红色的玻璃管并呈长方形的贴片状，这些二极管一般一端都会有特殊的标记，有标记的一端为二极管的负极。二极管常见外形如图 1-43 所示。

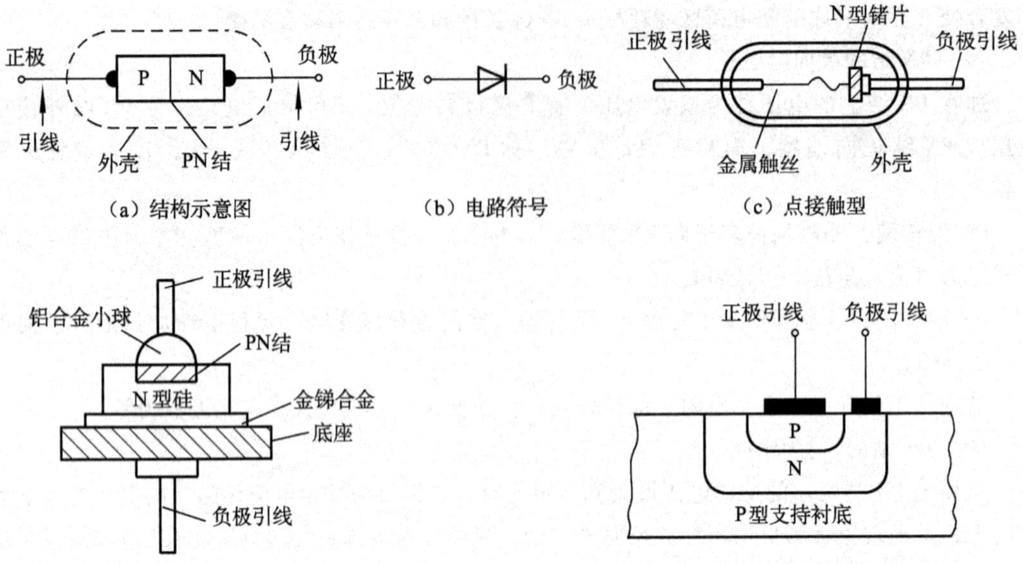

（a）结构示意图　（b）电路符号　（c）点接触型　（d）面接触型　（e）平面型

图 1-41　二极管的结构和符号

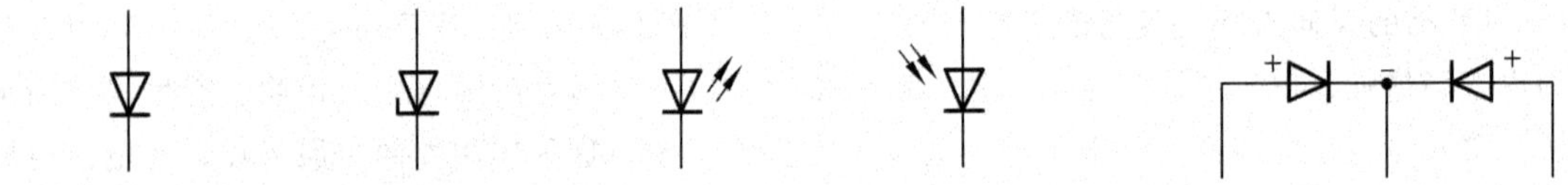

（a）普通二极管　（b）稳压二极管　（c）发光二极管　（d）光电（光敏）二极管　（e）快恢复二极管

图 1-42　功用型二极管的符号

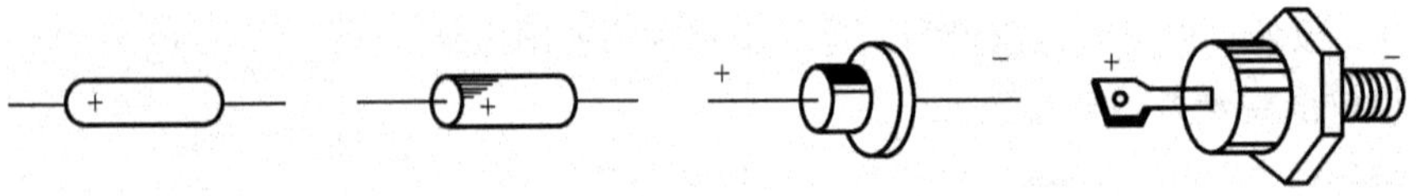

图 1-43　二极管常见外形

（2）二极管的伏安特性

二极管由一个 PN 结构成，具有单向导电性。二极管电流 I_D 随外加于二极管两端的电压 u_D 的变化规律，称为二极管的伏安特性曲线，如图 1-44 所示。

当外加正向电压小于电压 U_{th}时，外电场不足以克服 PN 结的内电场对多子扩散运动造成的阻力，正向电流几乎为零，二极管呈现为高阻状态，好像有一个门槛，因此将电压 U_{th}称为门槛电压（又称死区电压）。在室温下硅管 $U_{th} \approx 0.5V$，锗管 $U_{th} \approx 0.1V$。当外加正向电压大于 U_{th}后，PN 结的内电场大为削弱，二极管的电流随外加电压增加而显著增大，电流与外加电压呈指数关系，实际电路中二极管导通时的正向压降硅管约为 0.6 ~ 0.7V，锗管约为 0.2 ~ 0.3V，因此工程上定义这一电压为导通电压，用 $U_{D(on)}$ 表示，当 $u_D > U_{D(on)}$ 时，二极管导通，i_D 有明显的数值，而 $u_D < U_{D(on)}$时，i_D 很小，二极管截止。工程上，一般取硅管 $U_{D(on)} = 0.7V$，锗管 $U_{D(on)} = 0.2V$。主板上用到的大多为硅管。

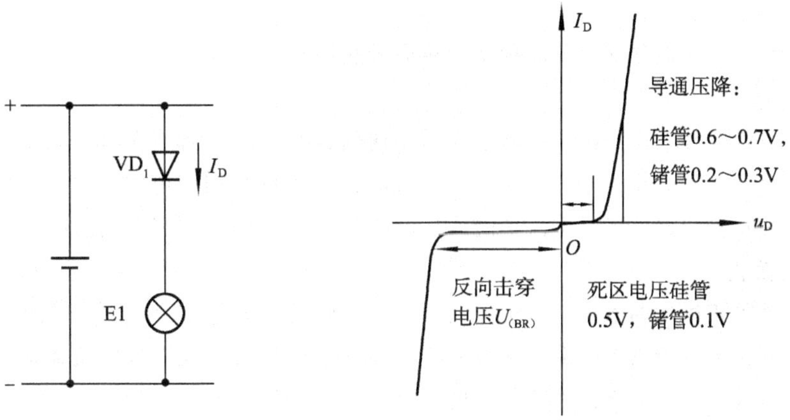

图 1-44　二极管的伏安特性曲线

二极管电流 i_D 随外加于二极管两端的电压 u_D 的作用而变化的规律，称为二极管的伏安特性曲线。

二极管两端加上反向电压时，反向饱和电流 I_S 很小（室温下，小功率硅管的反向饱和电流 I_S 小于0.1μA，锗管为几十微安。）。当加于二极管两端的反向电压增大到 $U_{(BR)}$ 时，二极管的 PN 结被击穿，此时反向电流随反向电压的增大而急剧增大，$U_{(BR)}$ 称为反向击穿电压。

反向击穿类型如下：

① 电击穿——PN 结未损坏，断电即恢复。

② 热击穿——PN 结烧毁。

反向击穿原因：齐纳击穿：正向电场太强，将电子强行拉出共价键（击穿电压 <6V，负温度系数）；雪崩击穿：反向电场使电子加速，动能增大，撞击使自由电子数突增。（击穿电压 >6V，正温度系数）击穿电压在 6V 左右时，温度系数趋近于零。

（3）温度对二极管特性的影响

温度对二极管的特性有显著影响。如图 1-45 所示，在室温附近，温度每升高 1℃，正向压降约减小 2～2.5mV，温度每升高 10℃，反向电流约增大一倍。温度升高时，正向特性曲线向左移，反向特性曲线向下移。若温度过高，可能导致本征半导体激发引起的少子浓度超过杂质原子所提供的多子浓度，此时，杂质半导体与本征半导体相似，PN 结消失。一般硅管所允许的最高结温为 200℃，锗管为 150℃。

温度 T_a↑ → 正向电压 U_D↓ → 反向饱和电流 $I_{反}$↑。

4. 二极管的主要参数

I_F——最大整流电流（最大正向平均电流）；

U_{RM}——最高反向工作电压，为 $U_{(BR)}/2$；

I_R——反向电流（越小单向导电性越好）；

f_M——最高工作频率（超过时单向导电性变差）；

影响工作频率的原因——PN 结的电容效应。

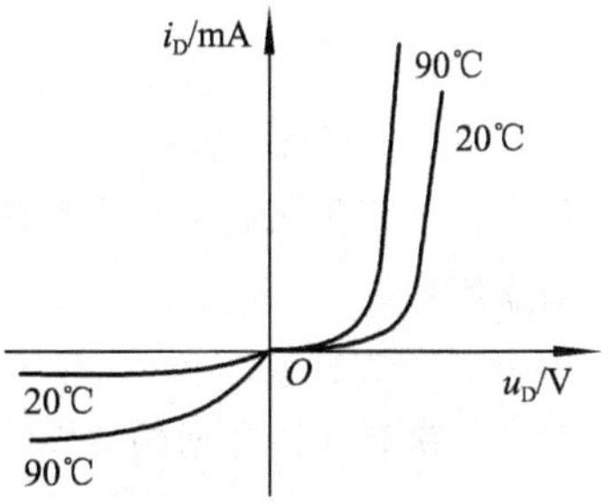

图 1-45　温度对二极管特性的影响

结论：①低频时，因结电容很小，对 PN 结影响很小。高频时，因容抗增大，使结电容分流，导致单向导电性变差；②结面积小时结电容小，工作频率高。

5. 二极管的特性

二极管的特性：正向导通，反向截止（单向导通性）。

（1）正向导通

如果给二极管正极的电压高于负极电压（正向偏置电压），只要正极电压达到一定的值，二极管导通，导通后二极管相当于一个导体，二极管的两引脚之间的电阻很小，相当于接通。电流流动方向是从正极流向负极，电流不能从负极流向正极，否则二极管已损坏。

（2）反向截止

如果给二极管正极加的电压低于负极电压（反向偏置电压），二极管处于截止状态，二极管两引脚之间电阻很大，相当于开路。只要是反向电压，二极管中就没有电流流动，如果加的反向电压太大，二极管会被击穿，电流从负极流向正极，说明二极管损坏。

稳压二极管具有反向击穿的特性，快恢复二极管相当于两个稳压二极管。

6. 二极管的作用

二极管的作用：检波、整流、稳压、限幅、开关、钳位等。二极管应用举例如下：

（1）整流二极管

整流二极管的作用是将交流电源整流成脉动直流电，它利用二极管的单向导电特性工作。

图 1-46 所示为整流电路，由于二极管的单向导电特性，在交流电压正半周时二极管 VD 导通，当输出在交流电压负半周时二极管 VD 截止，无输出。经二极管 VD 整流出来的脉动电压再经 RC 滤波器滤波后即为直流电压。

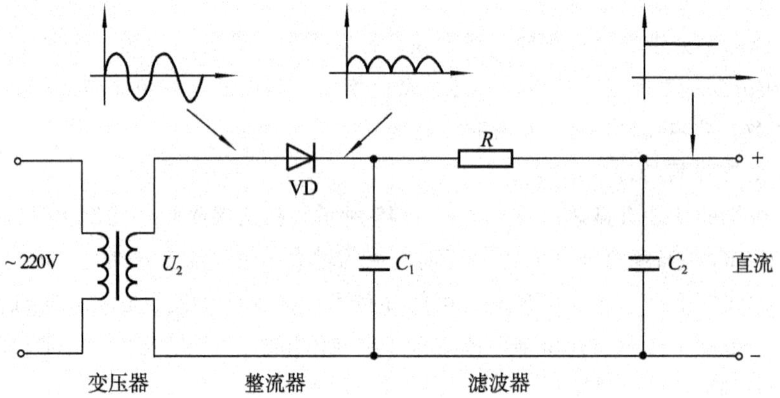

图 1-46　整流电路

（2）检波二极管

检波二极管是把叠加在高频载波中的低频信号检出来的器件，它具有较高的检波效率和良好的频率特性。

（3）开关二极管

利用二极管单向导通的特性，在开关电路中可以对电流起接通和关断的作用。

（4）稳压二极管

稳压二极管是利用 PN 结反向击穿时电压基本上不随电流变化而变化的特点来达到稳压目的，对于稳压二极管其稳压值就是击穿电压值（根据负载电压选择稳压值）。

如图 1-47 所示，R_1 具有限流保护作用，保护稳压二极管 VD_1。这一电路中接入二极管的目的是为了稳定电路中 A 点直流电压大小。这一稳压电路工作的原理是：直流电压 $+V$ 经电阻 R_1 加到 VD_1 上，由于 $+V$ 大于 VD_1 稳压值，所以 VD_1 处于击穿状态，将电压接地，这样 VD_1 两端的电压大小不变，即 A 点的电压稳定不变，这样供给电路的直流电压是稳定的。

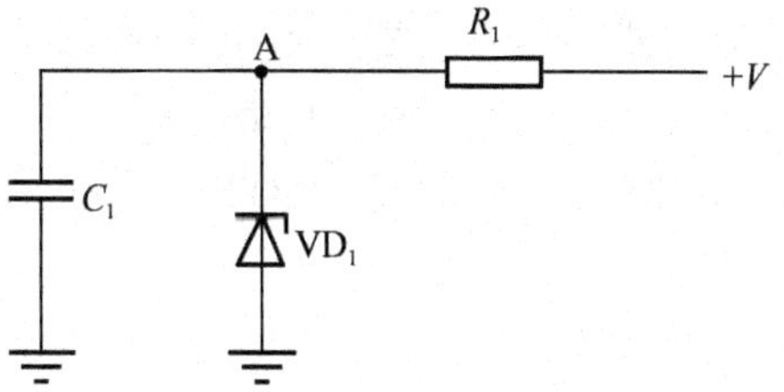

图 1-47　稳压二极管稳压电路

（5）快恢复二极管（相当于两个稳压二极管）

如图 1-48 所示，电路中起保护稳压的作用。这种二极管的开关特性好，反相恢复时间短，通常用于开关电源中作为整流二极管。

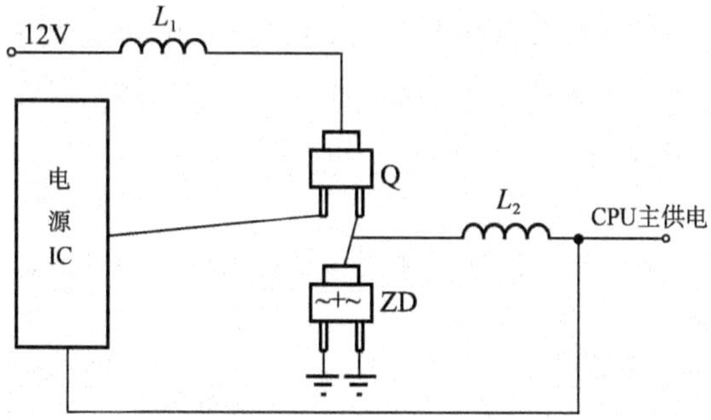

图 1-48　快恢复二极管稳压电路

（6）发光二极管（LED）

发光二极管是采用磷化镓、磷砷化镓等半导体材料制成的，可以将电能直接转换为光能的器件，并且同时具有普通二极管的单向导通性。可用作汽车仪线指示灯和报警灯、尾部车灯、高位刹车灯等。

（7）光电二极管

把光能转换成电能，用于光控设施。汽车雨量传感器的主要元件为光电二极管。

7. 二极管的测量及是否损坏的判断

（1）二极管的测量

将车用数字万用表打到蜂鸣二极管挡，红表笔接二极管正极，黑表笔接二极管负极，此时测量的是二极管的正向导通压降值。不同的二极管根据它内部材料不同所测得的正向压降值也不同，数字万用表示值为 400 ~ 600 之间（硅 0.6V，锗 0.3V，发光二极管约 1.8V）。

（2）好坏判断

若将车用数字万用表的红表笔接二极管正极，黑表笔接二极管负极，则二极管处于正偏，万用表有一定数值显示。若将红表笔接二极管负极，黑表笔接二极管正极，二极管处于反偏，万用表高位显示为“1”或很大的数值，此时说明二极管是好的。

在测量时若两次的数值均很小，则二极管内部短路；若两次测得的数值均很大或高位为

“1”，则二极管内部断路。

8. 二极管的代换原则

二极管的代换遵循以下原则：

① 主板上的二极管只要大小、模样相同即可代换，如红色的玻璃管；

② 不同用途之间的二极管不能代用，硅二极管和锗二极管之间也不能代换；

③ 快恢复二极管中，RBYR1535、PBYR2045、PBYR2545 这三种型号可互换使用，其他需原型号代换；

④ 更换二极管时要认清正负极，不能接反，否则电路不能正常工作；

⑤ 二极管为开路故障时可以先不拆下，直接用一个新的二极管并联上去（焊在原二极管的引脚焊点上）；

⑥ 怀疑二极管击穿或性能不良时，一定要将原二极管拆下，再焊上新的二极管。

（二）半导体三极管的识别分类及检测

半导体三极管简称三极管，又称晶体管，它是由两个相距很近的 PN 结组成的，是在一块半导体晶片上制造三个掺杂区，形成两个 PN 结，再引出三个电极，用管壳封装。利用基极电流控制集电极和发射极之间的电流。

1. 半导体三极管的符号

一般用字母“T、VT”来表示三极管，其结构符号如图 1-49 所示。

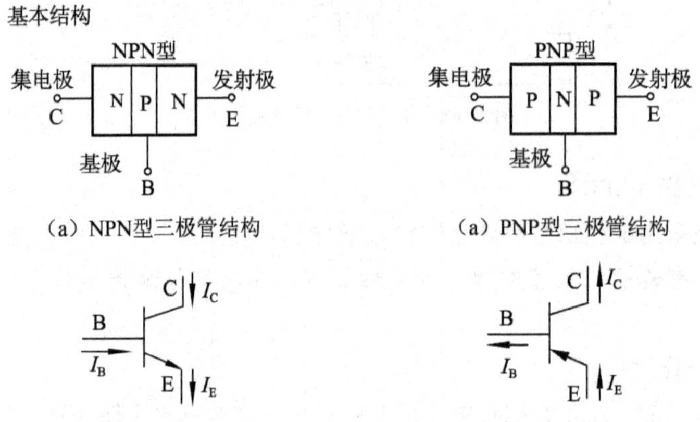

（a）NPN型三极管结构　（a）PNP型三极管结构

（c）NPN型三极管符号　（d）PNP型三极管符号

图 1-49　半导体三极管的基本结构及符号

三极管有三个电极，即 B、C、E，其中 C 为集电极（输入极）、B 为基极（控制极）、E 为发射极（输出极）。

2. 三级管的分类

（1）按极性划分

按极性划分主要有两种：一种是 NPN 型三极管，是目前最常用的一种，另一种是 PNP 型三极管。

（2）按材料划分

按材料划分主要有两种：一种是硅三极管，目前是最常用的一种。另一种是锗三极管，以前用得比较多。

（3）按工作频率划分

按工作频率划分主要有两种：一种是低频三极管，主要用于工作频率比较低的地方；另一种是高频三极管，主要用于工作频率比较高的地方。

（4）按功率划分

按功率划分主要有三种：一种是小功率三极管，它的输出功率小些；一种是中功率三极管，它的输出功率大些；另一种是大功率三极管，它的输出功率可以很大，主要用于大功率输出的场合。

（5）按用途划分

按用途划分主要有两种：放大管和开关管。

3. 三极管的组成

三极管由三块半导体构成，对于 NPN 型三极管由两块 N 型和一块 P 型半导体构成，P 型半导体在中间，两块 N 型半导体在两侧，各半导体所引出的电极如图 1-50（a）所示。在 P 型和 N 型半导体的交界面形成两个 PN 结，在基极与集电极之间的 PN 结称为集电结，在基极与发射极之间的 PN 结称为发射结。图 1-50（b）是 PNP 型三极管结构示意图，它用两块 P 型半导体和一块 N 型半导体构成。

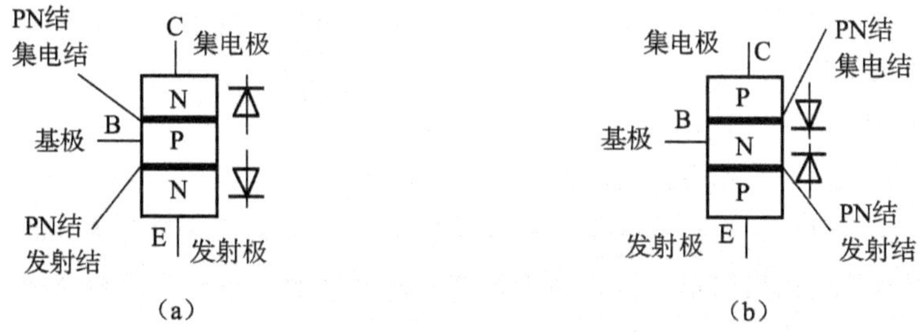

图 1-50　三极管结构示意图

4. 三极管在电路中的工作状态

三极管有三种工作状态：截止状态、放大状态、饱和状态，如表 4-1 所示。当三极管用于不同目的时，它的工作状态是不同的。

表 4-1　三极管的工作状态

工作状态	定　义	电流特征	解　释
截止状态	集电极与发射极之间电阻很大	$I_B=0$ 或很小，I_C 或 I_E 为零或很小因为 $I_C=\beta I_B$	利用电流为零或很小的特征，可以判断三极管已处于截止状态
放大状态	集电极与发射极之间内阻受基极电流大小控制，基极电流大，其内阻小	$I_C=\beta I_B$ $I_E=(1+\beta)I_B$	有基极电流就有对应的集电极电流和发射极电流，基极电流能有效地控制集电极电流和发射极电流
饱和状态	集电极与发射极之间内阻很小	各电极电流均很大，基极电流已无法控制集电极电流和发射极电流	电流放大倍数 β 已很小，甚至小于 1

（1）截止状态

当三极管的工作电流为零或很小时，即 $I_B=0$ 时，I_C 和 I_E 也为零或很小，三极管处于截止状态。

（2）放大状态

在放大状态下，$I_C=\beta I_B$，其中 β（放大倍数）的大小是基本不变的（放大区的特征）。有一个基极电流就有一个与之相对应的集电极电流。

（3）饱和状态

在饱和状态下，当基极电流增大时，集电极电流不再增大许多，当基极电流进一步增大时，集电极电流几乎不再增大。

5. 三极管的作用

三极管在电路中的作用主要是放大和开关作用。如汽车上的电控部分的执行元件，主要是电磁线圈，如发电机转子线圈，发动机喷油器，怠速控制阀，废气再循环阀，继电器，自动变速器电磁阀，ABS 系统电磁阀等，主要的控制方式就是利用 NPN 型三极管实现对电磁线圈的搭铁控制。

（1）电流放大

三极管是一个电流控制器件，它用基极电流 I_B 来控制集电极电流 I_C 和发射极电流 I_E，没有 I_B 就没有 I_C 和 I_E，只要有一个很小的 I_B，就有一个很大的 I_C。在放大电路中，就是利用三极管的这一特性来放大信号的。

（2）开关作用

当三极管做开关时，工作在截止、饱和两个状态。

在三极管开关电路中，三极管的集电极和发射极之间相当于一个开关，当三极管截止时它的集电极和发射极之间的内阻很大，相当于开关的断开状态；当三极管饱和时它的集电极和发射极之间内阻很小，相当于开关的接通状态。

导通状态的工作条件：$U_B>U_E$，且 $U_{BE}\geqslant 0.7\text{V}$，CE 结内阻很小，此时电流可以从集电极经 CE 结流向发射极。

截止状态的工作条件：$U_{BE}<0.7\text{V}$ 时，也就是基极没有电流时，CE 结内阻很大，此时 CE 结没有电流流过。

硅三极管和锗三极管的导通、截止电压也是不同的。硅三极管：导通电压 $U_{BE}>0.7\text{V}$，截止电压 $U_{BE}<0.7\text{V}$；锗三极管：导通电压 $U_{BE}>0.3\text{V}$，截止电压 $U_{BE}<0.3\text{V}$。

6. 三极管的测量及好坏判断

（1）三极管的测量

把数字万用表打到蜂鸣二极管挡，首先用红表笔假定三极管的一只引脚为 B 极，再用黑表笔分别触碰其余两只引脚，如果测得两次示数相差不大，且都在 600 左右，则表明假定是对的，红笔接的就是 B 极，而且此管为 NPN 型三极管。C、E 极的判断，在两次测量中黑笔接触的引脚，读数较小的是 C 极，读数较大的是 E 极。红表笔接 B 极，当测得的两极数值都不在 300 ~ 800 范围内，则按 PNP 型三极管测。PNP 型三极管的判断只须把红黑表笔调换即可，测量方法同上，如图 1-51 所示。

贴片三极管（见图 1-52）测量时一定要正视，两脚左下脚为 B 极，测量方法同上。

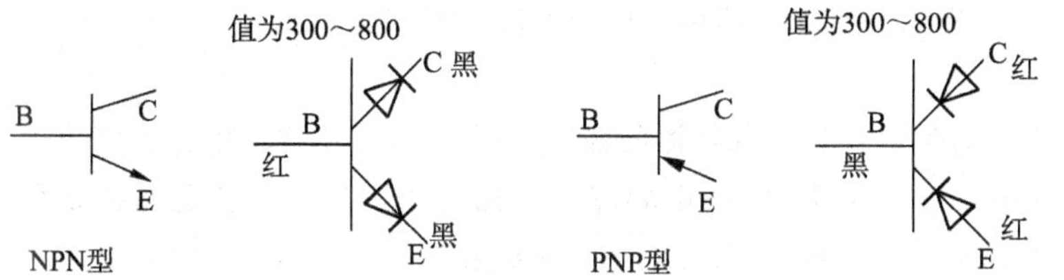

图 1-51　三极管引脚判别示意图

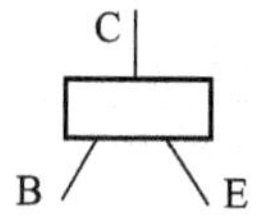

图 1-52　贴片二极管

（2）好坏判断

按以上方法测量时两组读数在 300～800 为正常，如果有一组数值不正常，三极管为坏，如果两组数值相差不大，说明三极管性能变差。

测量 CE 两脚，如果读数为 0，说明三极管 CE 之间短路或击穿；如果读数为 1，说明三极管 CE 之间开路。

7. 三极管的代换原则

三极管的代换原则（只适合主板）如下：

① NPN 型和 PNP 型三极管之间不能代换，硅管和锗管之间不能代换；

② 原则上要原型号代换，在实际维修中很难做到同型号代换，主板一般采用的三极管大多是硅管，所以代换时，只须做到硅管代换硅管，NPN 型代换 NPN 型，PNP 型代换 PNP 型即可；

③ 三极管的三个引脚不能弄错，拆下坏三极管时要记住线路板上各引脚孔的位置。

三、电容器的识别与检测

（一）电容器的识别方法

电容器按极性的有无分为有极性电容器和无极性电容器两种。有极性电容器一般为容量较大的电解电容器，正常的有极性电容器在外壳上有很清晰的极性标志符号，如图 1-53 所示，标有“－”的引脚为电容器负极，另外负极引脚引线较短。使用时，正极接高电位，负极接低电位，不可接反。无极性电容器引脚接法任意。

（二）电容器的检测

电容器的检测方法主要有两种：一是采用万用表欧姆挡检测法，这种方法操作简单，检测结果基本上能够说明问题；二是采用代替检查法，这种方法的检测结果可靠，但操作比较麻烦，此方法一般多用于在路检测。修理过程中，一般是先用第一种方法，再用第二种方法加以确定。

图 1-53　有极性电容器

1. 万用表欧姆挡检测法

（1）漏电电阻的测量方法

漏电电阻的测量方法如下：

① 用指针万用电表的欧姆挡（$R\times10$k 或 $R\times1$k 挡，视电容器的容量而定），当两表笔分别接触电容器的两根引线

时，表针首先朝顺时针方向（向右）摆动，然后又慢慢地向左回归至∞位置的附近，此过程为电容器的充电过程。

② 当表针静止时所指的电阻值就是该电容器的漏电电阻（R）。在测量中如表针距无穷大较远，表明电容器漏电严重，不能使用。有的电容器在测漏电电阻时，表针退回到无穷大位置时，又顺时针摆动，这表明电容器漏电更严重。一般要求漏电电阻 $R \geqslant 500\text{k}\Omega$，否则不能使用。

③ 对于电容量小于5000pF的电容器，万用表不能测它的漏电阻。

（2）电容器的断路（又称开路）及击穿（又称短路）检测

容量为6800pF ~ 1mF的电容器，用 $R \times 10\text{k}$ 挡测量，红、黑表笔分别接电容器的两根引脚，在表笔接通的瞬间，应能见到表针有一个很小的摆动过程。如果未看清表针的摆动，可将红、黑表笔互换一次后再测，此时表针的摆动幅度应略大一些，若在上述检测过程中表针无摆动，说明电容器已断路。若表针向右摆动一个很大的角度，且表针停在那里不动（即没有回归现象），说明电容器已被击穿或严重漏电。

注意：在检测时手指不要同时碰到两支表笔，以避免人体电阻对检测结果的影响，同时，检测大电容器如电解电容器时，由于其电容量大，充电时间长，所以当测量电解电容器时，要根据电容器容量的大小，适当选择量程，电容越小，量程越要放小，否则就会把电容器的充电误认为被击穿。

检测容量小于6800pF的电容器时，由于容量太小，充电时间很短，充电电流很小，万用表检测时无法看到表针的偏转，所以此时只能检测电容器是否存在漏电故障，而不能判断它是否开路，即在检测这类小电容器时，表针应不偏，若偏转了一个较大角度，说明电容器漏电或击穿。关于这类小电容器是否存在开路故障，用这种方法是无法检测到的。可采用代替检查法，或用具有测量电容功能的数字万用表来测量。

2. 代替检查法

对检测电容器而言，代替检查法在具体实施过程中分成下列两种不同情况：

① 如若怀疑某电容器存在开路故障（或容量不够），可在电路中直接用一只好的电容器并联上去，通电检验，如图1-54所示。电路中，C_1 是原电路中的电容器，C_0 是为代替检查而并联的好电容器，$C_1 = C_0$。由于是怀疑 C_1 开路，相当于 C_1 已经开路了，所以再直接并联一只电容 C_0 是可以的，这样的代替检查操作过程比较方便。代替后通电检查，若故障现象消失，则说明 C_1 是开路了，否则也可以排除 C_1 出现开路故障的可能性。

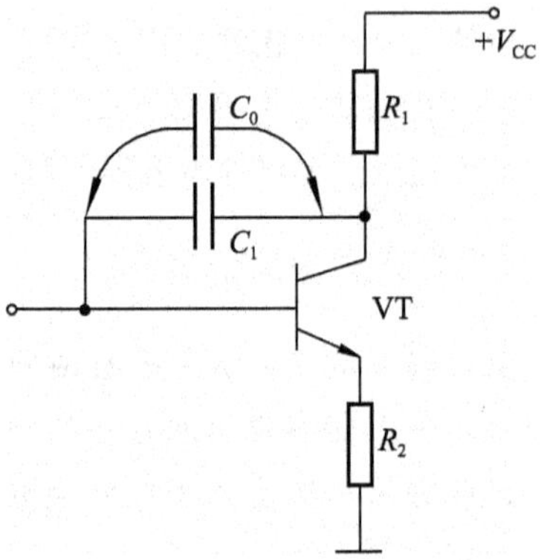

图1-54 代替检查检验电路

② 若怀疑电路中的电容器是短路或漏电，则不能采用直接并联上去的方法，要断开所怀疑电容器的一根引脚（或拆下该电容）后再用代替检查法，因为电容器短路或漏电后，该电容器两根引脚之间不再是绝缘的，使所并上的电容器不能起正常作用，就不能反映代替检查的正确结果。

任务实施

汽车闪光器的制作

通过该任务的实施，应在完成该任务的过程中，逐渐能够正确的识别、挑选基本元件，并运用正确的检测方法，判断出元件是否已经损坏。学会焊接简单电路板并能对电路板进行检查与调试，领会各元件的作用。

（一）电路原理与分析

图1-55为工作任务电路图。该电路核心是多谐振荡器电路，它由完全对称的左右两部分组成，即2个三极管 VT_1 和 VT_2、2个电解电容器 C_1 和 C_2、4个电阻器 R_1、R_2、R_3、R_4。其中每一级的输出耦合到另一级的输入。各级交替地导通和截止，每次只有一级是导通的。尽管在时间上是交替的，可是这两级产生的都是矩形波输出。所以多谐振荡器的输出可取自任何一级。通过电容器轮流充放电作用，使三极管轮流导通与截止，形成多谐振荡，多谐振荡器输出端低、高电平发生周期性变化，引起两个LED灯交替闪烁变化。

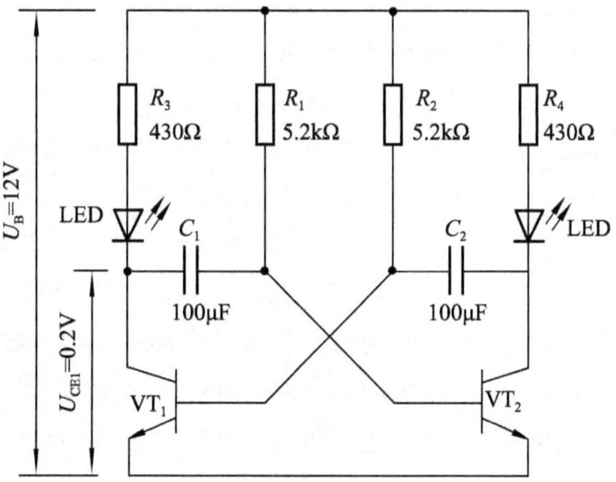

图1-55　闪光器电路图

（二）制作工具、设备与测试仪表

① 电路焊接工具：电烙铁（20～35W）、烙铁架、焊锡丝、松香。

② 加工工具：剪刀、剥线钳、尖嘴钳、平口钳、镊子。

③ 测试仪表：万用表。

④ 元件清单：印制电路板一块430Ω电阻器2个，5.2kΩ电阻器2个，100μF电容器2个，9011三极管2个，红、绿发光二极管各1只，可变电源1个。

（三）操作步骤

① 各个组长领取产品材料，并分配下发组内成员任务。

② 识别元件并利用万用表检测其质量好坏；

③ 选用工具、正确安装各个元件，注意合理摆放元件及工具；

④ 各小组讨论电路的元件布局是否合理及制作流程；

⑤ 进行电路焊接制作，训练学生焊接、组装闪光器电路，并填写工作记录。

⑥ 总结、测试电路功能并查找故障、评价产品性能与质量。

（四）注意事项

注意安全用电。在焊接时注意电解电容器、发光二极管等元件的极性。

拓展知识

一、如何看出五环电阻器的第一道环

色环电阻器是应用于各种电子设备的最多的电阻器类型，无论怎样安装，维修者都能方便地读出其阻值，便于检测和更换。但在实践中发现，有些色环电阻器的排列顺序不甚分明，往往容易读错，在识别时，可运用如下技巧加以判断。

技巧1：先找标志误差的色环，从而排定色环顺序。最常用的表示电阻误差的颜色是：金、银、棕，尤其是金环和银环，一般绝少用作做电阻色环的第一环，所以在电阻上只要有金环和银环，就可以基本认定这是色环电阻的最末一环。

技巧2：棕色环是否是误差标志的判别。棕色环有时用做误差环，有时作为有效数字环，且常常在第一环和最末一环中同时出现，使人很难识别谁是第一环。在实践中，可以按照色环之间的间隔加以判别。比如对于一个五道色环的电阻器而言，第五环和第四环之间的间隔比第一环和第二环之间的间隔要宽一些，据此可判定色环的排列顺序。

技巧3：在仅靠色环间距还无法判定色环顺序的情况下，还可以利用电阻器的生产序列值来加以判别。比如有一个电阻器的色环读序是：棕、黑、黑、黄、棕，其值为：$1000\times10^4\Omega=10M\Omega$ 误差为1%，属于正常的电阻器系列值，若是反顺序读：棕、黄、黑、黑、棕，其值为 $140\times10^0\Omega=140\Omega$，误差为1%。显然按照后一种排序所读出的电阻值，在电阻器的生产系列中是没有的，故后一种色环顺序是不对的。电阻器按材料分一般有：碳膜电阻器、金属膜电阻器、水泥电阻器、线绕电阻器等。一般的家庭电器使用碳膜电阻器较多，因为它成本低廉。金属膜电阻器精度要高些，使用在要求较高的设备上。水泥电阻器和线饶电阻器都是能够承受比较大功率的，线饶电阻器的精度也比较高，常用在要求很高的测量仪器上。

小功率碳膜和金属膜电阻器，一般都用色环表示电阻器阻值的大小，这也是我们在学习电阻器时很重要的一步，下面详细说明。

色环电阻器分为四色环和五色环，先说四色环。顾名思义，就是用四条有颜色的环代表阻值大小。每种颜色代表不同的数字，如下：

棕1 红2 橙3 黄4 绿5 蓝6 紫7 灰8 白9 黑0 金、银表示误差。

各色环表示意义如下：

第一条色环：阻值的第一位数字。

第二条色环：阻值的第二位数字。

第三条色环：10的幂数。

第四条色环：误差表示。

例如：电阻器色环：棕绿红金，第一位：1；第二位：5；第三位：10的幂为2（即100）；

误差为 5%；即阻值为：$15\times100\Omega=1500\Omega=1.5k\Omega=1.5k\Omega$。

还有精确度更高的五色环电阻器，用五条色环表示电阻的阻值大小，具体如下：

第一条色环：阻值的第一位数字。

第二条色环：阻值的第二位数字。

第三条色环：阻值的第三位数字。

第四条色环：阻值乘数的 10 的幂；

第五条色环：误差（常见是棕色，误差为 1%）。

有些五色环电阻器两头金属帽上都有色环，远离相对集中的四道色环的那道色环表示误差，是第五条色环，与之对应的另一头金属帽上的是第一道色环，读数时从它读起，之后的第二道、第三道色环是次高位、次次高位，第四道环表示 10 的幂，例如某电阻器色环电阻顺序为：红（2）-黑（0）-黑（0）-黑-棕，则它表示该电阻器阻值为：$200\times10^0\Omega$。再如棕（1）-黑（0）-黑（0）-红-棕，表示该电阻器阻值为：$100\times10^2\Omega=10000\Omega=10k\Omega$。可见，四色环电阻器误差为 5%~10%，五色环常为 1%，精度提高。

例如，有电阻器色环顺序为黄紫红橙棕，前三位数字是 472，第四位表示 10 的 3 次方，即 1000，阻值为：$472\times1000\Omega=472k\Omega$。

综上，只要金、银色环在最后，那就可以了。

二、焊接技术

在电子制作中，元器件的连接处需要焊接。焊接的质量对制作的质量影响极大。所以，学习电子制作技术，必须掌握焊接技术，练好焊接基本功。

（一）焊接工具

1. 电烙铁

新烙铁使用前，应用细砂纸将烙铁头打光亮，通电烧热，蘸上松香后用烙铁头刃面接触焊锡丝，使烙铁头上均匀地蘸上一层锡。这样做，可以便于焊接和防止烙铁头表面氧化。但高温氧化不可避免，一旦旧的烙铁头严重氧化而发黑，可用钢挫挫去表层氧化物，使其露出金属光泽后，重新镀锡，才能使用。

电烙铁要用 220V 交流电源，使用时要特别注意安全。应认真做到以下几点：

① 电烙铁插头最好使用三极插头。要使外壳妥善接地；

② 使用前，应认真检查电源插头、电源线有无损坏。并检查烙铁头是否松动；

③ 电烙铁使用中，不能用力敲击。要防止跌落。烙铁头上焊锡过多时，可用布擦掉或甩掉，但注意不可乱甩，以防烫伤他人；

④ 焊接过程中，烙铁不能到处乱放。不焊时，应放在烙铁架上。注意电源线不可搭在烙铁头上，以防烫坏绝缘层而发生事故；

⑤ 使用结束后，应及时切断电源，拔下电源插头。冷却后，再将电烙铁收回工具箱。

电烙铁是最常用的焊接工具。图 1-56（a）所示为 20W 内热式电烙铁。

2. 焊锡和助焊剂

焊接时，还需要焊锡和助焊剂。

(1) 焊锡

焊接电子元件，一般采用有松香芯的焊锡丝，如图 1-56（b）所示。这种焊锡丝，熔点较低，而且内含松香助焊剂，使用极为方便。

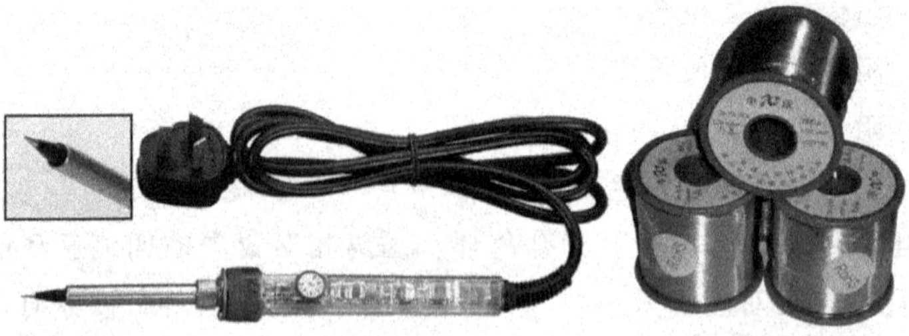

(a) 20W内热式电烙铁　　(b) 松香芯焊锡丝

图 1-56　常用的焊接工具

(2) 助焊剂

常用的助焊剂是松香或松香水（将松香溶于酒精中）。使用助焊剂，可以帮助清除金属表面的氧化物，利于焊接，又可保护烙铁头。焊接较大元件或导线时，也可采用焊锡膏。但它有一定腐蚀性，焊接后应及时清除残留物。

3. 辅助工具

为了方便焊接操作常采用尖嘴钳、偏口钳、镊子和小刀等做为辅助工具，如图 1-57 所示。应学会正确使用这些工具。

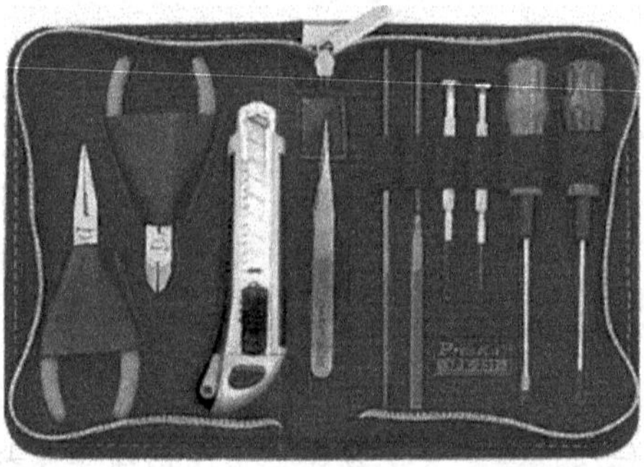

图 1-57　常用的焊接辅助工具

（二）焊前处理

焊接前，应对元件引脚或电路板的焊接部位进行焊前处理，如图 1-58 所示。

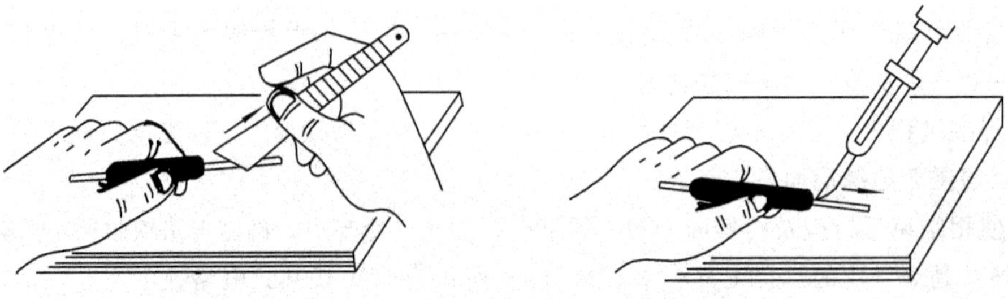

(a) 刮去氧化层　　(b) 均匀镀上一层锡

图 1-58　焊前处理

1. 清除焊接部位的氧化层

- 可用断锯条制成小刀。刮去金属引线表面的氧化层，使引脚露出金属光泽，或用砂纸捋掉。
- 印刷电路板可用细纱纸将铜箔打光后，涂上一层松香酒精溶液。

2. 元件镀锡

在刮净的引线上镀锡。可将引线蘸一下松香酒精溶液后，将带锡的热烙铁头压在引线上，并转动引线。即可使引线均匀地镀上一层很薄的锡层。导线焊接前，应将绝缘外皮剥去，再经过上面两项处理，才能正式焊接。若是多股金属丝的导线，打光后应先拧在一起，然后再镀锡。

（三）焊接技术

做好焊前处理之后，就可正式进行焊接。

1. 焊接方法（见图1-59）

① 右手持电烙铁。左手用尖嘴钳或镊子夹持元件或导线。焊接前，电烙铁要充分预热。烙铁头刃面上要吃锡，即带上一定量焊锡。

② 将烙铁头刃面紧贴在焊点处。电烙铁与水平面大约成60°。以便于熔化的锡从烙铁头上流到焊点上。烙铁头在焊点处停留的时间控制在2～3s。

③ 抬开烙铁头。左手仍持元件不动。待焊点处的锡冷却凝固后，才可松开左手。

④ 用镊子转动引线，确认不松动，然后可用偏口钳剪去多余的引线。

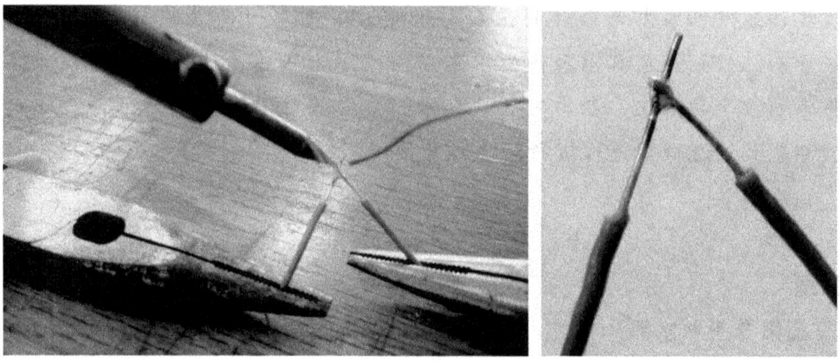

图1-59　焊接

2. 焊接质量

焊接时，要保证每个焊点焊接牢固、接触良好。要保证焊接质量。好的焊点如图1-60所示应是锡点光亮，圆滑而无毛刺，锡量适中。锡和被焊物融合牢固。不应有虚焊和假焊。

虚焊是焊点处只有少量锡焊住，造成接触不良，时通时断。假焊是指表面上好像焊住了，但实际上并没有焊上，有时用手一拨，引线就可以从焊点中拔出。这两种情况将给电子制作的调试和检修带来极大的困难。只有经过大量的、认真的焊接实践，才能避免这两种情况。

焊接电路板时，一定要控制好时间。太长，电路板将被烧焦，或造成铜箔脱落。从电路板上拆卸元件时，可将电烙铁头贴在焊点上，待焊点上的锡熔化后，将元件拔出。

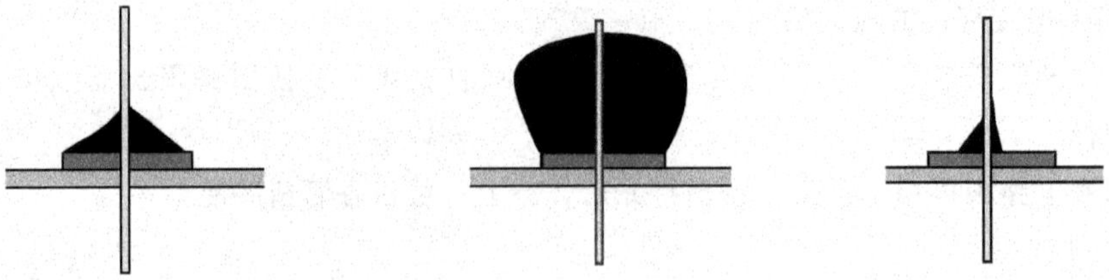

（a）正确焊点：牢固，光洁，大小适中　　（b）焊锡用量过多　　（c）焊锡用量太少

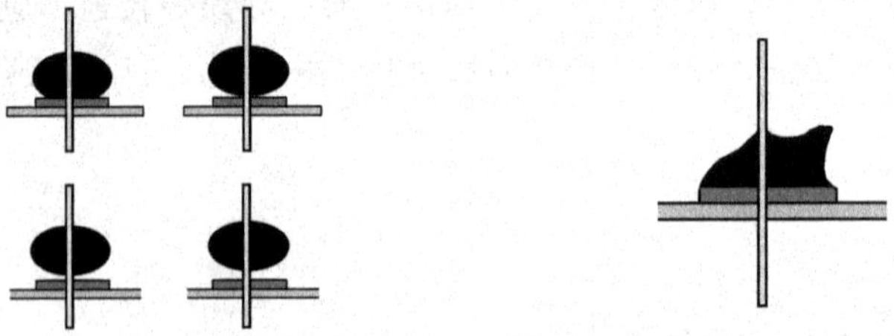

（d）虚焊：印制板铜泊加热不足　　（e） 有毛刺；加热时间控制不当

图 1-60　焊点

小　　结

汽车闪光器电路是一个多谐振荡电路，该电路可以应用在转向灯电路和雨刮电路等间歇控制电路中。

本任务主要讲述汽车基本元器件的识别与检测，以汽车闪光器的制作为载体，将电阻器、电容器、二极管、三极管等基本元器件的识别、检测融为一体，涉及仪器仪表、焊接工具的使用以及焊接技术等方面的知识。在学习的过程中，应掌握对单个分立元件进行识别与检测，还应能在电子产品制作过程中对元件进行挑选与替换。

习　　题

一、选择题

1. 用数字表测量某电阻器阻值时，若表头显示“1”，则表示________。

A. 被测电阻器阻值超出所选量程最大值，应更换更高的量程

B. 被测电阻器短路，更换新的电阻

C. 被测电阻器阻值超出所选量程最大值，应更换低一挡的量程

2. 用数字万用表________可以判断二极管的极性及好坏。

A. 电阻挡　　　B. 电压挡　　　C. 二极管挡

3. 用数字万用表________可以判断三极管的管型及基极。

A. 电阻挡　　　B. 电压挡　　　C. 二极管挡

4. 用数字万用表________可以测量三极管的直流放大倍数。

A. 电阻挡　　　B. hFE 挡　　　C. 二极管挡

5. 发光二极管的导通压降为________。

A. 0.5～0.7V　　　B. 1V 左右　　　C. 1.8～2.5V

6. 三极管作为开关元件使用，只能交替工作在________。

A. 截止和放大状态　　B. 放大和饱和状态　　C. 截止和饱和状态

7. 有一五色环电阻器，该电阻器的第一环颜色为绿色，第二环为蓝色，第三环为黑色，第四环为红色，第五环为红色。这个电阻的标称阻值及允许偏差为________Ω。

A. 56000 ±2%　　B. 65000 ±1%　　C. 560 ±2%

8. 三极管的金属外壳与三极管的________相连通，以便散热。

A. B 极　　B. C 极　　C. E 极

9. 用数字万用表的________判别光电传感器发射二极管的正负极。

A. 电阻挡　　B. 电压挡　　C. 二极管挡

10. 用数字万用表的________判别光电传感器光敏接收管的 C、E 极。

A. 电阻挡　　B. 电压挡　　C. 二极管挡

二、判断题

1. 数字万用表量程开关置在电阻挡,两表笔开路,表头显示“1”,这是不正常现象。（　）

2. 电路通电时，电容器两端电压不能突变，流过电感器电流不能突变。（　）

3. 把数字万用表量程置在二极管挡，两表笔去碰二极管两端，若表头显示为 0.5 ~0.7V，则黑表笔接的是二极管正极。（　）

4. 稳压二极管工作在反向截止状态。（　）

5. 高频三极管与低频三极管可以相互替换。（　）

6. NPN 型三极管工作在放大状态时，集电极电位比基极电位高。（　）

7. PNP 型三极管工作在饱和状态时，集电极电位高于基极电位。（　）

8. 在测量某放大电路时，发现三极管 8050 已损坏，可用 9013 代替。（　）

9. 降压变压器原、副边绕组可以用数字万用表电阻挡进行判别。（　）

10. 扬声器的作用是将声音信号转变成电信号。（　）

11. 在检修电路时，发现一只 220μF/50V 电解电容器损坏，可用 220μF/16V 电解电容来替代。（　）

12. 电解电容为无极性电容。（　）

13. NPN 型三极管工作在饱和状态时，集电极电位比基极电位高。（　）

14. PNP 型三极管工作在放大状态时，集电极电位比基极电位高。（　）

15. 测量电阻器时双手可以同时捏住电阻器的两个引脚。（　）

任务二　直流稳压电源的制作

学习目标

· 掌握直流电路、交流电路的基本物理量、分析方法。

· 能正确使用万用表对电路的电位进行测量，并能排除汽车电路的简单故障。

任务描述

在日常生活中，市电是我们使用最为方便的电能。在我国，市电的标准为 220V、50Hz 的单相交流电。而好多用电器需要的是低压直流电，这就需要一类装置（或设备）将单相交流电转变为稳定的直流电。

本任务是在掌握直流电路的基本知识、复杂电路的解决方法及电位的测量；掌握单相交流电路的基本知识、三相交流电的基本知识等的同时，制作一个将交流电转变为直流电的稳压电源。

相关知识

一、直流电路的组成与作用

电路就是电流所通过的路径，它是由电气设备和元器件按一定方式连接起来的整体。在日常生活中存在各式各样的电路，例如电视机中将微弱信号进行放大的放大电路，运用于随处可见的照明电路，汽车中的温度、压力、位置、角度等传感器检测电路。电路的作用有两个方面：一是实现能量的转换、传输和分配（如电力系统电路等），即电力电路；二是实现电信号的处理与传递（如广播电视系统），即信号电路。

电路一般由电源、负载以及中间环节等部分组成。电路中供给电能的设备和器件称为电源，用电设备或元器件称为负载。手电筒电路就是一个简单的实用电路。这个电路由电源，干电池、负载，小灯泡、开关和连接导体，手电筒金属壳所组成，如图 2-1 所示。

各功能元器件和它们的相互作用在电路图中用电路符号来表示。电路图原则上按无电流且无机械操纵状态绘制。

电路图是一个电路具体细节的详图。它以电流路径概览图方式表示一个电路的工作原理，如图 2-2 所示。

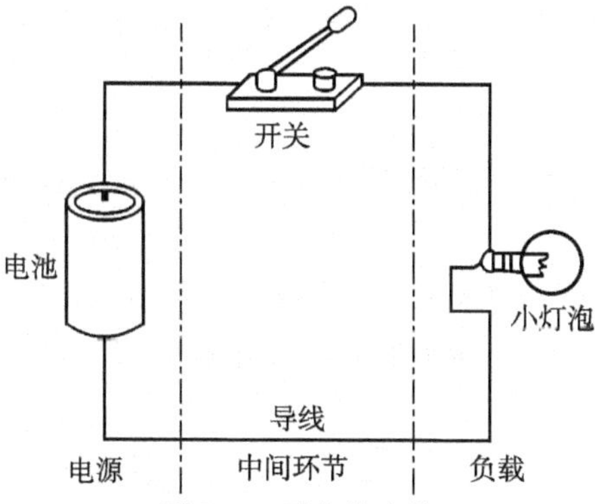

图 2-1 手电筒电路

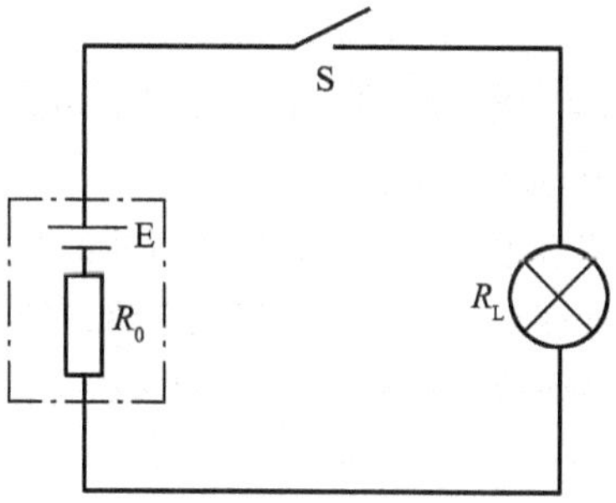

图 2-2 简单电路

电路的作用：

（1）能量的传输和转换

如手电筒电路，灯泡发光，电池能转换为光能和热能。

（2）信号的传递和处理

如扩音机电路，放大器用来放大电信号，而后传递到扬声器，把电信号还原为语言或音乐，实现“声-电-声”的放大、传输和转换作用，如图 2-3 所示。

若要构成一个完整的电路，就必须有电源、导体、负载。绝大多数的汽车电路均包括：电源（蓄电池或发电机）、导体（导线或电缆）、搭铁（既车身底盘与蓄电池负极电缆）、负载（灯泡或电动机）、保护装置（熔断器或断路器）、控制装置（开关或继电器）。

无论电路构成组件的数量有多少，或其位置如何，电流总是在一个完整回路中流动。在汽车电路中，电流从电源出发经由负载，然后回到地线。图 2-4 显示了一个标准汽车电路的电流通路。

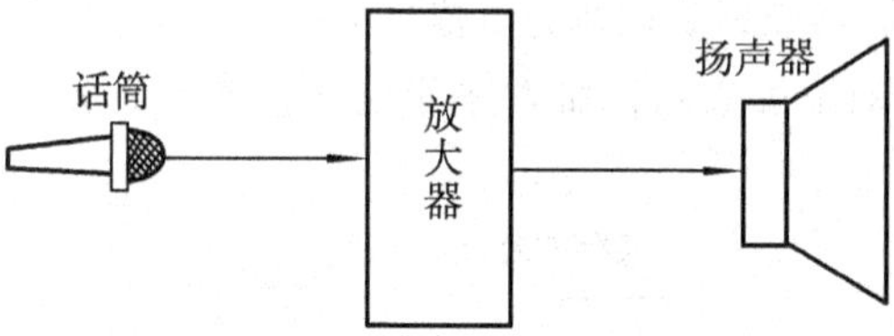

图 2-3 信号的传递

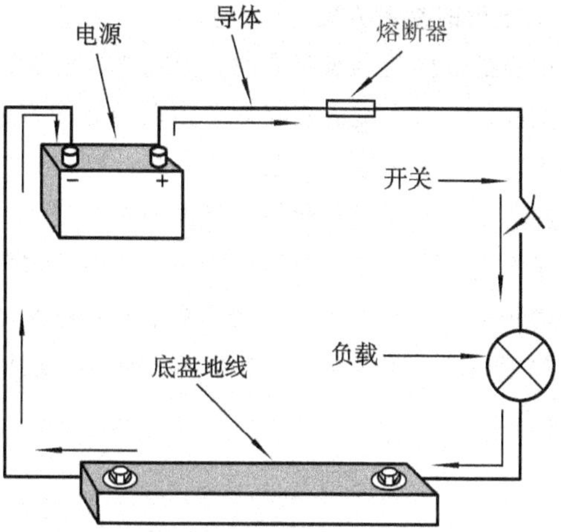

图 2-4 标准汽车电路组件

二、电路及其基本物理量

（一）电流的大小及其参考方向

1. 电流的大小与方向

电荷的定向运动形成电流，通常将正电荷移动的方向规定为电流正方向。电流的大小用电流强度来衡量，其数值等于单位时间内通过导体某一横截面的电荷量。根据定义有：

$$i = \frac{\mathrm{d}q}{\mathrm{d}t} \tag{2-1}$$

式中，i 为电流强度，简称电流。电流单位为安培，简称安，符号为 A。其他还有 μA、mA 等。$1\,\mathrm{A} = 10^3\,\mathrm{mA} = 10^6\,\mu\mathrm{A}$。

根据电流大小和方向随时间的变化情况，电流分为两大类。一类电流的大小和方向都不随时间而变化，即称之为恒定电流，简称直流。图 2-5（a）所示为恒定电流波形。直流电流用大写字母 I 表示。式（2-1）可写成

$$I = \frac{Q}{t} \tag{2-2}$$

另一类是电流大小和方向都随时间变化，称为变动电流，变动电流用小写字母 i 表示，其中一个周期内电流的平均值为零的变动电流称之为交变电流，简称交流。图 2-5（b）所示正弦交流电流波形。

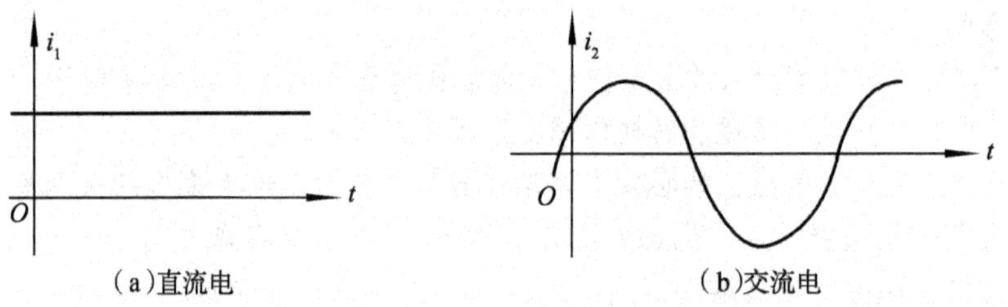

图 2-5 电流波形

2. 电流的参考方向

电流的方向是客观存在的，但在电路分析中，一些较为复杂的电路，有时电流的实际方向难以判断，有时电流的实际方向还在随时间不断改变，于是要在电路中标出电流的实际方向较为困难。为了解决这一问题，在电路计算和分析时，常采用“参考方向”这一概念。

在一段电路或电路元件上可以任意选定一个方向作为电流的流动方向，这个方向就是电流的参考方向，在电路图中用箭头表示。如图 2-6 所示，当电流的参考方向与实际方向一致时，电流为正值（$i>0$）；当电流的参考方向与实际方向相反时，电流为负值（$i<0$）。

除了用箭头来表示电流的参考方向外，还可用双下标表示，如 I_{ab} 表示电流参考方向从 a 指向 b。

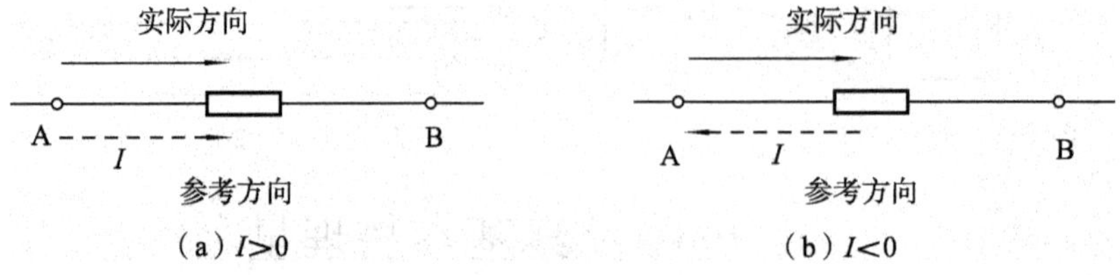

图 2-6 电流的参考方向与实际方向

在选定的电流参考方向下，根据电流的正负，就可以确定电流的实际方向。在分析电路时，先假定电流的参考方向，并以此去分析计算，最后根据数值的正负值来确定电流的实际方向。

综上所述，电流参考方向是电路分析计算过程中很重要的概念，在学习中需要注意以下几点：

① 电流参考方向可随意选择，而实际电流是客观存在。当同一个电流，选择的参考方向不同，则其电流的数值大小相等而符号相反。例如，$I_{ab}=-I_{ba}$。

② 电流是个代数量，电流的表达式中反映了大小与方向。例如，当 $I=-2A$，表明电流大小为2A，其实际方向与参考方向相反。因此在分析电路电流时，应先选择好电流的参考方向。若不选择参考方向，而谈论电流的正负是无意义的。

③ 在电路图上标注的是电流参考方向而不是实际方向。在某些直流电路中，若可直接判断出电流的实际方向，一般为方便起见，选择其参考方向与实际方向一致。

（二）电压的大小及其参考方向

1. 定义

如图2-7所示，在导体内电荷定向运动是由于电场力的作用形成的。那么，单位正电荷在电场力作用下，由a运动到b电场力所做的功，称为电路中a到b间的电压，即

$$u_{ab}=\frac{dw_{ab}}{dq} \tag{2-3}$$

式中，U_{ab}为a到b间的电压，电压的单位为伏特（V）；dw_{ab}为dq的正电荷从a运动到b所做的功，功的单位为焦耳（J）。

在直流时，式（2-3）可写成

$$U_{ab}=\frac{W_{ab}}{Q} \tag{2-4}$$

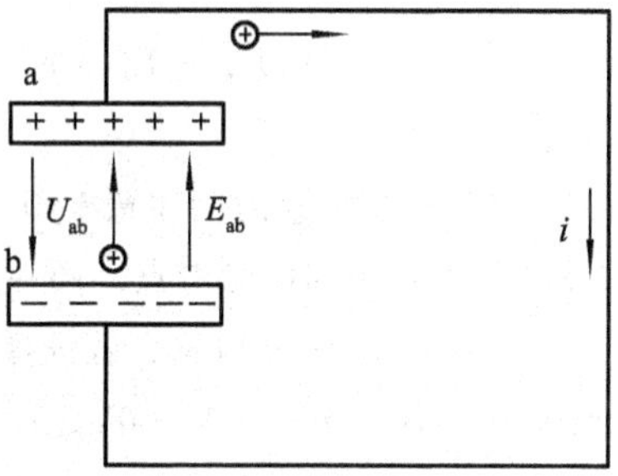

图2-7　电压与电动势

2. 电压的参考方向

两点之间电压的实际方向是由高电位点指向低电位点。所以电压也常称为电压降。为分析电路方便，与电流一样，引入电压的参考方向。如图2-8所示，对元件或电路两端，可以任意选定一个方向为电压的参考方向，当电压的实际方向与它的参考方向一致时，电压值为正，即 $U>0$，反之，当电压的实际方向与它的参考方向相反时，电压值为负，即 $U<0$。

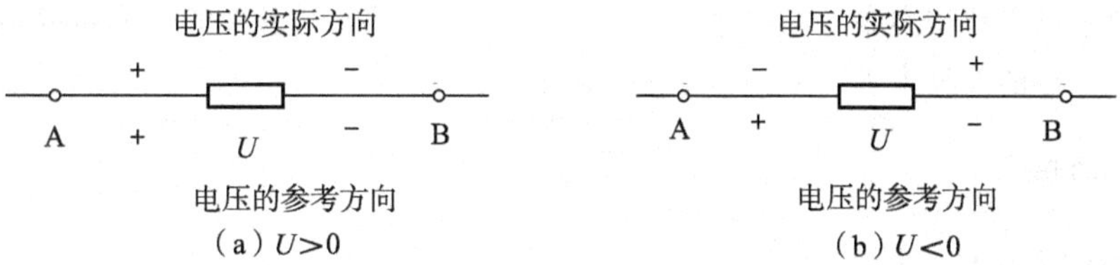

图2-8　电压的参考方向与实际方向

对电压参考方向的标注除了用箭头外，还可用双下标和正（+）、负（-）极性表示。例如，U_{ab}表明电压参考方向从a指向b。若用正负极性表示，电压参考方向从正极指向负极。

注：电路中电流与电压的参考方向选择是独立的，对一个电路，若元件电流与电压选择的参考方向相同，如图 2-9 所示，则称这个参考方向为关联参考方向，否则为非关联方向。

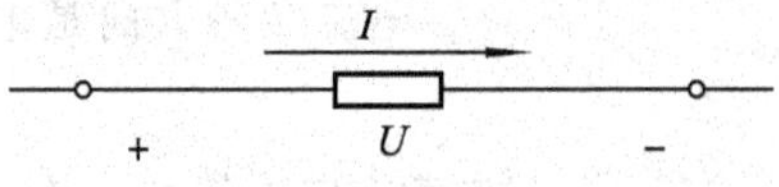

图 2-9　电压和电流的关联参考方向

（三）电位

为了更方便地分析电压这个物理量，我们引入电位的概念。如图 2-10 所示，在电路中任选参考点 O，则电路中某点 a 到参考点 O 的电压就称为 a 点的电位。换而言之，即电位实际上就是相对于参考点的电压。

$$V_a = V_{ao} \tag{2-5}$$

电位用 V 表示。电路参考点本身的电位 $V_O=0$，参考点也称为零电位点。

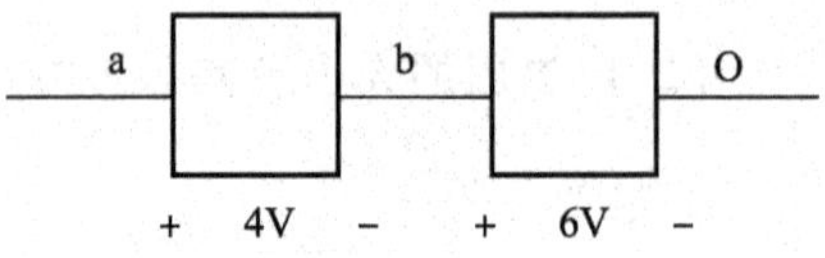

图 2-10　电压与电位分析

在电路中任选参考点 O，则 a、b 两点的电位分别为 $V_a=U_{aO}$、$V_b=U_{bO}$。按照做功的定义，电场力把单位正电荷从 a 点移到 b 点所做的功，等于把单位正电荷从 a 点移到 O 点，再移到 b 点所做的功的和，即

$$U_{ab}=U_{aO}+U_{Ob}=U_a-U_{bO}=U_a-U_b$$

或

$$U_{ab}=U_a-U_b \tag{2-6}$$

式（2-6）表明，电路中 a、b 两点间的电压等于 a、b 两点的电位差，因而电压也称为电位差。

运用电位概念时的注意事项如下：

① 选择不同的参考点，同一点的电位数值不同。

例：如图 2-10 电路，若选择 O 点为电位参考点，即 $V_O=0V$，$V_a=10V$，$V_b=6V$；若选择 B 点为电位参考点，即 $V_b=0V$，$V_A=4V$，$V_O=-6V$。

② 两点间的电压大小与参考点的选择无关。即电位的高低是相对的，而电压值是绝对的。图 2-10 所示电路中，不论参考点选择为 O 点或是 B 点，都不会改变 U_{ab}的大小。

③ 与电流、电压一样，电位也可为正值或负值，某点的电位高于参考点，则为正，反之则为负。

④ 在汽车电路中，蓄电池负极直接或间接地通过导线连接在车身金属或车架上，即俗称搭铁。通常汽车中的搭铁点就是电路的参考点，电路中任一点的电位就是相对于搭铁的电压。电力系统中，通常以大地作为参考点；电子电路中，一般选择电子设备的金属机壳或某公共点作为参考点。参考点的电位为零，用符号“⊥”表示。

（四）电动势

1. 电动势的大小与方向

在图 2-7 所示的电路中，正电荷在电场力作用下不断从 a 极板通过连接导线流向 b 极板，如果没有一种外力作用，运动到 b 极板的正电荷将逐渐增多使电位逐渐升高，a 极板正电荷的减少而使电位逐渐降低，则 a、b 两点之间的电位差就会减小，最后为零。于是，连接导线中的电流也将减小，最后为零。由于电场力的作用，电极上的正电荷不能逆电场而上，为了维持导线中的电流，就必须使 a、b 两极板间保持一定的电压，这必然要借助于外力使运动到 b 极板的正电荷经过另一路径再流向 a 极板，在这过程中外力要克服电场力做功。这种外力是非电场力，称为电源力。

衡量电源力对电荷做功能力的物理量称为电动势。电动势在数值上等于电源力将单位正电荷由低电位（b 点）移到高电位（a 点）所做的功。电动势的方向规定为在电源内部由负极板指向正极板，即从低电位点指向高电位点。电动势用 E 表示，单位为伏特（V）。

2. 电动势与电压的比较

电动势与电压是不同的两个概念，它们既有区别又有联系：

① 电动势是指在电源内部，电源力将单位正电荷由低电位移到高电位所做的功；而电压是指在电源之外，电场力将单位正电荷由高电位移到低电位所做的功。

② 电动势的实际方向在电源内部从低电位点指向高电位点，即电位升；而电压的实际方向在电源之外从高电位点指向低电位点，即电位降。

不同的电源具有不同的电压，例如，一般汽车蓄电池的电压通常为 12V，干电池的电压为 1.5V。

（五）电能和电功率

在图 1-7 所示的直流电路中，A、B 两点的电压为 U，电路中的电流为 I，在时间 t 内电荷 Q 受电场力作用从 A 点经负载移动到 B 点，电场力所做的功即元件消耗（或吸收）的电能为

$$W = UQ = UIt \tag{2-7}$$

单位时间内消耗的电能称为电功率（简称功率），直流电路中用字母 P 表示，即

$$P = \frac{W}{t} = UI \tag{2-8}$$

在我国法定计量单位中，电能的单位是焦耳（J）；功率的单位是瓦特（W）。有时电能的单位用千瓦时（kW · h）表示，1kW · h 就是指 1kW 功率的设备，使用 1h 所消耗的电能。1kW · h 俗称一度电。如 40W 的灯泡，工作 25h，其消耗的电能就是 1kW · h。

需要指出的是，电功率是代数量，可以为正值或负值。

① 在电压电流关联参考方向下，$P = UI$，当 $P > 0$ 表示元件消耗电能；当 $P < 0$ 表示元件释放电能。

② 在电压电流非关联参考方向下，$P = -UI$，同样当 $P > 0$ 表示元件消耗电能；当 $P < 0$ 表示元件释放电能。

因此在分析元件的功率时，首先看电路中标出的电流、电压参考方向是关联方向还是非关联方向，根据参考方向相应使用不同的公式，两个公式差一个负号。再根据求得的功率是正值还是负值，分析元件是吸收（消耗）功率还是输出（提供）功率。不论使用哪一个公式，只要 $P > 0$ 就表示元件实际为吸收功率，$P < 0$ 表示元件实际为输出功率。

例 2-1 计算图 2-11 所示电路的功率，并说明电路是输出还是消耗功率。

解： 图 2-11（a）电路为关联方向，$P = UI = (2 \times 6)\text{W} = 12\text{W} > 0$ 电路消耗功率。

图 2-11（b）电路为关联方向，$P = UI = (-1) \times (-5)\text{W} = 5\text{W} > 0$ 电路消耗功率。

图 2-11（c）电路为非关联方向，$P = -UI = (-4 \times 5)\text{W} = -20\text{W} < 0$ 电路输出功率。

图 2-11（d）电路为关联方向，$P = UI = (-3 \times -2)\text{W} = 6\text{W} > 0$ 电路消耗功率。

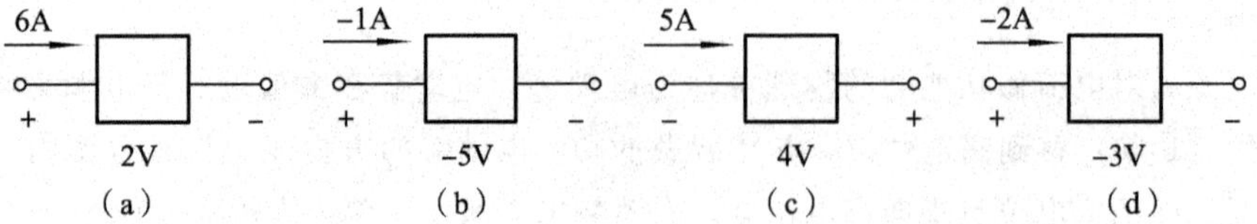

图 2-11 例 2-1 电路图

（六）电路的三种状态

电路有空载、短路和负载 3 种工作状态。

1. 空载状态

空载状态又称断路或开路状态，如图 2-12 所示，它是电路中开关断开或连接导线折断引起的一种极端运行状态。电路空载时，外电路所呈现的电阻可视为无穷大，故电路具有下列特征：

① 电路中的电流为零，即 $I = 0$。

② $U_1 = U_S$，即电源的端电压等于电源电压。此电压称为空载电压或开路电压，用 U_{OC} 表示。利用此特点可以测出电源电压。

③ 因为电源对外不输出电流，电源的输出功率和负载所消耗的功率均为零。

2. 短路状态

由于电源线绝缘损坏、操作不当等引起电源的两输出端相接触，造成电源被直接短路的情况（见图 2-13），是电路的另一种极端运行状态。当电源直接短路时，外电路所呈现的电阻可近似为零，电路具有下列特征。

① 电源中的电流最大，输出电流为零。因为：$I_S = \dfrac{U_S}{I_0}$，在一般供电系统中，电源的内电阻 R_0 很小，故短路电流 I_S 很大，但对外电路无电流输出。

② 电源和负载的端电压均为零。表明电源的电压全部降落在电源的内阻上，电源发出的功率全部消耗在电源内阻上。

此时电源发出的功率为

$$P_S = \frac{U_S^2}{R_0} = I_S^2 R_0$$

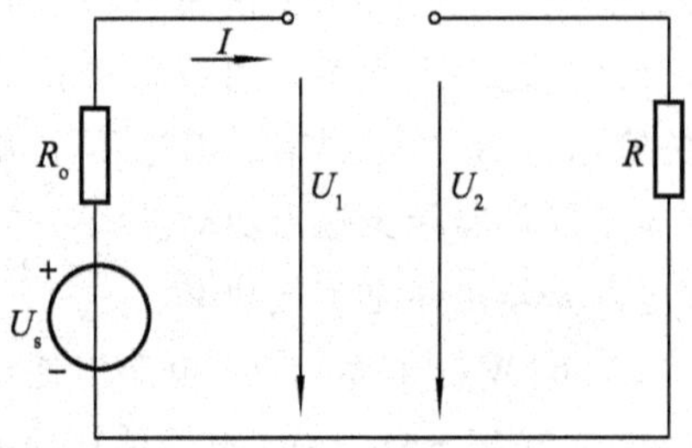

图 2-12 电路的空载状态

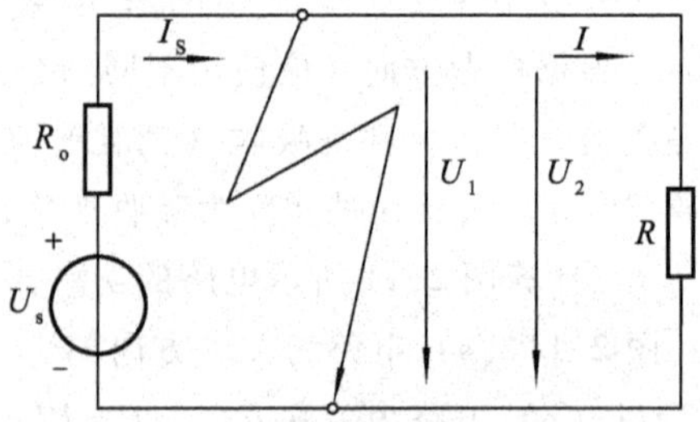

图 2-13 电路的短路状态

例 2-2 图 2-14 为某汽车行李箱灯电路简图，蓄电池电压 $U_S = 12V$，内阻 $R_0 = 0.2\Omega$，3 个灯泡均为 12V、6W，试求：

① 空载电压 U_{OC}；

② 短路电流 I_S。

解： ① 电路空载时 $U_{OC} = U_S = 12V$；

② 电路短路时 $I_S = \dfrac{U_S}{R_0} = \dfrac{12}{0.2}A = 60A$。

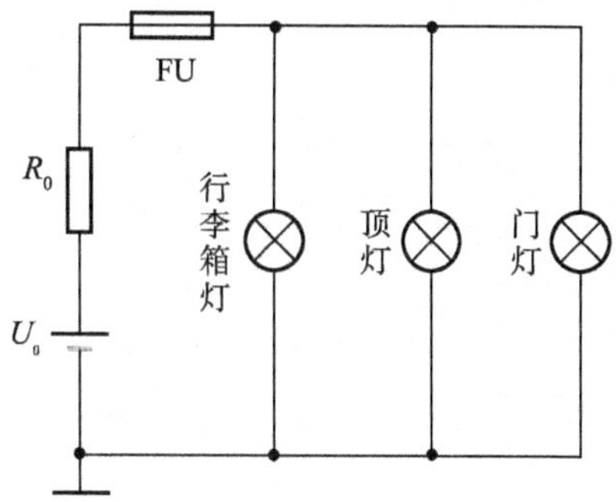

图 2-14 例 2-2 电路图

由上计算可知，短路时电路中电流很大，容易烧毁电源与设备。另外短路时强电流产生强大的电磁力会造成机械上的损失，因而实际电路中必须设置短路保护装置，最常用的是用熔断器作保护电器。

3. 负载状态

如图 2-15 所示，负载状态是一般的有载工作状态。此时电路有下列特征：

① 当电源电压 U_S 和内阻 R_0 一定时，电路中的电流为 $I = \dfrac{U_S}{R_0 + R}$，电路中电流的大小取决于负载电阻的大小。

② 电源的端电压为 $U_1 = U_S - IR_0$，电源的端电压总是小于电源电压。若忽略电源内阻，则电源的端电压 U_1 等于电源电压 U_S。

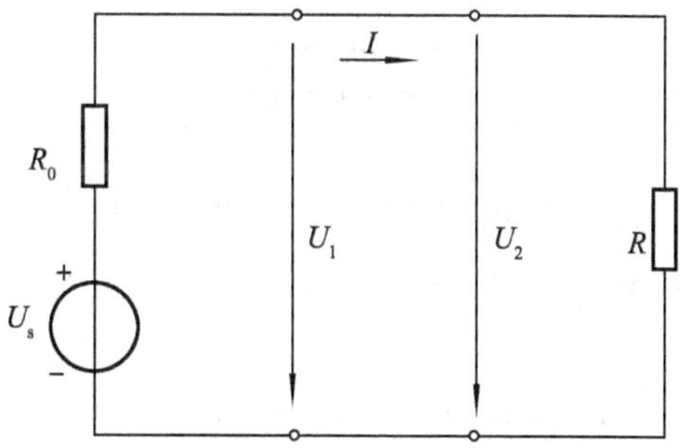

图 2-15 电路的负载状态

（七）额定功率

电路元件在工作时都有一定的使用限度，其限额值称为额定值。例如，标明“220V，40W”的灯泡，220V 和 40W 分别是该灯泡的正常工作电压为 220V（用 U_N 表示），且在此电压下工作，灯泡消耗的电功率为 40W（用 P_N 表示）。其灯丝电阻

$$R = \frac{U_N^2}{P_N} = \frac{220^2}{40}\Omega = 1210\Omega$$

如该灯泡接入低于额定电压的 110V 电路中，灯泡的实际功率为

$$P = \frac{U^2}{R} = \frac{110^2}{1210}W = 10W$$

可见，此灯泡发光强度不足。反之，若将该灯泡接入高于额定电压的 380V 电路中，灯泡的实际功率为

$$P = \frac{U^2}{R} = \frac{380^2}{1210}W \approx 119W$$

远大于额定功率，灯泡将很快被烧毁。因而电路元件应工作在额定条件下。如果电路元件工作在高于额定电压很多的状态下，这就使电器设备和电源的温度迅速上升，导致电源及其他电气设备烧毁，甚至引起火灾。

三、电阻的等效变换

（一）电阻的串联

图 2-16 所示电路中两个电阻依次首尾相连接，称电阻串联。串联电路中各电阻上流经同一个电流 I，如图 2-16（a）所示。

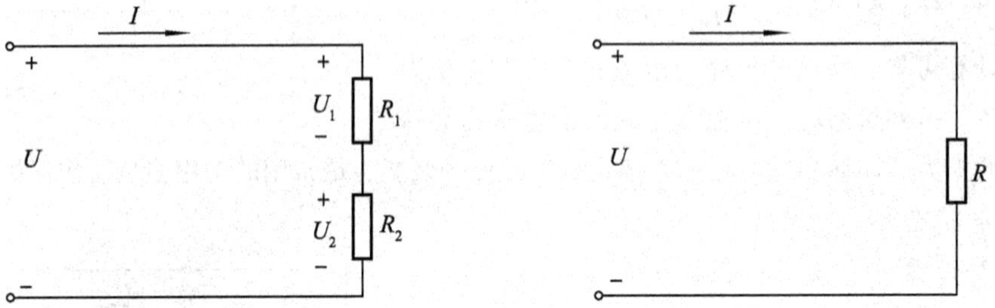

（a）电阻的串联　　（b）等效电阻

图 2-16　电阻串联

当多个电阻串联时，可用一个等效电阻来等值代替，如图 2-16（b）所示。根据分析可知，串联电阻的等效电阻（或称总电阻）R 等于各电阻之和。写成一般形式（n 个电阻串联）为

$$R = R_1 + R_2 + \cdots + R_n \tag{2-9}$$

在电路分析中，常用到两个电阻的分压公式：

$$U_1 = \frac{R_1}{R_1 + R_2} \cdot U$$

$$U_2 = \frac{R_2}{R_1 + R_2} \cdot U \tag{2-10}$$

由此可见，串联电阻上电压与电阻成正比。电阻串联具有分压特性。串联的每个电阻的功率也与它们的电阻值成正比。工程上常常利用这一特性扩展电压表的量程。

（二）电阻的并联

如图 2-17 所示，电路中电阻的首尾分别连接在一起，称电阻并联。并联电阻两端的电压相同，如图 2-17（a）。

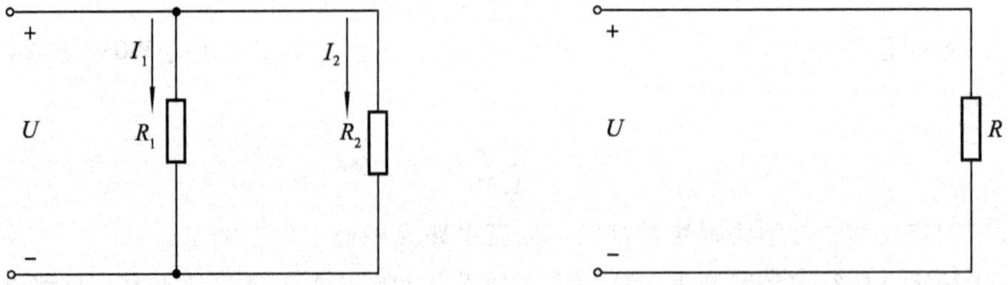

（a）电阻的并联　　（b）等效电阻

图 2-17　电阻并联

当多个电阻并联时，可用一个等效电阻来等值代替，如图 2-17（b）所示。根据分析可知，并联电阻的等效电阻（或称总电阻）R 的倒数等于各电阻倒数之和。即：

$$\frac{1}{R} = \frac{1}{R_1} + \frac{1}{R_2} + \cdots + \frac{1}{R_n}$$

根据公式可知，等效电阻小于电路中最小的电阻，等效电阻值随并联电阻个数的增加而减小。

在电路分析中，常用到两电阻并联时的分流公式：

$$I_1 = \frac{R_2}{R_1 + R_2} \cdot I$$

$$I_2 = \frac{R_1}{R_1 + R_2} \cdot I \tag{2-11}$$

由此可见，并联电阻上电流的大小与电阻成反比。电阻并联具有分流特性。工程上常常利用这一特性扩展电流表的量程。

（三）平衡电桥

单臂电桥（又称惠斯通电桥）在汽车电路中应用非常广泛，如空气流量计就是应用的惠斯通电桥平衡原理，其具体测量在任务六中详细评解。

图 2-18 所示为单臂电桥电路，该电路广泛应用在电阻类的汽车传感器电路中。R_X、R_2、R_3、R_4 是电桥的四个桥臂，其中一个桥臂接敏感元件 $R_X = R_1$，其余三个臂分别接标准电阻 R_2 、R_3 、R_4 。顶点 a、b 接电源，另一对顶点 c、d 接检流计。由实验可知，调整电阻 R，使相对桥臂电阻乘积相等（$R_X \cdot R_3 = R_2 \cdot R_4$）时，电桥处于平衡状态，接检流计的顶点 c、d 电位相等，检流计电流为零。如果敏感元件 R_X 受外界信号影响电阻值改变，电桥平衡被打破，顶点 c、d 电位不再相等，检流计中就会有电流流过。

电桥平衡条件为相对桥臂的两个电阻值乘积相等，即

$$R_X \cdot R_3 = R_2 \cdot R_4 \tag{2-12}$$

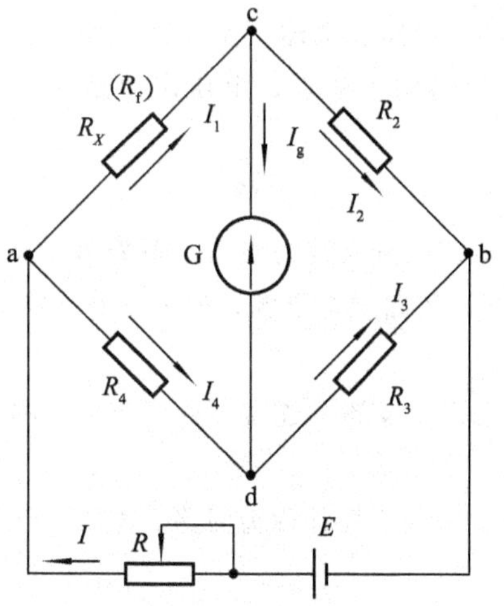

图 2-18　单臂电桥电路

（四）汽车中电阻电路的应用

在汽车中，电阻的串并联电路有非常广泛的应用，遍布全车的照明灯、后窗除霜装置中的电热丝都可等效为电阻元件。

在较冷的季节，车窗玻璃上会凝结上一层霜、雾、雪或冰，从而影响驾驶员的视线。为了避免水蒸气凝结，设置了除霜（雾）装置，需要时可以对风窗玻璃加热。后窗除霜装置如图2-19（a）所示，它由蓄电池、点火开关、熔丝、除霜器开关及指示灯、除霜器（电热丝）组成。

在后窗除霜装置中，除霜器由若干条电热丝并联连接，若将每条电热丝当作一个电阻，则除霜器就可以等效成若干个电阻的并联了，其等效的简化电路如图2-19（b）所示。

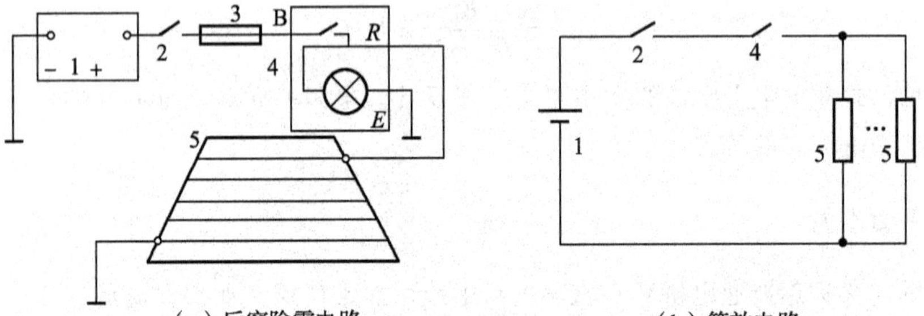

（a）后窗除霜电路　　（b）等效电路

图2-19　后窗除霜装置

1—蓄电池；2—点火开关；3—熔断器；4—除霜器开关及指示灯；5—除霜器（电热丝）

四、电路的基本定律及分析方法

欧姆定律是分析和计算简单电路的基本定律。但在复杂电路中的分析与计算中，需要用到一些其他的原理与定律。

（一）基尔霍夫定律

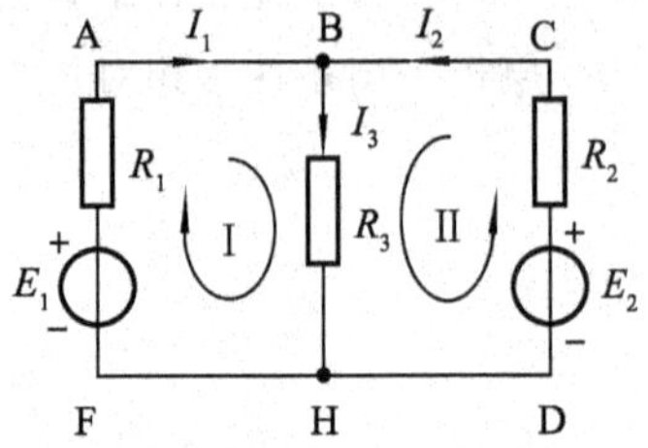

图2-20　基尔霍夫定律

基尔霍夫定律不仅适用于简单电路，也适用于复杂电路。基尔霍夫定律共有两个，电流定律适用于节点，电压定律适用于回路。

先介绍几个概念：

① 支路：电路中通过同一电流的分支称为支路。图2-20所示电路中有BAFH、BH和BCDH共3条支路。其中BAFH和BCDH支路中有电源，称为有源支路；BH支路中无电源，称为无源支路。

② 节点：电路中3条或3条以上支路的连接点称为节点。图2-20所示电路中有B、H两个节点，A、C、D、F不是节点。

③ 回路：电路中任何一个闭合的路径都称为回路。图2-20所示电路中有ABHFA、BCDHB、ABCDHFA都是回路。

1. 基尔霍夫电流定律（KCL）

基尔霍夫电流定律就是约束流经节点的所有电流的定律，定律可叙述为：在任一时刻，流

入节点的电流之和等于从该节点流出电流之和，即

$$\Sigma I_{出} = \Sigma I_{入}$$

基尔霍夫电流定律的根据是电流连续性原理，也是电荷守恒的逻辑推论。例如，在图 2-20 中，各支路电流的参考方向已选定并标于图上，对于节点 B，流入节电的电流 I_1 和 I_2，流出节点的电流有 I_3，那么根据基尔霍夫电流定律可写出

$$I_1 + I_2 = I_3$$

在计算复杂电路时，各条路径中电流的方向总是预先假定的。如果求得的电流值是负值，说明该路径中实际电流方向与所假定的电流方向相反。

2. 基尔霍夫电压定律（KVL）

基尔霍夫电压定律是反映电路的任一回路中各支路电压之间的关系。定律可叙述为：沿任一回路绕行一周，回路中各电位升之和等于各电位降之和，即

$$\Sigma U_{升} = \Sigma U_{降}$$

显然，它是能量守恒定律的体现。在图 2-20 中，沿 ABCDHFA 回路绕行，则回路的电位升是 E_1 与 I_2R_2，电位降是 E_2 与 I_1R_1，故得

$$E_1 + I_2R_2 = E_2 + I_1R_1$$

或

$$E_1 - E_2 = I_1R_1 - I_2R_2$$

也可写成

$$\sum E = \sum IR \tag{2-13}$$

公式（2-13）为基尔霍夫电压定律的另一种表达形式，其意义是：沿任一回路绕行一周，回路中所有的电动势的代数和等于所有的电阻上的电压降的代数和。在计算复杂电路时，常用公式（2-13），因其比较方便。应用时只要把回路中所有的电动势写在等号的一边，而把所有的电阻上的电压降写在等号的另一边。至于电动势和电阻上的电压降的正负号，可由回路的绕行方向来决定。当电动势的方向与回路绕行方向一致时，则此电动势取正号，反之则取负号；当电阻上的电流方向与回路绕行方向一致时，则此电阻上的电压降取正号，反之则取负号。

任何复杂电路都可用基尔霍夫定律来计算。在计算时，首先要分析电路中有几个未知电流，以便列出几个独立的方程来求解。同时，应首先用电流定律列出方程式。若电路有 n 个节点，可由电流定律列出（$n-1$）个方程。不足的方程式再用电压定律列出。在应用电压定律时，每次所取的回路必须包含一个新的支路，即其他回路中没有用过的支路。

例 2-3　图 2-20 表示汽车上的发电机、蓄电池和负载相并联的电路。图中 E_1、R_1 表示发电机的电动势和内阻，E_2、R_2 表示蓄电池的电动势和内电阻，R_3 是车灯等用电器的电阻。若 $E_1 = 15\text{V}$，$E_2 = 12\text{V}$，$R_1 = 1\Omega$，$R_2 = 0.5\Omega$，$R_3 = 10\Omega$，求 I_1、I_2、I_3。

解： 该电路共有 3 条支路和 3 个未知电流 I_1、I_2、I_3，故需列出 3 个独立的方程式。由节点 B 得

$$I_1 + I_2 = I_3 \tag{1}$$

沿回路 ABHFA 得

$$E_1 = I_1R_1 + I_3R_3$$

或

$$15 = I_1 + 10I_3 \tag{2}$$

沿回路 BHDCB 得

$$E_2 = R_2I_2 + R_3I_3$$

或 $$12 = 0.5I_2 + 10I_3 \quad (3)$$

解联立方程式（1）、(2)、(3) 得

$$I_1 = 2.42\text{ A}, I_2 = -1.16\text{ A}, I_3 = 1.26\text{ A}$$

式中，I_2 前的负号，表明该支路中实际电流的方向和假定的方向相反，此时蓄电池处于充电状态。

(二) 叠加原理

在分析线性电路时，经常要用到叠加原理。

原理内容：在线性电路中，因为电流正比于电动势，所以当复杂电路中有几个电动势同时作用时，任一支路中所流过的电流，都可看成是由电路中各个电动势单独作用时在该支路中所产生的电流的代数和。

在考虑各个电动势单独作用时，其余电动势假定为零，即处于短路状态，电路内所有的电阻值（包括电源的内电阻）则保持不变，如图 2-21 所示。

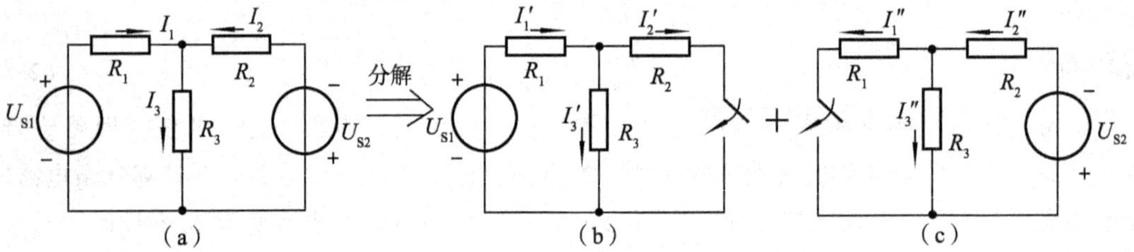

图 2-21 叠加原理

在应用叠加定理时，应注意以下几点：

① 在考虑某一电源单独作用时，要假设其他独立电源为零值。电压源用短路替代，电动势为零；电流源开路，电流为零。但是电源有内阻的则都应保留在原处。其他元件的联结方式不变。

② 在考虑某一电源单独作用时，其参考方向应选择与原电路中对应响应的参考方向相同，在叠加时用响应的代数值代入。或以原电路中电压和电流的参考方向为准，分电压和分电流的参考方向与其一致时取正号，不一致时取负号。

③ 叠加定理只能用于计算线性电路的电压和电流，而不能计算功率等与电压或电流之间不是线性关系的参数。

④ 受控源不属于独立电源，必须全部保留在各自的支路中。

例 2-4 如图 2-21 所示，已知：

$U_{S1} = 18\text{V}$, $U_{S2} = 15\text{V}$, $R_1 = 12\Omega$, $R_2 = 10\Omega$, $R_3 = 15\Omega$，要求用叠加原理求个支路电流。

解： 用叠加原理计算时，可把该电路看成是两个电源单独作用的电路相叠加，如图 2-21 所示。

由图 2-21 (b) 可求得

$$I'_1 = \frac{U_{S1}}{R_1 + (R_2//R_3)} = \frac{18}{12 + \frac{10 \times 15}{10 + 15}}\text{A} = \frac{18}{12 + 6}\text{A} = 1\text{A}$$

$$I'_2 = \frac{R_3}{R_2 + R_3}I'_1 = \frac{15}{10 + 15} \times 1\text{A} = 0.6\text{ A}$$

$$I'_3 = \frac{R_2}{R_2 + R_3}I'_1 = \frac{10}{10 + 15} \times 1\text{A} = 0.4\text{ A}$$

由图 2-21（c）可求得

$$I''_2 = \frac{U_{S2}}{(R_1//R_3) + R_2} = \frac{15}{\frac{12 \times 15}{12 + 15} + 10}\text{A} = 0.9\text{ A}$$

$$I''_1 = \frac{R_3}{R_1 + R_3}I''_2 = \frac{15}{12 + 15} \times 0.9\text{A} = 0.5\text{ A}$$

$$I''_3 = \frac{R_1}{R_1 + R_3}I''_2 = \frac{12}{12 + 15} \times 0.9\text{A} = 0.4\text{ A}$$

根据以上计算可得

$$I_1 = I'_1 - I''_1 = (1 - 0.5)\text{A} = 0.5\text{ A}$$
$$I_2 = I'_2 - I''_2 = (0.9 - 0.6)\text{A} = 0.3\text{ A}$$
$$I_3 = I'_3 + I''_3 = (0.4 + 0.4)\text{A} = 0.8\text{ A}$$

（三）电路中电位的分析计算

电位的概念对实际电路的测量十分重要。对于一个实际复杂电路我们往往需要用万用表、示波器等仪器进行电压值测量，通过测量来确定其工作状态。例如，在汽车电路中，某照明电路出现断路故障，需查找电路在某处出现断路或短路，就可以通过测各点电位的方法来判定。

为了求得电路中各点的电位值，必须在电路中选择一个参考点，称为“接地”，用符号⊥表示。但实际上参考点不一定是真正的接地，只是当作一个零电位点，作为其余各点电位高低的比较标准。电路中某点的电位值就等于该点与零电位点之间的电位差。

可以把用万用表两个表笔中的黑表笔固定接在被测电路选定的参考点（汽车搭铁）上，即可单手操作测量各点电位，进而得出任意两点间的电压。这种测量方法既方便又安全。

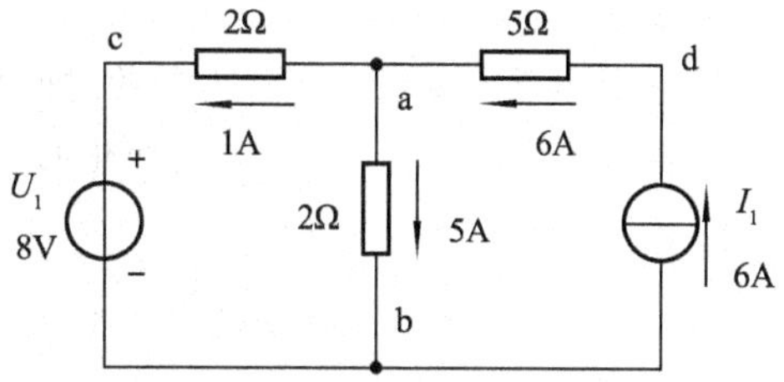

图 2-22　例 2-5 电路图

例 2-5　求图 2-22 所示电路中各点的电位（分别选 a、b 为参考点）：V_a、V_b、V_c、V_d。

解：设 a 为参考点，即 $V_a = 0\text{V}$

$$V_b = U_{ba} = -5 \times 2\text{V} = -10\text{ V}$$

$$V_c = U_{ca} = -1 \times 2\text{V} = -2\text{ V}$$

$$V_d = U_{da} = 6 \times 5\text{V} = 30\text{ V}$$

$$U_{ab} = 5 \times 2\text{V} = 10\text{ V}$$

$$U_{cb} = U_1 = 8\text{ V}$$

$$U_{db}=U_{da}+U_{ab}=40\ \text{V}$$

设 b 为参考点，即 $V_b=0$ V，有：

$$V_a=U_{ab}=5\times2\text{V}=10\ \text{V}$$

$$V_c=U_{cb}=U_1=8\ \text{V}$$

$$V_d=U_{db}=U_{da}+U_{ab}=40\ \text{V}$$

$$U_{ab}=5\times2\text{V}=10\ \text{V}$$

$$U_{cb}=U_1=8\ \text{V}$$

$$U_{db}=U_{da}+U_{ab}=40\ \text{V}$$

由以上计算可知，当参考点选得不同时，电路中各点电位的高低将随之不同，但任意两点间的电压值仍然是不变的。所以电路中各点电位的高低是相对的，而两点间的电压则是绝对的。

五、交流电路

（一）正弦交流电

正弦交流电路是电工、电子电路中最基本的交流电路。正弦交流电易于产生，便于输送和使用，在生产和生活的各个领域中应用也最为广泛。

大小和方向随时间改变的电压或电流统称交流电，其波形如图 2-23 所示。

正弦交流电的电压、电流、电势等是正弦量，可以用正弦函数表示。图 2-23 所示正弦交流电流可表示为

$$i=I_m(\sin\omega t+\varphi) \tag{2-14}$$

1. 正弦交流电的三要素

正弦量可以由频率（或周期）、幅值（或有效值）和初相位三个要素来确定。因此，最大值、频率、初相位称为正弦交流电的三要素。

（1）频率与周期

正弦量重复变化一次所需要的时间称为周期，用 T 表示，单位是秒（s）。每秒内变化的次数称为频率，用 f 表示，单位是赫兹（Hz）。

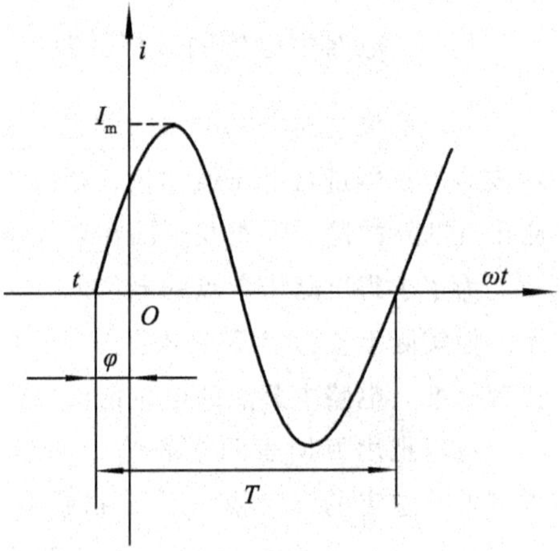

图 2-23　正弦交流电

$$f=\frac{1}{T} \tag{2-15}$$

我国采用 50Hz 作为电力标准频率，美（日）等国采用 60Hz。这种频率在工业上应用广泛，习惯称为工频。

正弦量的变化快慢除用周期和频率表示外，还用角频率 ω 来表示。因为一周期内经历了 2π 弧度，所以角频率为

$$\omega=\frac{2\pi}{T}=2\pi f \tag{2-16}$$

式中，ω 的单位是弧度每秒（rad/s）。

（2）幅值与有效值

正弦量在任一瞬间的值称为瞬时值，用小写字母表示，如用 i、u、e 等来表示瞬时电流、电压及电动势等。瞬时值中最大的值称为幅值或最大值，用带下标 m 的大写字母表示，如用 I_m、U_m、E_m 等来表示电流、电压、电动势的最大值。

在正弦交流电中，往往用有效值描述各量的大小。有效值是从电流的热效应来规定的，若周期性电流 i 在一个周期内通过电阻 R 所产生的热量与另一个恒定的电流 I 通过相同的电阻 R 在相同的时间里产生的热量相等，即这个直流电流 I 和周期电流 i 的热效应是等效的，那么这个直流电流的数值定义为该周期电流的有效值。有效值用大写字母表示。根据上述，可得

$$\int_0^T Ri^2 \mathrm{d}t = RI^2 T$$

由此得出电流有效值

$$I = \sqrt{\frac{1}{T}\int_0^T i^2 \mathrm{d}t}$$

对于正弦交流电，即 $i = I_m(\sin\omega t + \varphi)$，则

$$I = \sqrt{\frac{1}{T}\int_0^T I_m^2 \sin^2(\omega t + \varphi)\mathrm{d}t}$$

整理得

$$I = \frac{I_m}{\sqrt{2}} \tag{2-17}$$

同理，正弦电压的有效值为

$$U = \frac{U_m}{\sqrt{2}}$$

一般所讲的正弦电流或电压的大小，均是指有效值。例如交流电压 380V 或 220V 都是指电压的有效值，其最大值分别为 537V、311V。交流设备铭牌标注的电压、电流均为有效值。

（3）初相位

在正弦电流表达式（2-14）及图 2-23 中，$\omega t + \varphi$ 称为相位角，简称相位。当 $t = 0$ 时的相位角即 φ 称为初相角或初相位。初相位值 φ 决定了计时时刻的角度，初相位不同，正弦量的初始值不同。

两个频率相同的正弦量的相位角之差或初相位之差，称相位差。

同一正弦交流电路中，电压 u 和电流 i 的频率是相同的，但初相位不一定相同。由图 2-24 可知：

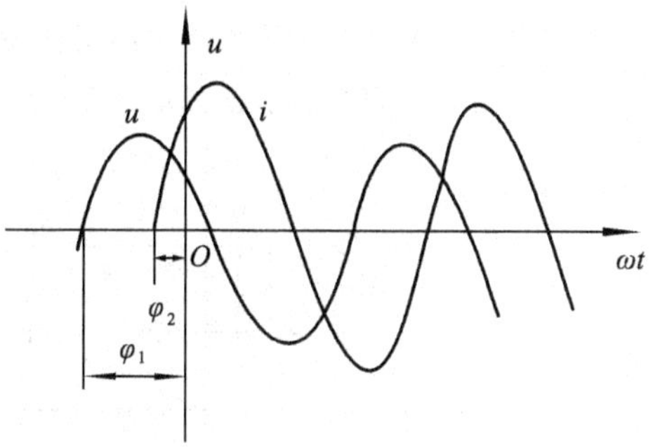

图 2-24　电压与电流的比较

$$u = U_m\sin(\omega t + \varphi_1)$$
$$i = I_m\sin(\omega t + \varphi_2)$$

它们的初相位分别为 φ_1 和 φ_2。它们的相位差为

$$\varphi = (\omega t + \varphi_1) - (\omega t + \varphi_2) = \varphi_1 - \varphi_2 \tag{2-18}$$

当 $\varphi_1 > \varphi_2$，即 $\varphi > 0$，称电压 u 比电流 i 超前 φ 角，或 i 比 u 滞后 φ 角。

当两同频正弦量的相位差 $\varphi = 0$ 时，称它们同相，当 $\varphi = 180°$ 时，称它们反相。注意，不

同频率的两个正弦量不能进行相位比较。

例 2-6 某电路电压 $u=141\sin 314t+\frac{\pi}{4}$ V，求：该电压角频率、频率、周期、幅值、有效值、初相位各为多少？

解：

$$\omega=314\text{rad/s}$$

$$f=\frac{\omega}{2\pi}=\frac{314}{2\times 3.14}\text{Hz}=50\text{Hz}$$

$$T=\frac{1}{f}=\frac{1}{50}\text{s}=0.02\text{s}$$

$$U_m=141\text{ V}$$

$$U=\frac{U_m}{\sqrt{2}}=\frac{141}{1.41}\text{V}=100\text{ V}$$

$$\varphi=\frac{\pi}{4}$$

2. 正弦交流电的相量表示法

正弦量可以用解析式来表示，也可以用正弦波形图表示。前者是基本的表示方法，但运算繁琐；后者直观、形象，但运算结果不准确。如果把正弦交流电用相量法来表示，可使正弦量的加减计算简便。

在直角坐标中画一个旋转矢量，规定其长度等于正弦交流电的最大值，与正向横轴间的夹角等于正弦交流电的最大值，与正向横轴间的夹角等于正弦交流电的初相，按逆时针方向旋转，角速度等于正弦交流电的电角速度，则此旋转矢量既能表示出正弦交流电的三要素，又能通过矢量在纵轴上的射影求得其瞬时值，即能完整的表达出一个正弦交流电。

现以 $u=U_m\sin(\omega t+\varphi)$ 为例，则其旋转矢量长度等于 U_m，矢量的初始位置与正向横轴夹角等于 φ，矢量绕 O 点以角速度 ω 逆时针旋转如图 2-25 所示。经过时间 t_1，从 OA 转到 OA′，在纵轴上投影为 $u_1=U_m\sin(\omega t_1+\varphi)$。由此可见，上述的旋转矢量既能反映正弦量的三要素，又能通过它在纵轴上的投影反映出正弦量的瞬时值，所以复平面上一个旋转矢量可完整地表示一个正弦量。我们把表示正弦量的复数称作相量。

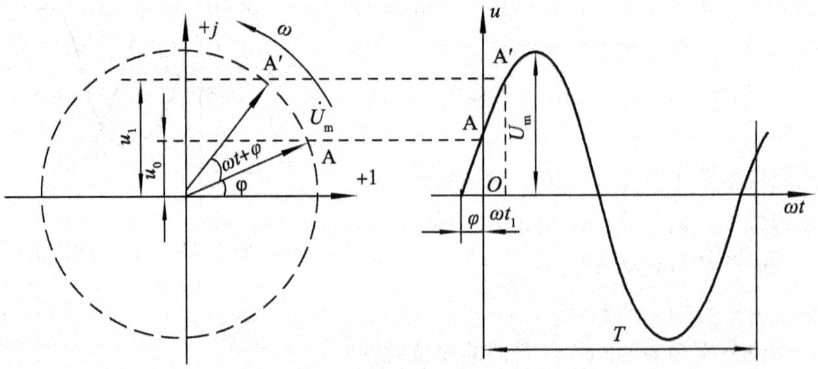

图 2-25 正弦交流电的旋转矢量图

量用大写字母上加“·”表示，用最大值作为模的称为最大值相量，用有效值作为模的称为有效值相量。如表示电流最大值相量为 $\dot{I}_m=I_m\angle\varphi_i$，表示电压有效值相量为 $\dot{U}=U\angle\varphi_u$。

相量在复平面上的图称为相量图。

需要注意的是，只有正弦量才能用相量表示，相量不能表示非正弦周期量。只有频率相同的正弦量才能画在同一相量图上进行比较和计算。

（二）电阻器、电感器、电容器在交流电路中的特性

在直流稳态电路中，电感器可视为短路，电容器可视为开路。但在交流电路中，由于电压、电流随时间变化，电感器中的磁场不断变化，引起感生电动势；电容极板间的电压不断变化，引起电荷在与电容极板相连的导线中移动形成电流。因此，电阻器 R、电感器 L、及电容器 C 对交流电路中的电压、电流都会产生影响。

1. 电阻器的交流电路

电阻器的交流电路如图 2-26 所示。在纯电阻 R 上通以正弦交流电，电压和电流的参考方向如图 2-26（a）所示。

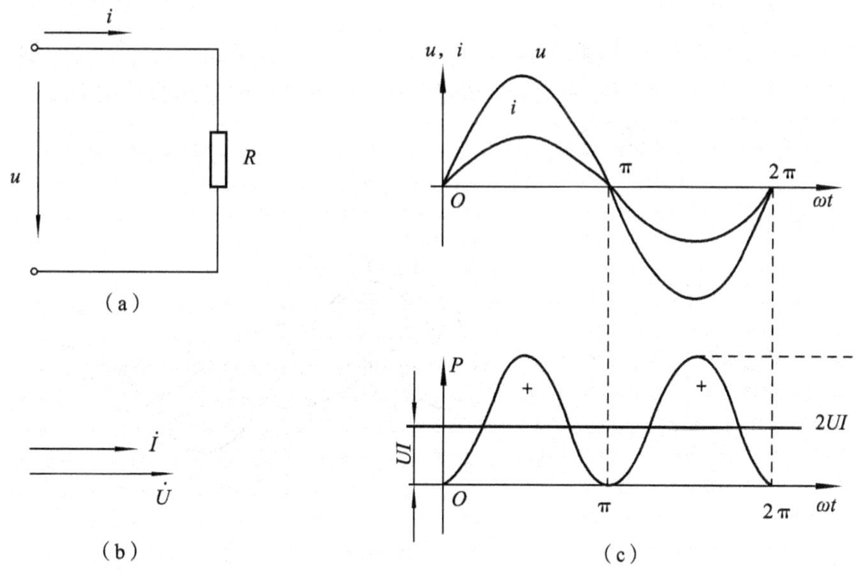

图 2-26　电阻器的交流电路

设正弦电流　　$i = I_m \sin(\omega t + \varphi_i) = \sqrt{2}I\sin(\omega t + \varphi_i)$

根据欧姆定律　　$u = Ri = \sqrt{2}RI\sin(\omega t + \varphi_i)$

$$= \sqrt{2}U\sin(\omega t + \varphi_i) = U_m\sin(\omega t + \varphi_i) \qquad (2\text{-}19)$$

由式（2-19）看出 u 和 i 两个正弦量频率相同、相位相等（它们之间的相位差为 $\varphi = 0°$），如图 2-26（c）上半部分所示。

由此可得出结论：在电阻器的交流电路中，电压和电流是同频率、同相位的正弦量，量值之间的关系为

$$U = RI,\ U_m = RI_m \qquad (2\text{-}20)$$

由此可知，在电阻器电路中，电压的幅值（或有效值）与电流的幅值（或有效值）之比，就是电阻 R。

如采用相量来表示电流和电压的关系，则为

$$\dot{U} = R\dot{I} \tag{2-21}$$

式（2-21）是欧姆定律的相量表达式。电流和电压的相量图如图 2-26（b）所示。

知道了电压与电流的变化规律和相互关系后，便可计算出电路中的功率。

在任一瞬间，电压瞬时值与电流瞬时值的乘积，称为瞬时功率，用 p 表示，则

$$p = ui = U_m I_m \sin^2 \omega t$$

一个完整周期内瞬时功率的平均值，称为平均功率，用 P 表示，则

$$P = \frac{1}{T}\int_0^T p\mathrm{d}t = \frac{1}{T}\int_0^T U_m I_m \sin^2 \omega t$$

$$= UI = RI^2 = \frac{U^2}{R} \tag{2-22}$$

由式（2-22）可以看出交流电路中电阻上的平均功率是电压有效值与电流有效值的乘积。

2. 电感元件的交流电路

电感元件的交流电路如图 2-27 所示，在图 2-27（a）中，假设该电感元件只有电感器 L，其电阻忽略不计。设在电感线圈中有电流 i 通过，则在电感线圈中产生自感电动势（e_L）。e_L、u 和 i 得参考方向如图所示，则有

$$u = -e_L = L\frac{\mathrm{d}i}{\mathrm{d}t}$$

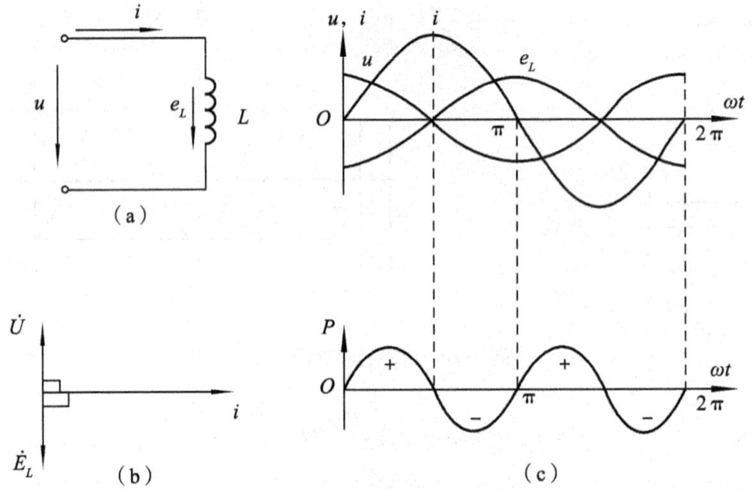

图 2-27 电感元件的交流电路

设 $$i = I_m \sin \omega t$$

则 $$u = -e_L = L\frac{\mathrm{d}i}{\mathrm{d}t} = L\frac{\mathrm{d}(I_m \sin \omega t)}{\mathrm{d}t}$$

$$= \omega L I_m \sin(\omega t + 90°) = U_m \sin(\omega t + 90°) \tag{2-23}$$

式中，$U_m = \omega L I_m$，$U = \omega L I$，或写成：

$$\frac{U_m}{I_m} = \frac{U}{I} = \omega L \tag{2-24}$$

由此可得出结论：u 和 i 是两个同频率的正弦量，电压超前电流$\frac{\pi}{2}$。

当电压 U 一定时，ωL 越大，则电流 I 越小，可见 ωL 对电流起阻碍作用，因而称为感抗，用 X_L 表示

$$X_L = \omega L = 2\pi f L \tag{2-25}$$

感抗 X_L 与电感 L 、频率 f 成正比。因此，电感元件对直流电路不起阻碍作用（$X_L = 0$），对高频电流的阻碍作用很大。

在电感元件的正弦交流电路中，瞬时功率 p

$$\begin{aligned} p &= ui = U_m I_m \sin \omega t \sin(\omega t + 90°) \\ &= U_m I_m \sin \omega t \cos \omega t = \frac{U_m I_m}{2} \sin 2\omega t \\ &= UI \sin 2\omega t \end{aligned}$$

电感元件正弦电路的平均功率指在一个完整周期内瞬时功率的平均值，用 P 表示，称为有功功率，即

$$P = \frac{1}{T}\int_0^T p\mathrm{d}t = \frac{1}{T}\int_0^T UI\sin\,(2\omega t)\,\mathrm{d}t = 0 \tag{2-26}$$

结论：电感元件的正弦交流电路中，电感上的平均功率为零。由此可见，纯电感线圈在电路中不消耗有功功率，它是一种储能元件。

为了与有功功率相区别，通常用无功功率 Q 来表示，即

$$Q = UI = X_L I^2$$

式中，Q 为瞬时功率幅值，即电压有效值与电流有效值乘积，它反映了能量互换的速度，其单位是乏（var）或千乏（kvar）。

3. 电容器的交流电路

电容器的交流电路如图 2-28 所示，其参考方向如图 2-28（a）所示。

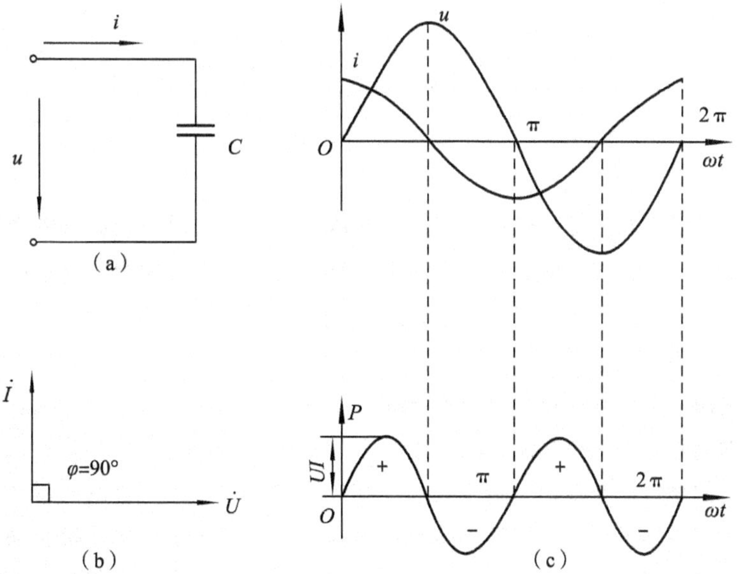

图 2-28　电容器的交流电路

设 $u = U_m \sin \omega t$，则

$$i = \frac{dQ}{dt} = C\frac{du}{dt} = C\frac{d(U_m \sin \omega t)}{dt} = \omega C U_m \sin(\omega t + 90°)$$

$$= I_m \sin(\omega t + 90°) \tag{2-27}$$

式中，$I_m = \omega C U_m$，$I = \omega C U$，或写成：

$$\frac{U_m}{I_m} = \frac{U}{I} = \frac{1}{\omega C} \tag{2-28}$$

由此可得出结论：u 和 i 是两个同频率的正弦量，电流超前电压$\frac{\pi}{2}$。

当电压 U 一定时，$1/\omega C$ 越大，则电流 I 越小，可见它对电流也起阻碍作用，因此称为容抗，用 X_C 表示。

$$X_C = \frac{1}{\omega C} = \frac{1}{2\pi f C} \tag{2-29}$$

容抗 X_C 与电容 C、频率 f 成正比。若直流电路 X_C 趋向于无穷大，因此电容器对直流有隔断作用，可视为开路状态。

在电容器的正弦交流电路中，其瞬时功率 p 为

$$p = ui = U_m I_m \sin \omega t \sin(\omega t + 90°)$$

$$= -U_m I_m \sin \omega t \cos \omega t = -\frac{U_m I_m}{2}\sin 2\omega t$$

$$= -UI \sin 2\omega t$$

电容器正弦电路的平均功率 P 称为有功功率，为

$$P = \frac{1}{T}\int_0^T p\,dt = -\frac{1}{T}\int_0^T UI \sin 2\omega t\,dt = 0$$

结论：电容器的正弦交流电路中，没有能量消耗，只有电源与电容器间的能量互换，其平均功率为零。

无功功率为

$$Q = UI = I^2 X_C \tag{2-30}$$

（三）三相交流电路

电能的产生、输送和分配一般都采用三相交流电。汽车上用的交流发电机就是一个三相交流发电机，用来产生三相交流电。三相电路在汽车制造、维修与检测企业中应用很普遍，而在日常生活中所使用的交流电源，就是三相交流电中的一相。

1. 三相对称交流电源

三相交流电源一般均为三相对称交流电源。

三相交流电动势是由三相交流发电机产生的。三组完全相同的线圈放置在彼此间隔 120° 的发电机定子铁心凹槽里固定不动。转子铁心上绕有励磁绕组，通入直流电后产生磁场，该磁场磁感应强度在定子与转子之间的气隙中按正弦规律分布。当转子由原动机带动，并以角速度 ω 匀速顺时针旋转时，每个定子绕组（称相）依次切割磁力线产生频率相同、幅值相同的正弦电

动势，但相位角依次相差 120°。

三个电动势具有如下 3 个特点：

① 由于三相绕组以同一速度切割磁力线，所以电动势的频率相同。

② 由于每相绕组的几何形状、尺寸和匝数均相同，因此电动势的最大值（或有效值）彼此相等。

③ 由于每相绕组的空间位置互差 120°的电度角，所以三个电动势之间相互存在着 120°的相位差。

三相交流电达到最大值的先后顺序称为相序。三相电动势的幅值相等，频率相同，彼此之间的相位差为 120°，这种电动势称为三相对称电动势。

三相以 A 相为参考表示为：

$$
\begin{aligned}
e_A &= E_m \sin \omega t \\
e_B &= E_m \sin(\omega t - 120°) \\
e_C &= E_m \sin(\omega t - 240°) = E_m \sin(\omega t + 120°)
\end{aligned}
\tag{2-31}
$$

三相对称电动势的曲线图和矢量图如图 2-29 所示。

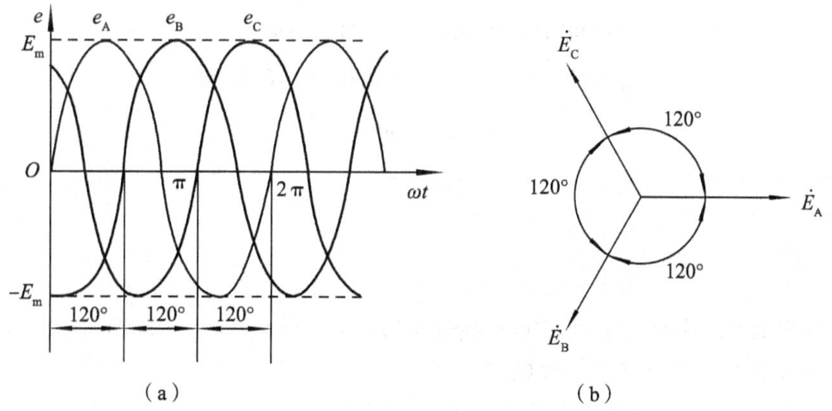

图 2-29　三相电动势的正弦波形图及相量图

显然它们的瞬时值之和或相量之和均为 0，即

$$e_A + e_B + e_C = 0$$

2. 发电机三相绕组的连接方法

三相发电机的三相绕组通常并不单独对外供电，而是按一定方式联结在一起同时对外供电。三相电源的基本联结方式有星形（Y）联结和三角形（△）联结。

（1）三相电源星形（Y）联结

如图 2-30（a）所示，如果把三相发电机三个绕组的尾端 x、y、z 接在一起成为一个公共端 N，三个绕组的首端 A、B、C 各引出一条线，这种接法称为星形联结。公共点 N 叫做中点，由中点引出的线叫中性线，从 A、B、C 引出的线称为端线或相线（俗称火线）。

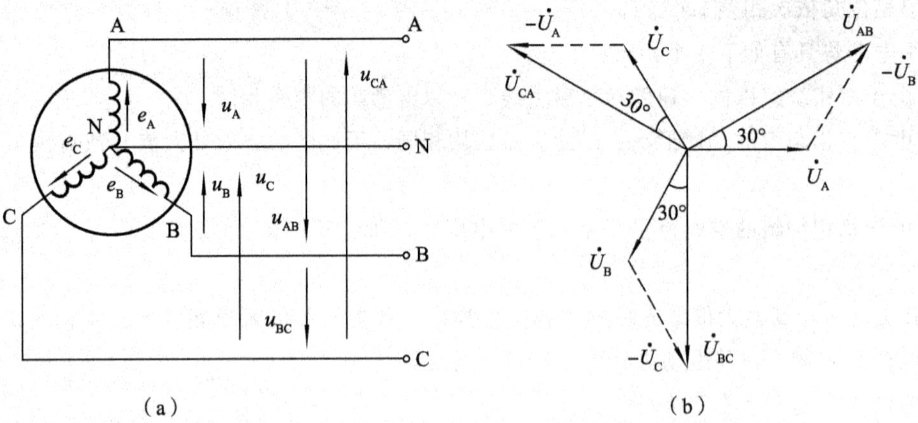

图 2-30 三相对称电源的星形联结及相量图

端线与中性线之间的电压称相电压，用 u_A、u_B、u_C 表示，其有效值大小一般用 U_P 表示；端线与端线如之间的电压称为线电压，用 u_{AB}、u_{BC}、u_{CA}表示，其有效值大小一般用 U_L 表示。线电压 U_L 与相电压 U_P 的关系可由相量图求得，如图 2-30（b）所示。线电压 U_L 是相电压 U_P 的 $\sqrt{3}$倍，线电压超前对应的相电压 30°，线电流等于相电流，即

$$\dot{U}_{AB}=\dot{U}_A-\dot{U}_B=2\ \dot{U}_A\cos\angle 30°=\sqrt{3}\dot{U}_A\angle 30°$$

$$\dot{U}_{BC}=\dot{U}_B-\dot{U}_C=\sqrt{3}\dot{U}_B\angle 30°$$

$$\dot{U}_{CA}=\dot{U}_C-\dot{U}_A=\sqrt{3}\dot{U}_C\angle 30°$$

$$U_L=\sqrt{3}U_P$$

$$I_L=I_P \tag{2-32}$$

如在低压配电系统中相电压为 220V，线电压为 $U_L=\sqrt{3}\times 220\text{V}\approx 380\text{V}$。

（2）三相电源的三角形（△）联结

若将三相发电机一个绕组的尾端与另一绕组的首端依次联结（A 接 y，B 接 z，C 接 x），从联结点引出三根线，就成三角形联结，如图 2-31 所示。

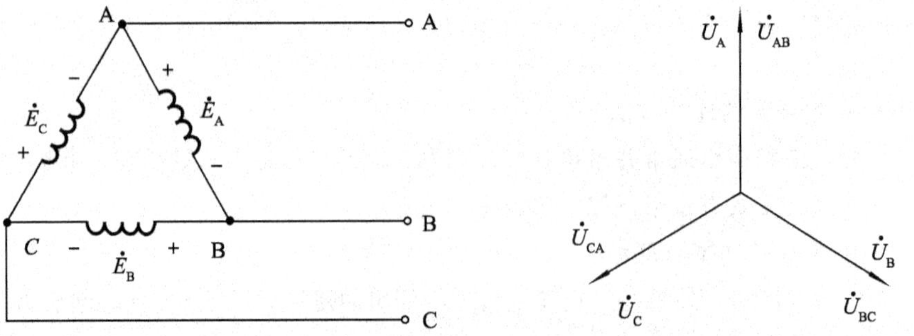

图 2-31 三相对称电源的三角形联结及相量图

显然，各端线之间的电压为各相电压，即线电压等于电源的相电压。若为三相对称电源，则

$$\dot{U}_L=\dot{U}_P$$

有效值为
$$U_L = U_P \tag{2-33}$$

实际应用中，三相电源一般不采用三角形联结。

3. 三相负载的联结方法

三相电路中负载的连接方法也有两种：星形（Y）联结和三角形（△）联结。

（1）三相负载的星形（Y）联结

三相负载星形联结如图2-32（a）所示，这种联结方法称三相四线制。三相负载两端的电压分别为$\dot{U}_A$、$\dot{U}_B$、$\dot{U}_C$，称为负载相电压，一般地记作。显然，三相四线制电路中，负载相电压等于电源相电压。

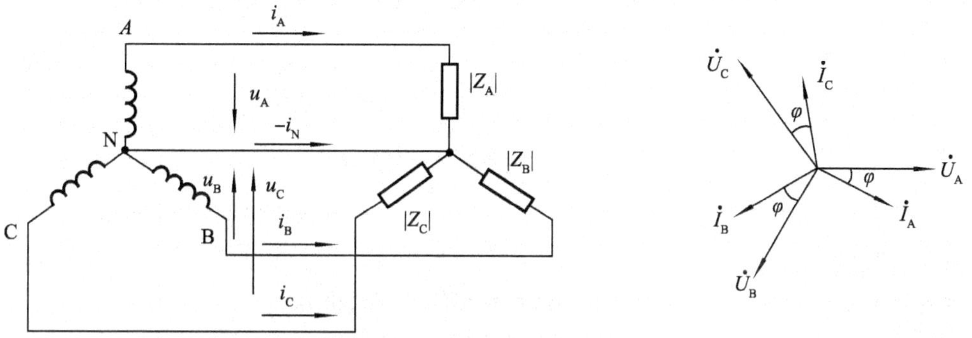

（a）　　　　（b）

图2-32　三相负载的星形联结

三相四线制的特点如下：

① 相电流I_P等于线电流I_L，即
$$I_P = I_L$$

② 加在负载上的相电压U_P和线电压U_L之间有如下关系
$$U_L = \sqrt{3}U_P$$

③ 流过中性线N的电流$\dot{I}_N$为
$$\dot{I}_N = \dot{I}_A + \dot{I}_B + \dot{I}_C$$

当三相电路中的负载完全对称时，在任意一个瞬间，三个相电流中，总有一相电流与其余两相电流之和大小相等，方向相反，正好互相抵消。所以，流过中性线的电流等于零。

因此，在三相对称电路中，当负载采用星形联结时，由于流过中性线的电流为零，故三相四线制就可以变成三相三线制供电。如三相异步电动机及三相电炉等负载，当采用星形联结时，电源对该类负载就不需接中性线。通常在高压输电时，由于三相负载都是对称的三相变压器，所以都采用三相三线制供电。

若三相负载不对称，则中性线电流不为零，中性线不能省略，并且在中性线上不能安装开关、熔断器，而且中性线本身强度要好，接头处应连接牢固。

（2）三相负载的三角形（△）联结

将三相负载分别接在三相电源的每两根相线之间的接法，称为三相负载的三角形联结，如图2-33所示。

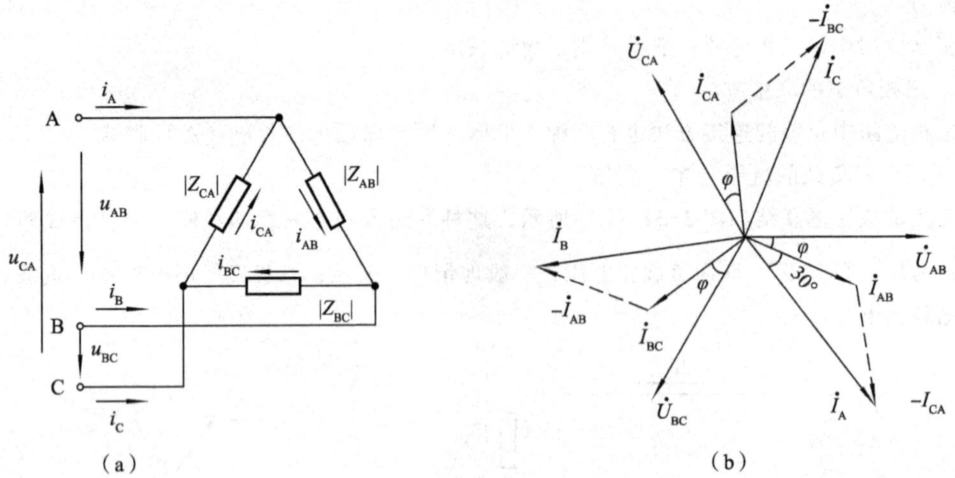

图 2-33　三相负载的三角形联结

由于三角形联结的各相负载是接在两根相线之间，因此负载的相电压就是线电压。

假设三相电源及负载均对称，则三相电流大小均相等，三个相电流在相位上互差 120°，三个相电流是对称的，所以三个线电流也必然是对称的，其大小为

$$I_L = \sqrt{3} I_P \tag{2-34}$$

且在相位上互差 120°。

由图 2-33（b）可知，三个线电流分别较其对应的相电流滞后 30°。

必须指出，如果三相负载不对称，则不存在这种关系。

由此可见，当三相对称负载作三角形联时，具有下列两个特点：

① 各相负载所承受的电压为对称的电源电压；

② 当负载对称时，线电流等于负载的相电流的 $\sqrt{3}$ 倍。

4. 三相电功率

三相电路的有功功率等于各项有功功率之和，对于三相对称负载来说，则

$$P = 3P_A = 3U_P I_P \cos\varphi$$

当负载星形联结时

$$U_P = \frac{U_L}{\sqrt{3}},\ I_P = I_L$$

则

$$P = 3U_P I_P \cos\varphi = \sqrt{3} U_L I_L \cos\varphi$$

当负载三角形联结时

$$U_P = U_L,\ I_P = \frac{I_L}{\sqrt{3}}$$

则

$$P = 3U_P I_P \cos\varphi = \sqrt{3} U_L I_L \cos\varphi$$

即：对称的三相负载不论星形联结，还是三角形联结，其总有功功率都是

$$P = \sqrt{3} U_L I_L \cos\varphi \tag{2-35}$$

例 2-7　有一个三相对称负载，每相负载的电阻 $R = 24\Omega$，电感阻抗为 $X_L = 32\Omega$，电源相电压为 220V，①电动机Y形联结时，各相电压电流为多少？②△形联结呢？

解：① Y形联结时

$$U_P = 220V$$

$$I_P = \frac{U_P}{Z} = \frac{U_P}{\sqrt{R^2 + X_L^2}} = \frac{220}{\sqrt{24^2+32^2}}A = 5.5A$$

② △形联结时

$$U_L = \sqrt{3}U_P = \sqrt{3} \times 220V = 380V$$

$$I_P = \frac{U_P}{Z} = \frac{U_L}{\sqrt{R^2 + X_L^2}} = \frac{380}{\sqrt{24^2+32^2}}A = 9.5A$$

任务实施

直流稳压电源制作

通过该任务的实施，在完成该任务的过程中，能够正确的识别、检测基本元件，熟悉电路各元器件的作用。学会焊接简单电路板并能对电路板进行检查与调试，对电路参数进行测试。

（一）电路原理

如图 2-34 所示，变压器 T 构成变压电路，将市电 u_i（220V，50H_Z）变换为低压交流电压 u_2（12V）。二极管组成的桥式电路与变压器 T 的二次绕组一起构成单相全波整流电路，输出脉动的直流电压。经电容器 C_1 滤波，将脉动的直流电转换为波动较小的平滑直流电。集成电路 IC_1（CW7812）、IC_2（CW7805），将平滑直流电转换为稳定的恒定直流电。电容器 C_2、C_3 起进一步稳定输出电压的作用。电阻器 R_1、发光二极管 LED_1 与电阻器 R_2、发光二极管 LED_2 构成电路状态指示电路。

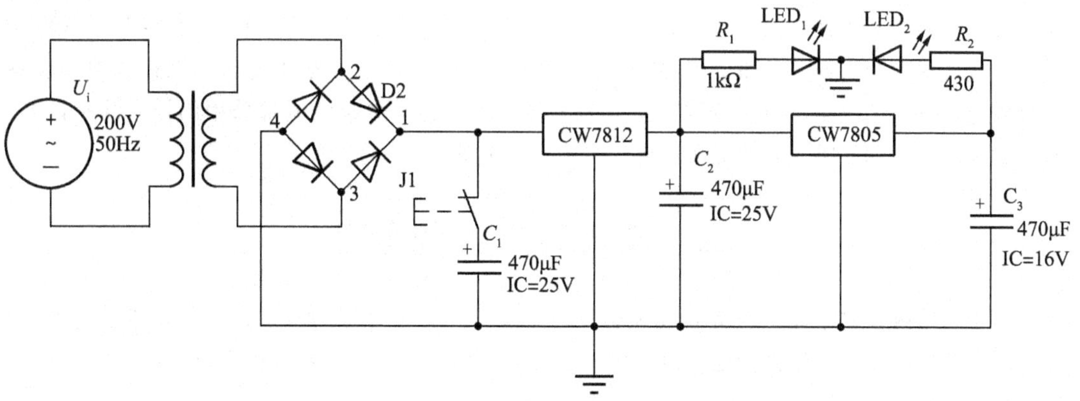

图 2-34　电路原理图

（二）制作工具、设备与测试仪表

① 电路焊接工具：电烙铁（20～35W）、烙铁架、焊锡丝、松香、湿海绵。

② 加工工具：剪刀、剥线钳、尖嘴钳、平口钳、螺丝刀、镊子。

③ 测试仪表：万用表、示波器。

④ 元器件清单：变压器 T（220V/12V）1 个、二极管整流桥 1 个、滤波电容器 C_1（25V，470μF）1 只、C_2（25V，470μF）1 只、C_3（16V，470μF）1 只、集成稳压器 IC_1（CW7812）1 个、IC_2（CW7805）1 个、发光二极管 LED_1（红）、LED_2（绿）各 1 只、电阻器 R_1（1kΩ）1 个、R_2（430Ω）1 个、万用板 1 个、开关 1 只。

（三）操作步骤

① 识别元器件并利用万用表检测其质量好坏。

② 电路板装配应遵循“先低后高、先内后外”的原则，先安装电阻器、二极管、开关，然后安装电容器、集成稳压器、二极管整流桥，最后安装变压器。

③ 电路的测试：先测试变压器输出电压 U_2，再测试整流、滤波后电压，最后测试稳压后输出电压。

④ 总结、测试电路功能并查找故障、评价产品性能与质量。

（四）注意事项

注意安全用电。在焊接时注意电容器、二极管等元件的极性。注意集成稳压器的输入、输出端位置。

拓展知识

一、安全用电的意义

在使用电能的过程中，如果不注意用电安全，可能造成人身触电伤亡事故或电气设备的损坏，甚至影响到电力系统的安全运行，造成大面积的停电事故，使国家财产遭受损失，给生产和生活造成很大的影响。因此，我们在使用电能时，必须注意安全用电，以保证人身、设备、电力系统三方面的安全，防止事故发生。为了防止人身触电事故，通常采用的技术防护措施有电气设备的接地和接零、安装低压触电保护器两种方式。

二、电流对人体的危害

由于不慎触及带电体，产生触电事故，将使人体受到各种不同的伤害。当人体触电承受过高的电压而导致死亡或局部受伤，触电依伤害程度不同可分为电击和电伤两种。

1. 电击

电击是指电流触及人体而使内部器官受到损害，它是最危险的触电事故。当电流通过人体时，轻者使人体肌肉痉挛，产生麻电感觉，重者会造成呼吸困难，心脏麻痹，甚至导致死亡。电击多发生在对地电压为 220 V 的低压线路或带电设备上，因为这些带电体是人们日常工作和生活中易接触到的。

2. 电伤

由于电流的热效应、化学效应、机械效应以及在电流的作用下使熔化或蒸发的金属微粒等侵入人体皮肤，使皮肤局部发红、起泡、烧焦或组织破坏，严重时更能危及人命。电伤多发生在 1000 V 及 1000 V 以上的高压带电体上。

人体触电伤害程度主要取决于流过人体电流的大小和电击时间长短等因素。通常把人体触电后最大的摆脱电流称为安全电流。

我国规定安全电流为 30 mA，即触电时间在 1s 内，通过人体的最大允许电流为 30 mA。人体触电时，如果接触电压在 36V 以下，通过人体的电流就不致超过 30 mA，故安全电压通常规定为 36 V，但在潮湿地面和能导电的厂房，安全电压则规定为 24 V 或 12 V。

三、触电方式

1. 单相触电

图 2-35（a）所示为电源中性点接地的单相触电。这时人体处于相电压之下，危险性较大。如果人体与地面的绝缘较好，危险性可以大大减小。

图 2-35（b）所示为电源中性点不接地的单相触电。当导线与地面间的绝缘不良，甚至有一相接地，在这种情况下人体中就有电流通过。

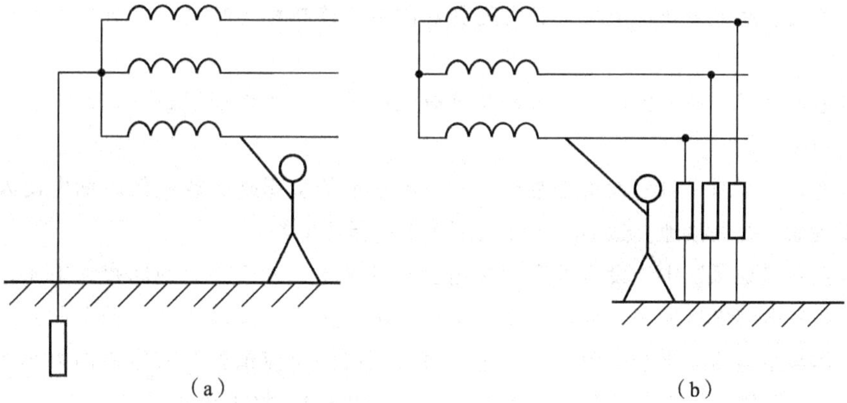

（a）　　（b）

图 2-35　电源中性点接地与不接地的单相触电

2. 两相触电

两相触电，又称相间触电，这是指在人体与大地绝缘的情况下，同时接触到两根不同的相线，或者人体同时触及到电气设备的两个不同相的带电部位时，电流由一根相线经过人体到另一根相线，形成闭合回路，如图 2-36 所示。

3. 跨步电压触电

输电线路火线断线落地时，落地点的电位即导线电位，电流将从落地点流入地中。离落地点越远，电位越低。根据实际测量，在离导线落地点 20 m 以外的地方，由于入地电流非常小，地面的电位近似等于零。如果有人走近导线落地点附近，由于人的两脚电位不同，则在两脚之间出现电位差，这个电位差称为跨步电压。距离电流入地点越近，人体承受的跨步电压越大；距离电流入地点越远，人体承受的跨步电压越小。在 20 m 以外，跨步电压很小，可以看作为零，如图 2-37 所示。

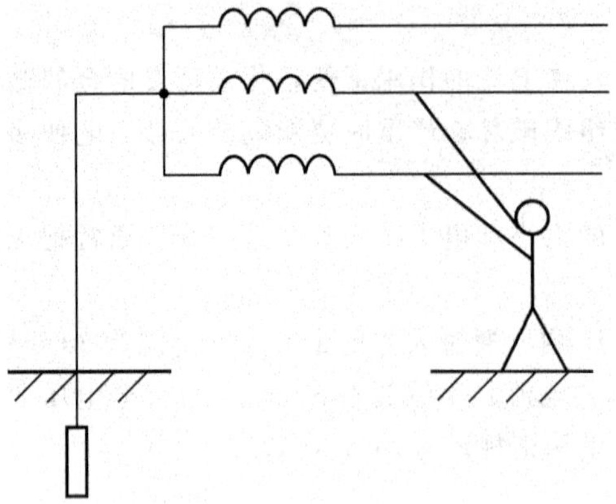

图 2-36　两相触电

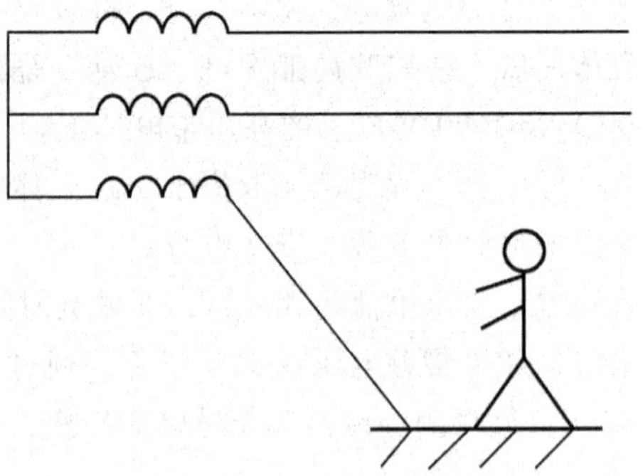

图 2-37　跨步电压触电

四、接地和接零

电气设备的保护接地和保护接零是为了防止人体接触绝缘损坏的电气设备所引起的触电事故而采取的有效措施。

1. 保护接地

电气设备的金属外壳或构架与土壤之间良好的电气连接称为接地。可分为工作接地和保护接地两种。

工作接地是为了保证电器设备在正常及事故情况下可靠工作而进行的接地，如三相四线制电源中性点的接地。

保护接地是为了防止电器设备正常运行时，不带电的金属外壳或框架因漏电使人体接触时发生触电事故而进行的接地。适用于中性点不接地的低压电网。

在中性点不接地系统中，设备外壳不接地且意外带电，外壳与大地间存在电压，人体触及外壳，人体将有电容电流流过，如图 2-38（a）所示，这样，人体就遭受触电危害。如果将外壳接地，人体与接地体相当于电阻并联，流过每一通路的电流值将与其电阻的大小成反比。人体电阻比接地体电阻大得多，人体电阻通常为 600～1000Ω，接地电阻通常小于 4Ω，流过人体的电流很小，这样就完全能保证人体的安全，如图 2-38（b）所示。

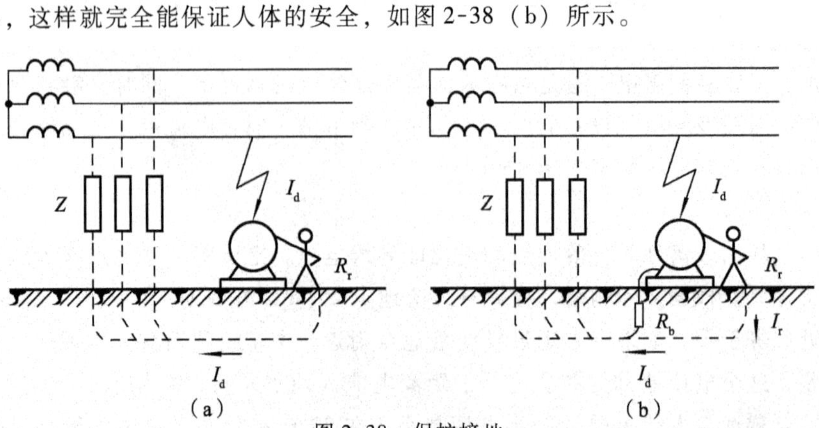

图 2-38　保护接地

保护接地适用于中性点不接地的低压电网。在不接地电网中，由于单相对地电流较小，利用保护接地可使人体避免发生触电事故。但在中性点接地电网中，由于单相对地电流较大，保护接地就不能完全避免人体触电的危险，而要采用保护接零。

2. 保护接零

在中性点接地的电网中，由于单相对地电流较大，保护接地就不能完全避免人体触电的危险，而要采用保护接零。将电气设备的金属外壳或构架与电网的零线相连接的保护方式称为保护接零。

保护接零是指在电源中性点接地的系统中，将设备需要接地的外露部分与电源中性线直接连接，相当于设备外露部分与大地进行了电气连接。

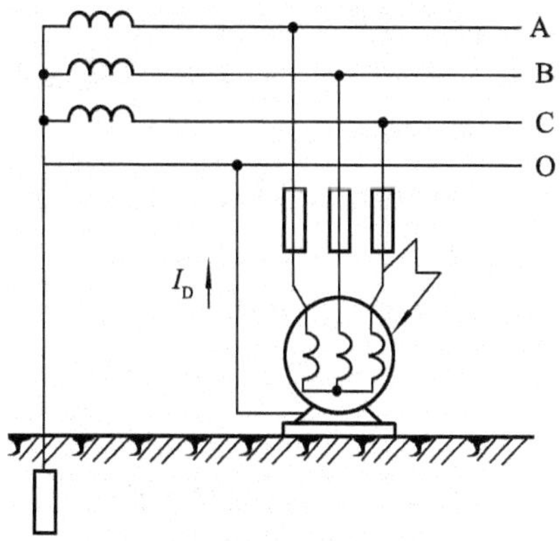

图 2-39　保护接零

当设备正常工作时，外露部分不带电，人体触及外壳相当于触及零线，无危险，如图 2-39 所示。采用保护接零时，应注意不宜将保护接地和保护接零混用，而且中性点工作接地必须可靠。

小　　结

1. 电路的基本概念

(1) 电路的组成及作用

任何一个完整的电路都是由电源、负载和中间环节 3 个基本部分组成的，并按其所要完成的功能按照一定的方式连接起来。电路的作用有两个方面：一是实现能量的转换、传输和分配；二是实现电信号的处理与传递。

(2) 电路的基本物理量

关联参考方向是指电流与电压的方向关联。在分析电路时，常取参考点的电位为零，当参考点不同时，各点的电位不同，而各点之间的电压不变。

电路的三种工作状态即为空载、负载和短路状态。

2. 电路的基本定律及分析方法

(1) 欧姆定律

适用于线性电阻定律，即电阻两端的电流与加在它两端的电压成正比。

(2) 基尔霍夫定律

基尔霍夫定律是电路分析的基本定律，具有普遍适用性。它包括基尔霍夫电流定律和基尔霍夫电压定律。

(3) 叠加原理

适用于线性电路。在复杂电路中，有多个电源同时作用时，可以看成是每个电源单独作用时在每个支路中所产生的电压或电流相叠加。

3. 单相交流电路

① 单相交流电的基本物理量、三要素；若已知正弦量的三要素，即最大值、频率和初相位，就可以写出它的瞬时值表达式。

② 正弦量的表达方式：三角函数式、波形图、相量式和相量图来表达。

③ 在纯电阻电路中。电压与电流是同相的，两者的关系由欧姆定律确定；

在纯电感电路中，在相位上电压超前电流90°，电压的幅值（或有效值）与电流的幅值（或有效值）之比为感抗。当电压一定时，L愈大，则电流愈小。对交流电流起阻碍作用，而对直流则可视作短路。

在纯电容电路中，在相位上电流超前电压90°。电容元件对高频电流所呈现的容抗很小，可视为短路；而对直流所呈现的容抗很大，可视为开路，电容元件有隔断直流的作用。

4. 三相交流电路

① 三相交流电源的电动势若幅值相同、频率相等、相位互差120°，就称为三相对称电动势。

② 在三相四线制供电系统中，线电压在数值上是相电压的$\sqrt{3}$倍，在相位上超前于相应的相电压30°。

③ 三相负载为星形联结时，各相承受相电压，线电流等于相电流。三相对称负载星形联结时，中性线电流为零。

④ 三相负载为三角形联结时，各相负载承受线电压，线电流等于相邻两相电流之差。三相对称负载为三角形联结时，线电流等于$\sqrt{3}$倍的相电流。

习　　题

一、填空题

1. 有两个电阻，把它们串联起来的总电阻为10Ω，把它们并联起来的总电阻为2.4Ω，这两个电阻的阻值分别为____和____。

2. 电位是________值，它的大小与参考点选择________；电压是________值，它的大小与参考点选择________。

3. 在任一时刻，通过电路任一节点的__________为零，其数学表达式为__________；基尔霍夫电压定律指出：对电路中的任一闭合回路，____的代数和等于______的代数和，其数学表达式为__________。

4. 正弦交流电路中，__________元件上电压与电流同相位；__________元件上电压再电位上超前电流90°；__________元件上电压滞后电流90°。

5. 已知一正弦交流电流 $i = 10\sqrt{2}\sin(314t + \frac{\pi}{4})$ A，则该交流电的最大值__________为__________A，有效值为__________A，频率为__________Hz，周期为__________s，初相为__________。

6. 三相交流电是由三相交流发电机产生的，__________相等，__________相同，相位互差__________的三个正弦电动势，称为三相对称电动势。

7. 对称三相负载星形联结在三相四线制电路中，线电流是相电流的__________倍，线电压是相电压的__________倍，中性线电流为__________。

8. 目前，我国低压三相四线制配电线路供给用户的线电压为__________，相电压为__________。

9. 三相负载接法分__________联结和__________接法。其中，__________联结线电流等于相电流，__________联结线电压等于相电压。

10. 常见的触电方式有__________、__________和__________。

二、选择题

1. 灯泡A为“6V，12W”，灯泡B为“9V，12W”，灯泡C为“12V，12W”，它们都在各自的额定电压下工作，以下说法正确的是________。

A. 3个灯泡一样亮　　B. 3个灯泡电阻相同

C. 3个灯泡的电流相同　　D. 灯泡C最亮

2. 在纯电阻电路中，计算电流的公式是________。

A. $i=\frac{U}{R}$　　B. $i=\frac{U_m}{R}$

C. $I=\frac{U_m}{R}$　　D. $I=\frac{U}{R}$

3. 已知 $e_1=50\sin(314t+30°)$ V，$e_2=70\sin(628t-45°)$ V，则 e_1、e_2 的相位关系是________。

A. e_1 超前 e_2 75°　　B. e_1 滞后 e_2 75°

C. e_1 滞后 e_2 15°　　D. e_1 与 e_2 的相位差不能进行比较

4. 某一灯泡上写着额定电压为220V，这是指________

A. 最大值　　B. 瞬时值

C. 有效值　　D. 平均值

5. 若要求三相负载各相互不影响，负载应接成________。

A. 星形有中性线　　B. 星形无中性线

C. 三角形　　D. 星形有中性线或三角形

6. 在纯电感电路中，下列各式正确的是________。

A. $I=\frac{U}{L}$　　B. $I=\frac{U}{\omega L}$

C. $I=\omega LU$　　D. $I=\frac{u}{X_L}$

7. 下列四个选项中，结论错误的是________。

A. 负载作星形连接时，线电流必等于相电流

B. 负载三角形连接时，线电流必等于相电流

C. 当三相负载越接近对称时，中性线电流越小

D. 三相对称负载星形和三角形连接时，其总有功功率均为 $P=\sqrt{3}U_{线}I_{线}\cos\varphi_{相}$

8. 照明线路采用三相四线制供电线路，中性线必须________。

A. 安装牢靠，防止断开　　B. 安装熔断器，防止中性线断开

C. 安装开关以控制其通断　　D. 取消或断开

三、判断题

1. 白炽灯发光时电阻小于不发光时电阻。　　(　　)

2. 几个电阻并联后总电阻值一定小于其中任一个电阻的阻值。 (　　)

3. 我们规定自负极通过电源内部指向正极的方向为电动势的方向。 (　　)

4. 若选择不同的参考点时，电路中各点的电位将发生变化，但电路中任意两点间的电压却不会改变。 (　　)

5. 为了安全，三相四线制的中性线应接上熔断器。 (　　)

6. 交流电路中，电阻、感抗、容抗的大小都与频率有关。 (　　)

7. 最大值旋转矢量在纵轴上的投影是该时刻正弦量的瞬时值。 (　　)

四、计算题

1. 某一闭合电路，电源内阻 $r=0.2\Omega$，外电路的端电压是 1.9V，电路中的电流是 0.5A，求电源电动势、外电阻及外电阻所消耗的功率。

2. 如图 2-40 所示电路，已知：$E_1=6V$，$E_2=1V$，$R_1=1\Omega$，$R_2=2\Omega$，$R_3=3\Omega$，求各支路电流。

3. 如图 2-41 所示电路，求 A 点的电位 V_A

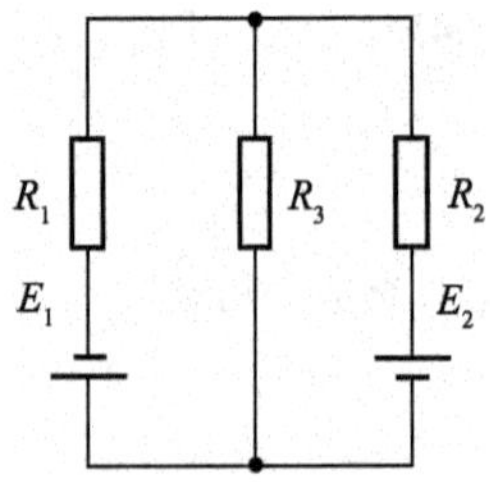

图 2-40　计算题 2

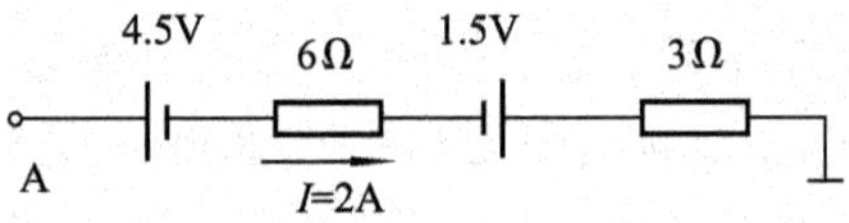

图 2-41　计算题 3

4. 一个电感为 20mH 的纯电感线圈，接在电压 $u=311\sin(314t+30°)$ V 的电源上，求：①通过线圈的电流为多少？写出电流的解析式；②电路的无功功率是多少？

5. 在图 2-42 所示电路中，已知 $E_1=120V$，$E_2=130V$，$R_1=10\Omega$，$R_2=2\Omega$，$R_3=10\Omega$，用叠加原理求各支路电流和 U_{AB}。

6. 有一三相对称负载，每相负载的 $R=8\Omega$，$X_L=6\Omega$，电源电压为 380V。求：

① 负载接成星形时的线电流、相电流和有功功率；

② 负载接成三角形时的线电流、相电流和有功功率。

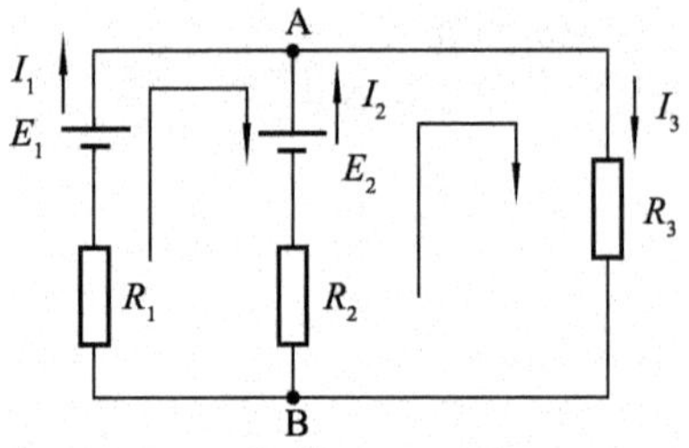

图 2-42　计算题 5

任务三　汽车喇叭电路的连接

学习目标

· 掌握描述磁场特征的基本物理量，电磁铁、变压器、继电器的基本原理及检测方法。

· 能正确认识汽车上常用的变压器、继电器。

· 能够正确使用仪表对变压器、继电器进行检查与测量。

任务描述

磁场是自然界存在的一种物理现象，利用电磁基本原理人们开发出了很多电气元件，变压器、电磁铁、继电器都是利用了电磁感应原理进行工作的。本任务主要介绍点火线圈、电磁铁、继电器的结构、工作原理及其在汽车上的应用，并利用学习的基本知识制作汽车上使用的双音喇叭。

相关知识

一、磁场特征基本物理量

（一）磁场

磁场是自然界存在的一种物理现象，严格讲任何物体都具有磁场，只不过有的表现的比较强，有的比较弱。为了更好地理解磁场的基本性质，介绍描述磁场 4 个常用的基本物理量，即磁感应强度 B、磁通 Φ、磁导率 μ、磁场强度 H。

1. 磁感应强度和电磁感应定律

磁感应强度是用来描述磁场中各点的磁场强弱和方向的物理量，用 B 表示它的大小，反映磁场强弱，其方向就是磁场的方向。

若在磁场中某一区域，磁力线疏密一致，且方向相同，则称该区域为匀强磁场或均匀磁场。在均匀磁场内，磁感应强度处处相同。磁场内某点磁力线的方向即磁感应强度的方向，磁力线的多少就表示磁感应强度的大小。

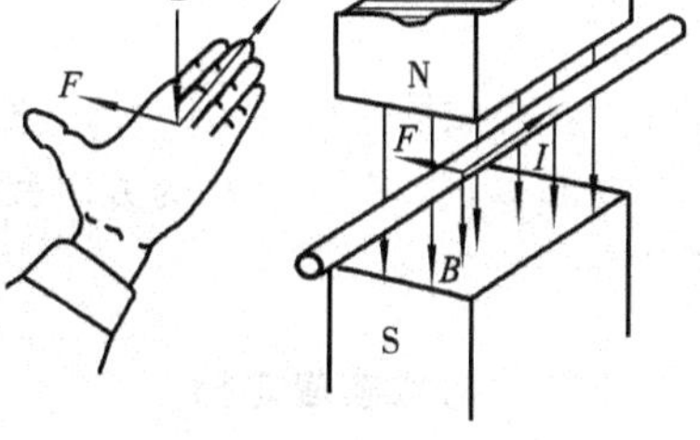

图 3-1　载流导体受电磁力作用

一段载流导体在磁场中会受到电磁力的作用，如图 3-1

所示。电磁力的大小与磁感应强度 B、电流 I、垂直于磁场的导体有效长度 l 成正比。公式为

$$F = BIl\sin\alpha \tag{3-1}$$

式中，α 为磁场与导体的夹角；B 为磁感应强度，单位是特斯拉（T），工程上也曾用高斯（Gs）来表示。两个单位的大小关系是：

$$1\text{Gs} = 10^{-4}\text{T}$$

2. 磁通 Φ

磁感应强度 B 和垂直于磁场方向的某一面积 S 的乘积，称为该面积的磁通 Φ。若磁场为匀强磁场，Φ 的大小为

$$\Phi = BS \tag{3-2}$$

磁通 Φ 的单位为韦伯（Wb）。在工程计算中常用麦克斯韦（Mx），两个单位的换算关系为

$$1\text{Mx} = 10^{-8}\text{Wb}$$

磁力线垂直穿过某一截面，磁力线根数越多，就表明磁通越大；磁通越大就表明在一定范围中磁场越强。由于磁力线是首尾闭合的曲线，所以穿入闭合面的磁力线数，必等于穿出闭合面的磁力线数，这就是磁通的连续性。

3. 磁导率 μ

磁导率 μ 是用来衡量磁介质磁性性能的物理量，也就是用来衡量物质导磁能力的物理量。

不同的介质，磁导率 μ 也不同，实验测得真空中的磁导率 $\mu_0 = 4\pi \times 10^{-7}\text{H/m}$，一般磁介质的磁导率 μ 与真空中磁导率 μ_0 的比值，称为相对磁导率，用 μ_r 表示，即

$$\mu_r = \frac{\mu}{\mu_0} \tag{3-3}$$

式中，磁导率 μ 的单位为亨/米（H/m）。

根据相对磁导率不同，可以材料分成三大类，第一类 μ_r 略小于 1，称为逆磁材料，如铜、银等。第二类 μ_r 略大于 1，如各类气体、非金属材料、铝等，这两类的的相对磁导率 μ_r 约等于 1，所以常统称为非铁磁性材料。第三类为铁磁性物质，如铁、钴、镍及其合金等，它们的磁导率很高，相对磁导率 μ_r 远远大于 1，所以电气设备如变压器、电动机都将绕组套装在用铁磁性材料制成的铁心上。

需要注意的是，铁磁性物质的磁导率 μ 是个变量，它随磁场的强弱而变化。

4. 磁场强度 H

磁场强度 H 也是计算磁场时所引入的一个物理量。磁场内某点的磁场强度 H 等于该点磁感应强度 B 除以该点的磁导率 μ，即

$$H = \frac{B}{\mu} \tag{3-4}$$

式中，H 为磁场强度，单位为安/米（A/m）。

H 和 B 同为矢量。H 的方向就是该点 B 的方向。在后面学到的磁路问题中，常常用到磁场强度这个物理量。

（二）电磁感应定律

1831 年英国物理学家法拉第发现，当穿过导电回路的磁通发生变化时，就会在该导电回路中产生感应电动势和感应电流。感应电动势的大小，正比于回路内磁通对时间的变化率。这称

为法拉第电磁感应定律。在这之后的1833年，科学家楞次又对法拉第电磁感应定律进行补充，总结出变化的磁通与感应电动势（或感应电流）在方向上的关系：在电磁感应过程中，感应电流所产生的磁通，总是力图阻止原磁通的变化，通常称为楞次定律。

法拉第电磁感应定律和楞次定律分别从大小和方向两方面阐述了感应电动势与磁通的关系。

为了便于分析、表达感应电动势，通常设定感应电动势与磁通的参考方向符合右手螺旋关系，则电磁感应定律可用下式表达，对于一匝线圈由电磁感应所产生的感应电动势为

$$e = \frac{\mathrm{d}\Phi}{\mathrm{d}t} \tag{3-5}$$

式中，磁通 Φ 的单位为 Wb；时间 t 的单位为 s；电动势 e 的单位为 V。

若线圈匝数为 N 匝，每匝线圈内穿过的磁通为 Φ，则与此线圈相交链的总磁通称为磁链，用 Ψ 表示，即

$$\Psi = N\Phi \tag{3-6}$$

此时线圈的感应电动势为

$$e = -N\frac{\mathrm{d}\Phi}{\mathrm{d}t} = -\frac{\mathrm{d}(N\Phi)}{\mathrm{d}t} = -\frac{\mathrm{d}\Psi}{\mathrm{d}t} \tag{3-7}$$

式（3-7）不仅表明了感应电动势的大小，而且可以表明其方向。

当电路中通过的是正弦交流电时，则感生电动势的有效值为

$$E = 4.44fN\Phi_{\mathrm{m}} \tag{3-8}$$

式中，f 为交流电源的频率，Φ_{m} 为主磁通的量大值。

根据楞次定律可知，感应电流所产生的磁通 Φ 要阻止原磁通的变化，即与原磁通 Φ 的方向相反，结果与楞次定律完全相符。

二、电磁铁

（一）电磁铁的概念

电磁铁是利用通电的铁心线圈所产生的强磁场来吸引铁磁物质（衔铁）的电器。电磁铁由励磁线圈、铁心和衔铁组成，其结构如图3-2所示。工作时，电流通入励磁线圈产生磁场，使铁心和衔铁都被磁化，衔铁受到电磁力的作用与铁心吸合，而电磁铁的衔铁可带动其他机械零件或触点动作，实现各种控制和保护。断电时，磁场消失，衔铁在弹性力的作用下释放從而复位。

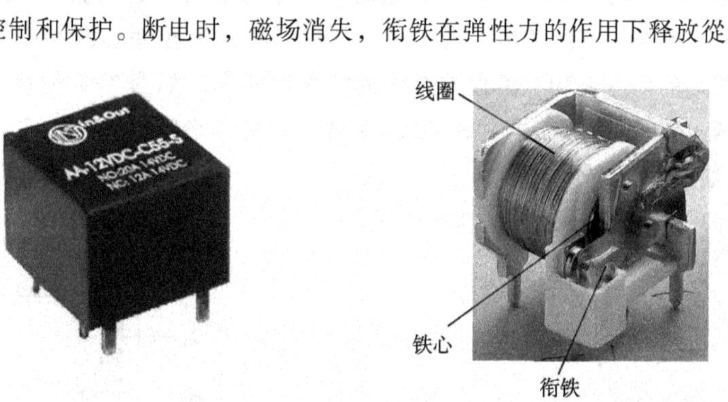

图3-2　电磁铁的结构

当衔铁为被用做辅助加工的工件时，则起到固定工件位置的作用，如磨床中常用的电磁吸盘。因此电磁铁在生产上的应用非常广泛。

（二）电磁铁的类型

根据电磁铁线圈中所通过的电流不同，可分直流电磁铁和交流电磁铁两大类。

1. 直流电磁铁

直流电磁铁采用直流电流励磁，铁心中的磁通恒定，没有感应电动势产生，因而线圈的励磁电流由电源电压和线圈内阻决定。如果电源电压和线圈内阻不变，则励磁电流不变，所以磁动势也不变。因此直流电磁铁具有以下特点：

①线圈中的直流励磁电流只取决于电源电压和线圈电阻。

②直流电磁铁在衔铁吸合过程中气隙是逐渐变小的，磁路中磁阻也逐渐变小。

在直流电磁铁中，当电源电压和线圈电阻一定时，励磁电流恒定不变，与空气隙大小无关（即磁路不影响电路），但衔铁吸力随衔铁吸合过程将逐渐增大。

2. 交流电磁铁

交流电磁铁和直流电磁铁构造基本相同，也是由励磁线圈、软磁材料铁心和衔铁三部分组成。

当交流电磁铁的铁心线圈通入正弦交流电时，铁心中便产生交变磁通，当电源频率和线圈的匝数一定时，铁心中磁通的最大值与电源电压的有效值成正比。电源电压的有效值和铁心中磁通有以下关系

$$U=4.44fN\Phi_m \tag{3-9}$$

式中 f——外加励磁交流电的频率（Hz）；

N——铁心线圈的匝数；

Φ_m——铁心中磁通的最大值（Wb）；

U——外加电源电压的有效值（V）。

从式中可看到，当电源频率和线圈匝数一定时，铁心中磁通的最大值与电源电压的有效值成正比。当电压有效值不变时，铁心中磁通的最大值亦保持恒定不变，与磁路无关。

交流电磁铁是用交流电励磁的，气隙中的磁感应强度随时间而变化，所以交流电磁铁的吸力也要随时间而变化。一般计算时，只考虑其平均值，平均吸力是最大吸力的一半。

图 3-3 所示为交流电磁铁的吸力变化，随时间在零与最大值之间脉动，因而衔铁要发生振动而引起噪声，同时触点容易被损坏。为了消除这种现象，可在铁心的端面上嵌装一个叫做短路环（又称分磁环）的闭合铜环，可以有效地消除这种噪声，如图 3-4 所示。短路环将原来铁心中的磁通 Φ 分成 Φ_1 和 Φ_2 两部分，Φ_1 穿过短路环，在短路环中产生感应电流，感应电流阻碍 Φ_1 的变化，磁通使 Φ_1 和 Φ_2 产生相位差。这样一来，穿过空气隙的磁通就不会同时为零，吸力也就不会中断，从而减弱了衔铁的振动，降低了噪声。

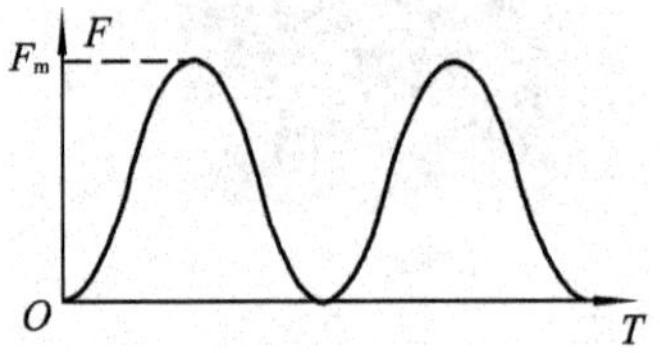

图 3-3 交流电磁铁的吸力变化

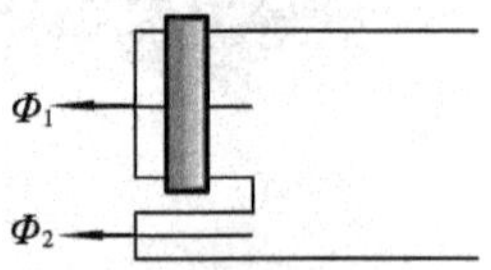

图 3-4 短路环

交流电磁铁铁心中交变的磁通会产生涡流和磁滞损耗，为了减小铁心损耗，交流电磁铁的铁心是由硅钢片叠成的。

（三）电磁铁在汽车中的应用

利用电磁铁磁性强、控制方便等特点，可制成许多控制部件或执行部件应用到汽车上，因此电磁铁在汽车电器设备中广泛应用。如电磁铁常用于各种继电器、电磁阀、电磁开关、电喇叭等设备。它可以控制电路的接通与关断，相当于一个开关元件。下面介绍两个应用实例——汽车电控燃油喷射系统中的喷油器和电路电喇叭电路。

1. 汽车电控燃油喷射系统中的喷油器

汽车电控燃油喷射系统中的喷油器，其中电磁铁中的衔铁与针阀是一体的，喷油器就是采用电磁铁的电磁吸力来打开或关闭燃油计柱塞，从而控制喷油器的喷油量。当发动机 ECU 发出喷油信号，电磁线圈得电后，产生电磁吸力，吸引衔铁沿着轴向向右移动，并带动针阀克服弹簧弹力离开阀座，燃油即开始喷射。当发动机 ECU 发出停止喷油指令时，切断喷油器电磁线圈的搭铁回路，电磁吸力消失，在弹簧弹力作用下针阀关闭，喷射停止。

2. 电喇叭

汽车电喇叭按外形不同可分为螺旋形、筒形和盆形等，目前国产汽车使用的多为螺旋形和盆形电喇叭。两种电喇叭结构和工作原理基本相同，都是利用电磁原理使得喇叭膜片振动，从而发出警报声音，如图 3-5 所示。

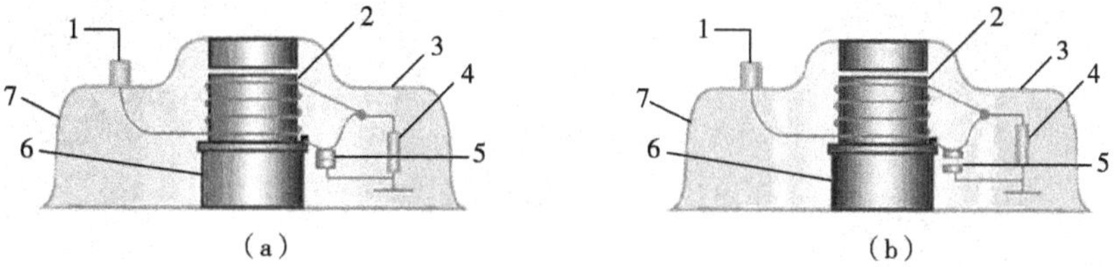

图 3-5　电喇叭结构示意图

1—接蓄电池正极；2—磁场线圈；3—部分外壳；4—内装电阻；5—触点；6—衔铁；7—膜片

三、变压器

变压器是利用电磁感应原理传输电能或电信号的器件，它具有变压、变流和变阻抗的作用。变压器的种类很多，应用十分广泛。比如，在电力系统中用电力变压器把发电机发出的电压升高后进行远距离输电，到达目的地后再用变压器把电压降低以便用户使用，以此减少传输过程中电能的损耗；在电子设备和仪器中常用小功率电源变压器改变市电电压，再通过整流和滤波，得到电路所需要的直流电压；在放大电路中用耦合变压器传递信号或进行阻抗的匹配等。变压器虽然大小悬殊，用途各异，但其基本结构和工作原理却是相同的，都是通过电磁感应来传递能量或信号的。

下面主要介绍单相变压器的有关原理、结构与应用。

(一) 变压器的基本结构和原理

1. 变压器的基本结构

变压器由铁心和绕组两个基本部分组成，如图 3-6 所示。在一个闭合的铁心上套有两个绕组，绕组与绕组之间以及绕组与铁心之间都是绝缘的。

变压器的铁心由 0.35 ~ 0.5mm 厚的硅钢片交错叠装而成，绕组一般采用绝缘铜线或铝线绕制，其中与电源相连的绕组称为一次绕组（又称原边、初级），与负载相连的绕组称为二次绕组（又称副边、次级）。按铁心和绕组的组合结构可分为心式变压器和壳式变压器，如图 3-7 所示。心式变压器的铁心被绕组包围，而壳式变压器的铁心则包围绕组。

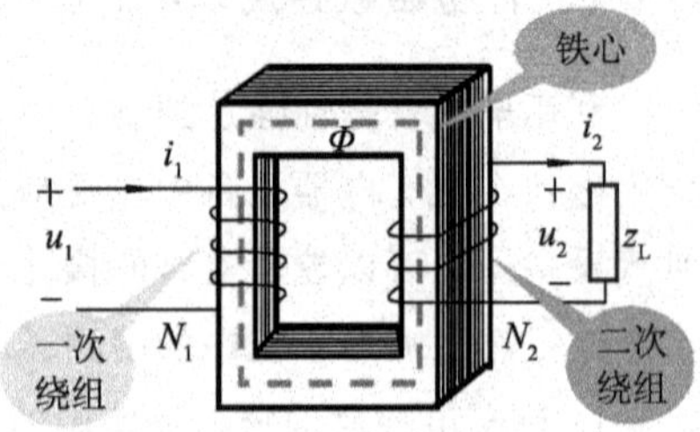

图 3-6 单相变压器

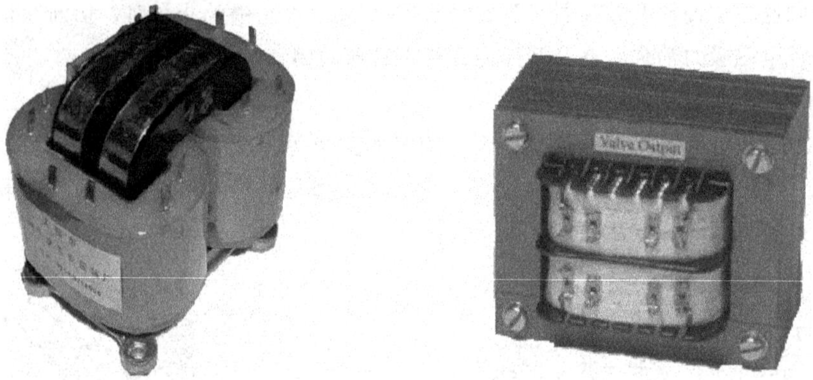
图 3-7 心式变压器和壳式变压器

2. 变压器的工作原理

为了便于分析问题，将互相绝缘的两个绕组分别画在两个铁心柱上。

图 3-8 为变压器的原理图。图中标注了各物理量的参考方向。

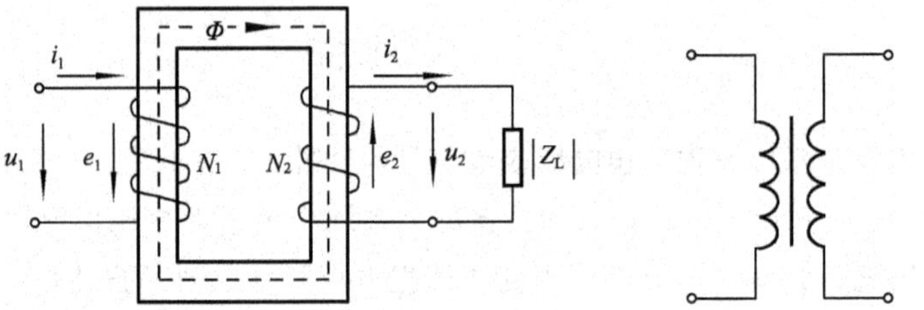

(a)

(b)

图 3-8 变压器原理图及符号

一次绕组接在额定电压为 u_1 的正弦交流电源上，二次绕组与负载相连接。

(1) 电压变换

当一次绕组中通过正弦交流电时，则在一次、二次绕组中产生的感生电动势的有效值为：

$$E_1 = 4.44 f N_1 \Phi_m$$
$$E_2 = 4.44 f N_2 \Phi_m$$

式中　f——交流电源的频率；

Φ_m——主磁通的最大值。

如果忽略漏磁通量及绕组导线电阻的影响，则感生电动势的有效值与电压有效值大小相等，即

$$U_1 = E_1 \qquad U_2 = E_2$$

所以

$$\frac{U_1}{U_2} = \frac{E_1}{E_2} = \frac{4.44 f N_1 \Phi_m}{4.44 f N_2 \Phi_m} = \frac{N_1}{N_2}$$

即

$$\frac{U_1}{U_2} = \frac{N_1}{N_2} = K \tag{3-10}$$

式（3-10）表明变压器具有变换电压的作用，若改变变压器一次、二次绕组的匝数，就能够把某一数值的交流电压变为同频率的另一数值的交流电压。

结论：一次、二次绕组上电压的比值等于两者的匝数之比，K称为变压器的变压比。

（2）电流变换

变压器是一种传送电能的设备，在传送电能的过程中绕组及铁心中的损耗很小，励磁电流也很小。理想情况下可以认为一次侧视在功率与二次侧视在功率相等，即

$$U_1 I_1 = U_2 I_2$$

故有

$$\frac{I_1}{I_2} = \frac{U_1}{U_2} \approx \frac{N_1}{N_2} = \frac{1}{K} \tag{3-11}$$

式（3-11）表明变压器具有变换电流的作用，电流大小与其匝数成反比。因此匝数多的绕组电流小，可用细导线绕制，匝数少的绕组电流大，可用粗导线绕制。

（3）阻抗变换

变压器除了可以变换电压、电流之外，还可以变换负载阻抗，从而实现阻抗匹配。

如图3-8所示，负载阻抗Z_L接于二次侧。当变压器处于负载运行时，从一次绕组看进去的阻抗为

$$Z_i = \frac{U_1}{I_1}$$

而负载阻抗为

$$Z_L = \frac{U_2}{I_2}$$

故有

$$Z_i = \frac{U_1}{I_1} = \frac{KU_2}{\frac{I_2}{K}} = K^2 Z_L \tag{3-12}$$

式（3-12）表明变压器具有变换阻抗的作用。对交流电源而言，通过变压器接入阻抗为Z_L的负载，相当于在交流电源上直接接入阻抗为$K^2 Z_L$的负载，如图3-9所示。

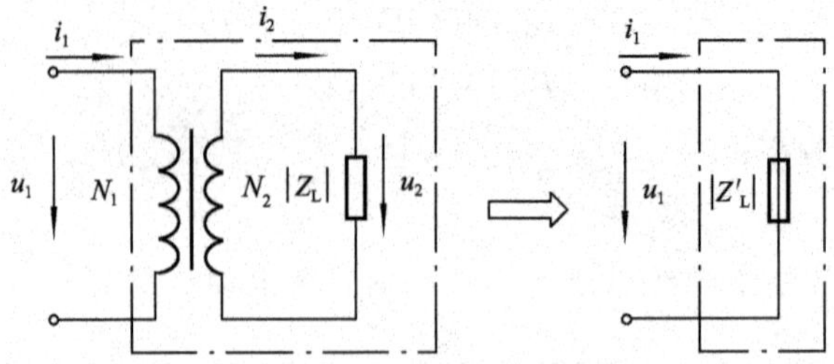

图 3-9 变压器阻抗变换作用

例 3-1 已知某一变压器 $N_1=1000$，$N_2=100$，$U_1=220\text{V}$，$I_2=2\text{A}$，负载为纯电阻，忽略变压器的漏磁和损耗，求变压器的二次绕组电压 U_2、一次绕组电流 I_1 和输入、输出功率。

解：变压比：

$$K=\frac{N_1}{N_2}=\frac{1000}{100}=10$$

二次绕组电压：

$$U_2=\frac{U_1}{K}=\frac{220}{10}\text{V}=22\text{V}$$

一次绕组电流：

$$I_1=\frac{I_2}{K}=\frac{2}{10}\text{A}=0.2\text{A}$$

输入功率：

$$P_1=U_1I_1=220\times0.2\text{W}=44\text{W}$$

输出功率：

$$P_2=U_2I_2=22\times2\text{W}=44\text{W}$$

可见当变压器的功率损耗忽略不计时，它的输入功率与输出功率相等，这是符合能量守恒定律的。

例 3-2 已知某收音机输出变压器的一次绕组匝数为 600，二次绕组匝数为 30，二次绕组原来接有 16Ω 的扬声器。现因故要改接成电阻为 4Ω 扬声器，问输出变压器的匝数 N_2 应改为多少？

解：收音机电路中，输出变压器所起的作用是让扬声器阻抗与晶体管的输出端阻抗匹配，以使负荷上获得最大功率，从而驱动喇叭振动发出声音。收音机原阻抗变换系数为

$$\kappa^2=\frac{N_1}{N_2}^2=\frac{600}{30}^2=400$$

反射阻抗：

$$Z_1=\frac{N_1}{N_2}^2Z_L=400\times16\Omega=6400\Omega$$

改换成电阻为 4Ω 扬声器后：

$$k'^2=\frac{6400}{4}=1600$$

$$k'=40$$

$$N_2=\frac{N_1}{k'}=\frac{600}{40}=15$$

（二）变压器在汽车上的应用

汽车上最常用的变压器就是点火线圈，它能将汽车电源系统提供的低压变为几千伏甚至上

万伏的高压，用于点燃发动机的汽油混合气。

点火线圈的内部结构如图 3-10 所示，主要由铁心、一次与二次绕组、壳体及其附加电阻等组成。

在汽车的汽油发电机中，汽缸内可燃混合气体是由高压电火花点燃的，保证按时产生电火花的全部设备就是发动机的点火系统。

点火线圈的铁心导磁性良好，用互相绝缘的高导磁率硅钢片叠成，以减少涡流损耗。一次绕组通过的电流较大，导线较粗，圈数较少。二次绕组的导线较细，圈数较多。一次绕组通过的电流较大，为便于散热，将其分层绕在二次绕组外面。在一次绕组与外壳之间夹有数层导磁钢套，用以减小磁路磁阻。在铁壳底部置有绝缘座，以防高压电击次级线圈，从而向铁心和壳体放电，在壳体上部有胶木盖，盖上连接断电器及开关的低压电路接头和接至配电器盖的高压接头。高压接头设在盖的内部，四周较高，以防止高压接头放电至一次绕组。

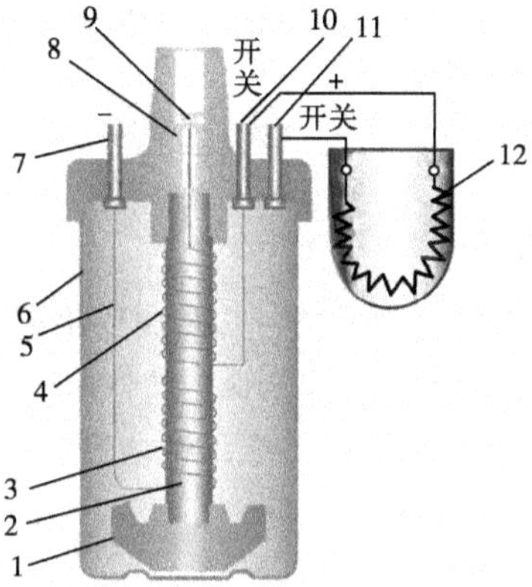

图 3-10　开磁路式点火开关

1—瓷杯；2—铁心；3—一次绕组；4—二次绕组；5—钢片；6—外壳；7—“－”接线柱；8—胶木盖；9—高压接线柱；10—“＋”接线柱或开关接线柱；11—“＋”接线柱；12—附加电阻

附加电阻又称热敏电阻，用电阻温度系数较大的低碳钢丝或镍铬丝制成，具有受热时电阻迅速增大，冷却时电阻迅速降低的特性。因此在发动机工作时，可利用此特点来自动调节一次电流，改善点火系统的工作特性。

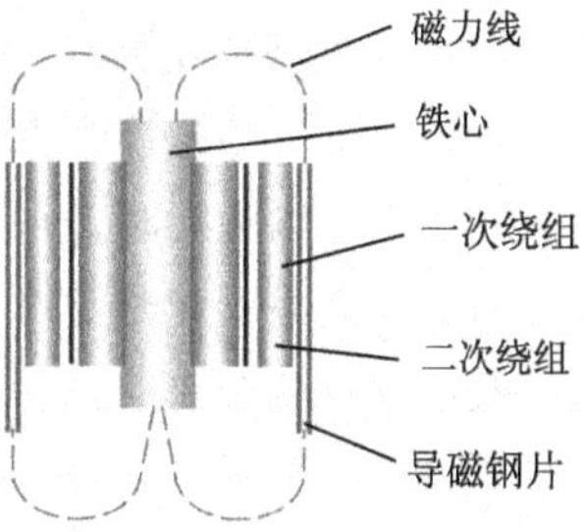

图 3-11　开磁路点火线圈的磁路

传统点火线圈的磁路如图 3-11 所示。从图中可见，磁路的上、下部分是从空气中通过的，因此漏磁较多。这种点火线圈称为开磁路点火线圈。

闭磁路点火线圈结构如图 3-12 所示，它的结构与开磁路点火线圈不同。在“日”字形的铁心内绕有一次绕组，在一次绕组外面绕有二次绕组，其磁路如图 3-13 所示。为减小磁滞损耗，在磁路中有一很小的气隙，由于闭合磁路基本由铁心构成，漏磁少，磁路磁阻相对于开磁路点火线圈小很多，在同样的磁通下需要的磁通势（绕组匝数与励磁电流乘积）比较小，因此绕组匝数或励磁电流就比较小，这样一方面使得点火线圈能量转换效率高，约为 75%（开磁路的点火线圈变换效率只有 60%）；另一方面减少了绕组匝数，使得点火线圈体积变小，结构紧凑。

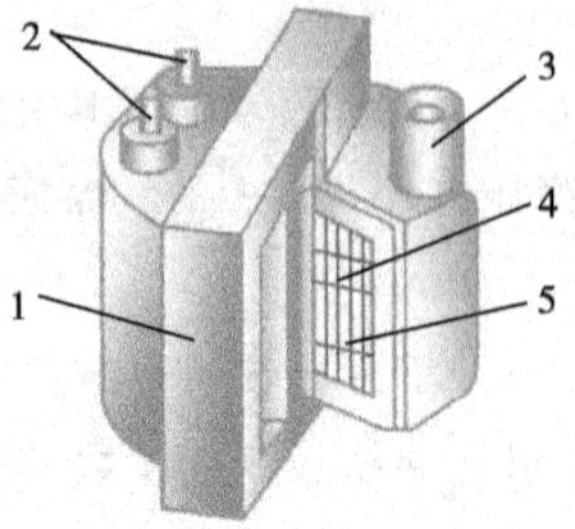

图 3-12　闭磁路式点火线圈

1—“日”字形铁心；2—一次绕组接线柱；
3—高压接线柱；4—一次绕组；
5—二次绕组；

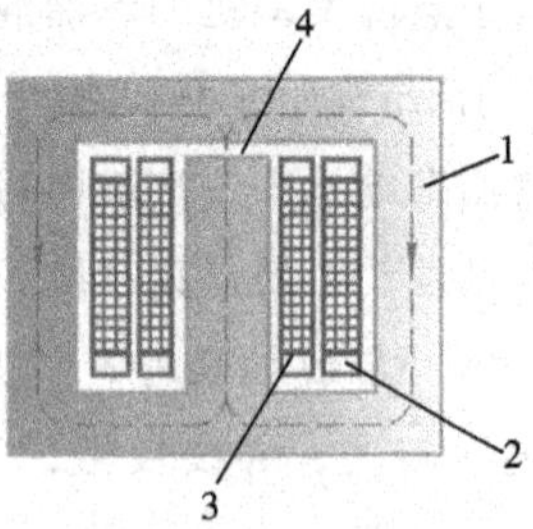

图 3-13　闭磁路式点火线圈的磁路

1—“日”字形铁心；2—一次绕组；
3—二次绕组；4—空气隙

闭磁路式点火线圈体积小，可直接装在分电器盖上，不仅结构紧凑，而且省去了点火线圈与分电器之间的高压导线，并可使二次侧电容减小，所以在电子点火系统中广泛使用。

四、继电器

（一）继电器的类型和结构

继电器是自动控制电路中常用的一种元件，它是用较小的电流来控制较大电流的一种自动开关，在电路中起着自动操作、自动调节、安全保护的作用。

在汽车电气系统中所使用的继电器体积较小，触电控制的电流也较小，属于小型继电器。本节主要讨论小型继电器。

1. 继电器的类型

继电器的种类很多，常用的有电磁式和干簧管式继电器两种。电磁继电器成本较低，便于控制电路采用。干簧管式继电器反应灵敏，多作为信号采集使用。汽车控制电路大多采用电磁式继电器作为控制执行部件，采用干簧管式继电器作为传感器。

2. 继电器的结构

（1）电磁式继电器

电磁式继电器是以电磁系统为主体构成的，图 3-14 所示为电磁式继电器的结构和符号。当继电器线圈通以电流时，在铁心、衔铁和工作气隙中形成磁通回路，从而使衔铁受到电磁力的作用而吸向铁心，此时衔铁带动动触点与静触点闭合或分开。线圈断电后，电磁吸力消失，衔铁以及动触点就会在反力弹簧的作用下返回原来的位置，动静触点也恢复到原来的状态。

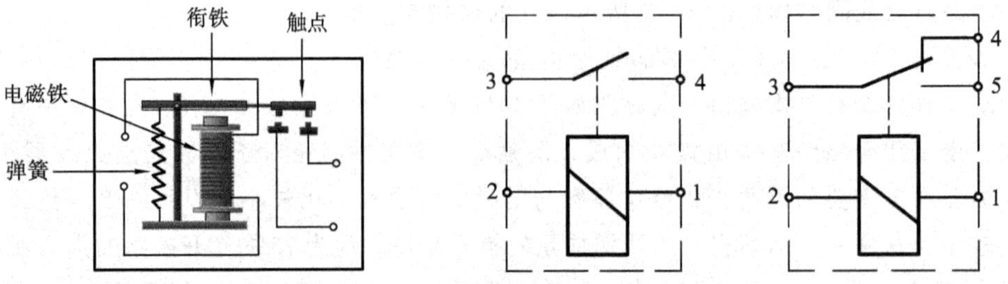

（a）符号　　（b）符号

图 3-14　电磁式继电器结构示意图

电磁继电器是电路控制继电器，通过流经开关和继电器线圈的小电流，控制用电装置的大电流，起到减小开关电流负荷、保护开关触点不被烧蚀或实现电路转换等作用。

(2) 干簧管式继电器

干簧管式继电器的触点是一个或几个干簧管，图 3-15 所示为干簧管式继电器的结构，它的符号与电磁式继电器一样。当继电器线圈得电时，在线圈中心工作气隙中形成磁通回路，从而使干簧管的一对触点吸合。

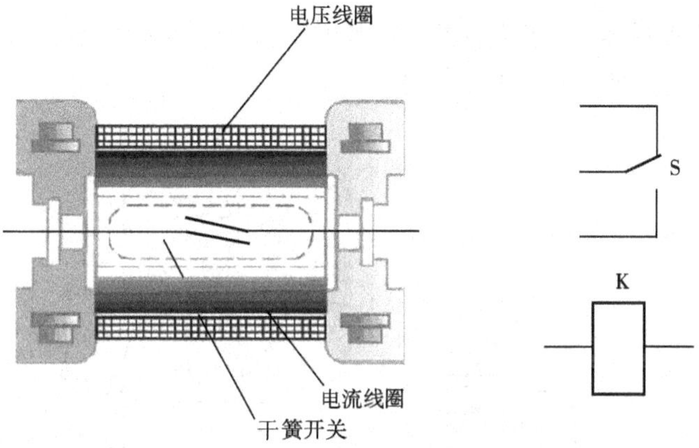

图 3-15　干簧管式继电器结构示意图

3. 汽车用继电器图形符号

图 3-16 所示为汽车常见继电器的图形符号。在电路中，表示继电器时只要画出它的线圈和与控制电路有关的接点组就可以了。

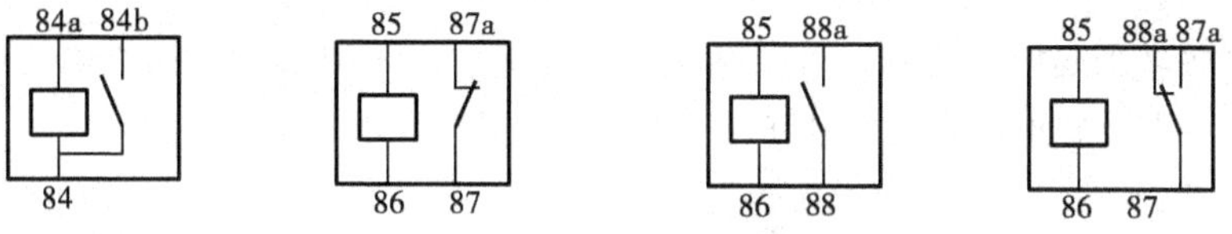

图 3-16　汽车用继电器图形符号

(二) 继电器在汽车上的应用

继电器是一种用小电流控制大电流的器件，继电器本身的触点可以做得很大，能够承受大电流的冲击。所以在汽车上经常利用开关控制继电器的吸合与断开，而利用继电器的触点控制电气部件的通断。汽车上的继电器常用在起动、油泵和喇叭、冷却风扇等。

1. 喇叭继电器

图 3-17 所示为继电器在喇叭电路中的应用。汽车上的电源蓄电池加到继电器线圈的一端，线圈另一端接喇叭按钮。喇叭按钮是常开式开关，它的另一端搭铁。只要按

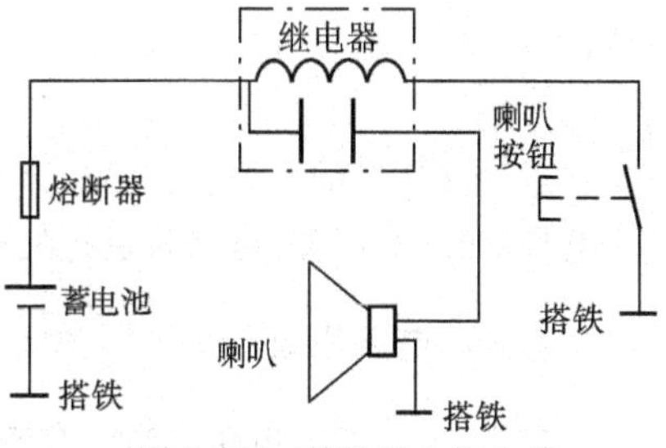

图 3-17　喇叭继电器电路

下喇叭按钮便接通电路。电路接通，继电器线圈得电，线圈建立磁场，磁场将触点吸合，蓄电池电压加至喇叭上（喇叭另一端搭铁）。控制电路流过的电流较小，而喇叭发声需要很大的电流。因此喇叭继电器为喇叭发声的大电流控制器。

注意：当汽车喇叭继电器损坏后，不能将喇叭按钮直接接在喇叭电路中，那样将烧毁喇叭按钮。

2. 起动继电器

在汽车起动电路中，起动开关常与点火开关制成一体，由于通过起动机电磁开关（吸引线圈和保持线圈）的电流很大，而使点火开关极易损坏。为此，在有些汽车上，点火开关和起动机电磁开关之间装有起动继电器，如图 3-18 所示。

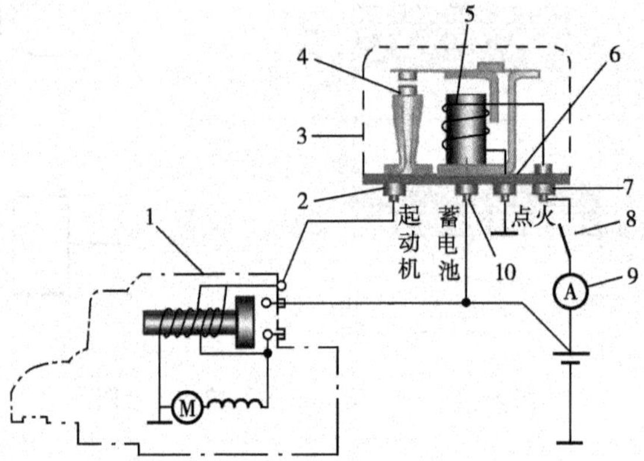

图 3-18 汽车用起动继电器控制电路

1—起动机；2—起动机接线柱；3—起动继电器；
4—动合触点；5—线圈；6—搭铁接线柱；7—点火开关接线柱；
8—点火开关；9—电流表；10—蓄电池接线柱

当点火开关转到起始位置时，起动继电器线圈 5 中有电流流过，铁心磁化，触点 4 闭合，接通了蓄电池到起动机电磁开关的电路，吸引线圈和保持线圈得电。

其电路如下：

蓄电池正极→接线柱 10→衔铁→动合触点 4→接线柱 2→起动机电磁开关接线柱，起动机开始工作，使发动机起动。

发动机起动后，切断起动开关（点火开关的起动挡），起动机才停止工作。由于通过起动继电器线圈的电流较小，从而保护了起动开关。

任务实施

汽车喇叭的电路连接

通过该任务的实施，在完成该任务的过程中，能够正确的识别、检测继电器，熟悉电路各元器件的作用，能对电路板进行检查与调试。

（一）电路原理

如图 3-19 所示电路，当闭合喇叭开关时，继电器线圈通电，线圈建立磁场，磁场将触点吸合，蓄电池电压加至喇叭上，喇叭与蓄电池构成闭合回路，喇叭发声。

（二）制作工具、设备与测试仪表

① 电路焊接工具：电烙铁（20～35W）、烙铁架、焊锡丝、松香、湿海棉。

② 加工工具：导线、鳄鱼夹。

③ 测试仪表：万用表。

④ 元件清单：汽车用蓄电池 1 个，JD1912 型继电器 1 个，12V 喇叭 1 个，开关 1 个。

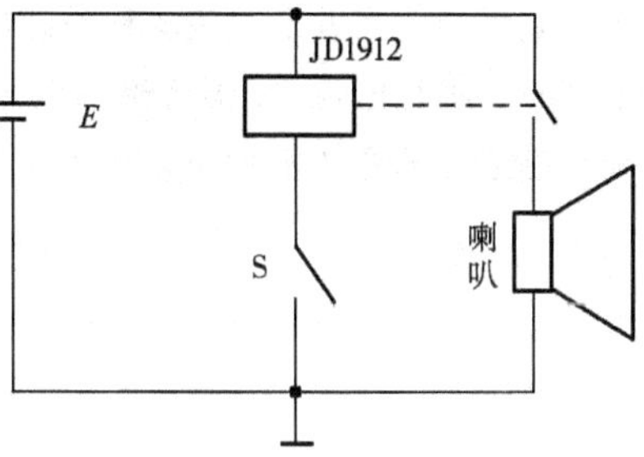

图 3-19　电路原理图

（三）操作步骤

① 识别继电器，并利用万用表检测其质量好坏；检测喇叭的质量。

② 电路板装配应遵循“先低后高、先内后外”的原则。

③ 电路的检测：按下开关，检查喇叭是否能响。

④ 总结、测试电路功能并查找故障、评价产品性能与质量。

（四）注意事项

注意安全用电。在焊接时注意继电器的引脚位置，不能接错。

拓展知识

霍耳效应

霍耳效应是磁电效应的一种，这一现象是霍耳（A. H. Hall，1855—1938）于 1879 年在研究金属的导电动机构时发现的。后来发现半导体、导电流体等也有这种效应，而半导体的霍耳效应比金属强得多，利用这现象制成的各种霍耳元件，广泛地应用于汽车凸轮轴传感器、车速传感器等方面。霍耳效应是研究半导体材料性能的基本方法。通过霍耳效应实验测定的霍耳系数，能够判断半导体材料的导电类型、载流子浓度及载流子迁移率等重要参数。流体中的霍耳效应是研究“磁流体发电”的理论基础。

将一块半导体基片（霍耳元件）放在磁场中，当给半导体基片通以电流且使电流的方向与磁力线方向垂直时，在垂直于电流与磁力线的另一横向侧面上就会产生电压 V_H，该电压 V_H 称为霍耳电压。如图 3-20 所示，这种现象称为霍耳效应。

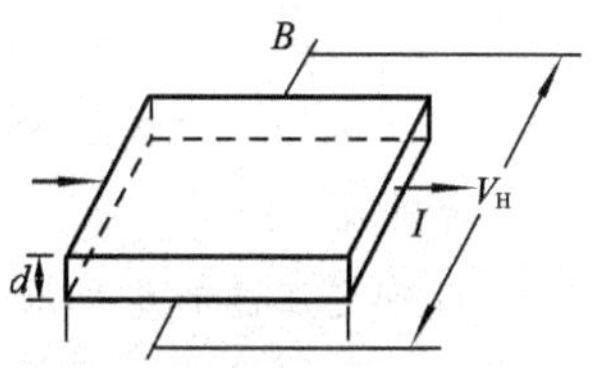

图 3-20　霍耳效应原理图

霍耳电压与通过半导体基片的电流和磁感应强度成正比，与基片的厚度成反比，即

$$V_H = \frac{R_H}{d} IB \qquad (3\text{-}13)$$

式中，V_H 是霍耳电压；R_H 是霍耳系数；d 是半导体基片厚度；I 是电流；B 是磁感应强度。

由此可知，当改变电流 I 和磁感应强度 B 都可以使霍耳电压 V_H 变化；而当通过的电流 I 为一定值时，霍耳电压 V_H 则与磁感应强度 B 成正比，即 V_H 随 B 大小的变化而变化。同时，V_H 的大小与磁通量的变化率无关。

小　结

1. 磁场的基本概念

磁感应强度 B：用来描述磁场中各点的磁场强弱和方向的物理量，$B=\frac{F}{lI}$；

磁通量 Φ：磁感应强度 B 和垂直于磁场方向的某一面积 S 的乘积，$\Phi=BS$；

磁导率 μ：真空中的磁导率 μ_0 是个常数，$\mu_0=4\pi\times10^{-7}\mathrm{H/m}$；

相对磁导率 μ_r：一般磁介质的磁导率 μ 与真空中磁导率 μ_0 的比值，$\mu_r=\frac{\mu}{\mu_0}$；

电磁感应定律：当穿过导电回路的磁通发生变化时，就会在该导电回路中产生感应电动势和感应电流。感应电动势的大小，正比于回路内磁通对时间的变化率，$e=\frac{\mathrm{d}\Phi}{\mathrm{d}t}$。

2. 变压器

变压器是利用电磁感应原理传输电能或信号的，它由闭合铁心和绕在其上的一、二次绕组组成，变压器按一、二次绕组的匝数比可以实现变压、变流和变换阻抗。

3. 电磁铁

电磁铁是利用电磁线圈产生磁场，吸引衔铁或其他器件。

4. 继电器

继电器是利用较小的电流来控制较大电流的一种自动开关，在电路中起着自动操作、自动调节、安全保护等作用。

习　题

一、填空题

1. 感应电动势的大小与穿过闭合回路的____________成正比，这就是____________定律。

2. 描述磁场在空间分布的物理量是____________，描述磁场中各点的磁场强弱和方向的物理量是____________，在匀强磁场中，这两者的关系是____________。

3. 变压器是按照____________原理工作的，它的用途有____________、____________、____________等。

4. 变压器的一次绕组 880 匝，接在 220V 的交流电源上，要在二次绕组上得到 6V 电压，二次绕组的匝数应是____________。

5. 各种变压器的基本结构是相同的，主要由____________和____________组成。

6. 电磁铁磁性有无，可用____________来控制，电磁铁磁性强弱，可用____________来控制，电磁铁的极性变换，可用________________来实现。

7. 电磁铁通电时____________磁性，断电时磁性______________；通过电磁铁的电流越大，电磁铁的磁性______________；当电流一定时，电磁铁线圈的匝数______________，磁性越强。

8. 继电器是自动控制电路中常用的一种元件，是用____________来控制____________的一种自动开关。

二、选择题

1. 运动导体在切割磁力线而产生最大感应电动势时，导体与磁力线的夹角是____________。

A. 0°　　B. 30°　　C. 45°　　D. 90°

2. 变压器一次绕组 100 匝，二次绕组 1200 匝，在一次绕组两端接有电动势为 10V 的蓄电池组，则二次绕组的输出电压是____________。

A. 120V　　B. 12V　　C. 0.8V　　D. 0

3. 对于理想的变压器来说，下列叙述正确的是____________。

A. 可以改变各种电源的电压

B. 变压器一次绕组的输入功率由二次绕组的输出功率决定

C. 变压器不仅能改变电压，还能改变电流和电功率等

D. 抽去变压器铁心，互感现象依然仍在，变压器仍能正常工作

三、判断题

1. 电流产生的磁通方向总是与原磁通方向相反。（　　）

2. 磁场能和电场能都是能量的一种形式。（　　）

3. 变压器只能用于降低输出电压。（　　）

四、计算题

1. 某照明变压器的额定容量为 500V·A，额定电压为 220V/36V，求：

（1）一次、二次绕组的额定电流；

（2）在二次绕组最多可接 36V、100W 的白炽灯几盏？

2. 有一台降压变压器，一次绕组电压为 220 V，二次绕组电压为 110 V，一次绕组为 2200 匝，若二次绕组接入阻抗为 10Ω 的阻抗，问变压器的变比、二次绕组匝数，一次、二次绕组中电流各为多少？

任务四　汽车电动门窗升降器的制作

学习目标

· 掌握直流电动机、步进电动机的基本构造和工作原理及在汽车上的应用。

· 能解释直流电动机的工作原理和说出结构特点

· 能说出永磁直流电动机在汽车上的典型应用。

任务描述

现代汽车的车窗基本采用电动车窗。电动车窗升降系统的电动机，广泛采用的是永磁电动机。通过开关控制它的电流方向，使车窗升降。电动机的质量直接关系到电动玻璃升降器的正常工作，它一定要具有体积小、重量轻、防护等级高、噪声低、电磁干扰小、运行可靠等特点。通过汽车电动车窗升降电路的识读及电动机的拆装，主要掌握汽车电动机的结构特点及工作原理。同时还学习步进电动机和车用交流发电机的基本构造和工作原理及在汽车上的应用。

相关知识

一、直流电动机

直流电动机是一种将直流电能转换成机械能的装置。直流电动机具有比交流电动机更为优良的调速和起动性能：它的调速范围广，平滑性、经济性好。采用晶闸管调速系统则更为方便：它的起动转矩较大。这种性能对有些机械的拖动是十分重要的。例如，大型机床、电力机车、大型轧钢机、大型起重设备等，都需要较大的起动转矩。另外，在无交流电源而以蓄电池作为电源的机械设备上，也使用直流电动机来起动或拖动机械，如汽车、拖拉机、电瓶车等。下面将介绍直流电动机的基本结构、基本原理、机械特性和正确使用方法。

（一）直流电动机的结构

直流电动机主要由定子（固定部分）和转子（旋转部分）两大部分组成，在这两部分之间的间隙叫空气隙。图 4-1 所示为直流电动机的构造。

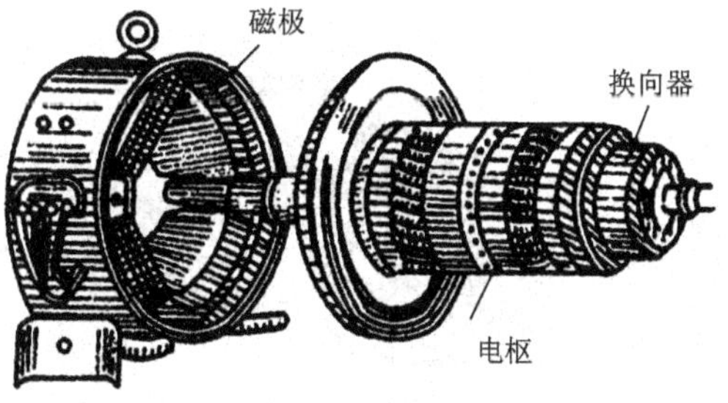

（a）直流电机的组成

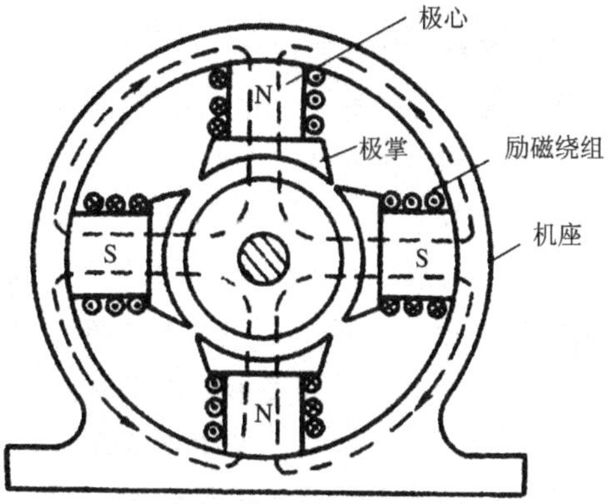

（b）直流电机的磁场

图 4-1 直流电动机构造

1. 定子

定子的作用是产生磁场和作为电动机的机械支撑。主要部件包括主磁极、换向磁极、机座、端盖和电刷装置等。

（1）主磁极

主磁极的作用是产生主磁通。主磁极结构如图 4-2 所示。绝大多数直流电动机的主磁极不是用永久磁铁，而是由励磁绕组通以直流电流来建立磁场的。主磁极由主磁极铁心和套装在铁心上的励磁绕组构成。一般主磁极铁心采用低碳钢板冲成一定形状叠装固定而成。主磁极的个数一定是偶数，励磁绕组的连接必须使得相邻主磁极的极性按 N、S 极交替出现。套在主磁极铁心上的励磁绕组根据其不同的使用情况分为两种：一种是并励绕组；一种是串励绕组；并励绕组的匝数多、导线细，串励绕组的匝数少、导线粗。整个主磁极再用螺杆固定在机座上。

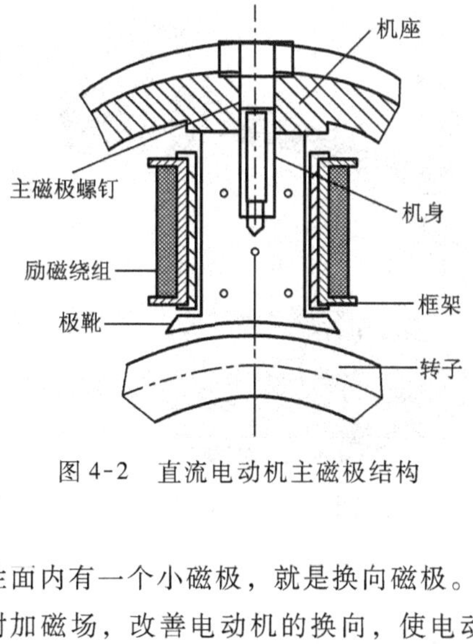

图 4-2 直流电动机主磁极结构

（2）换向磁极

在相邻的主磁极之间中性面内有一个小磁极，就是换向磁极。它也是由铁心和绕组构成。

换向磁极的作用是产生附加磁场，改善电动机的换向，使电动机运行时，在电刷与换向器的接触面上不致产生有害的火花。

（3）机座

机座用铸钢或铸铁制成。

它的作用：一是构成主磁路的一部分，机座中做为磁路通路的部分称为磁轭，二是对电动机起到支撑作用，主磁极和换向极固定于磁轭上。

（4）电刷装置

电刷是主要由石墨做成的导电块，放在刷握中，由弹簧机构施以一定的压力使其压在换向器表面上，电动机运行时与换向器表面形成滑动接触，电刷上焊的铜丝辫引出或引入电流，如图 4-3 所示。电刷的组数即电刷杆数一般与主磁极的极数相等，各刷杆装在一圆形的可以转动的刷杆座上，刷杆座固定在一端的端盖上。

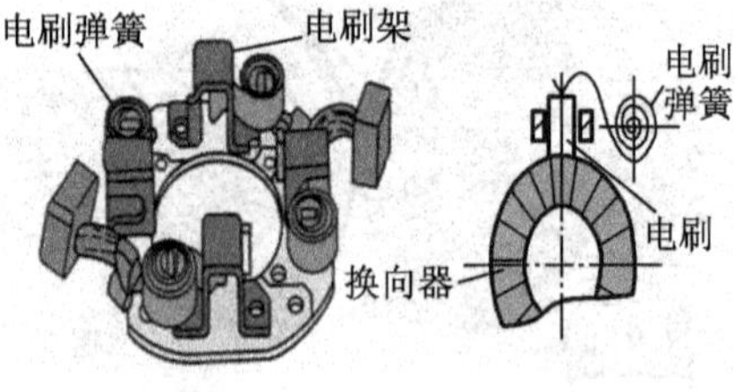

图 4-3　电刷装置

电刷装置的作用是将转动的电枢（转子）中的电压和电流引出来，或将外加电源的电流输入到转动的电枢中去。

2. 转子（电枢）

转子是电动机实现机电能量转换的枢纽，所以常称之为电枢。电枢部分包括电枢铁心、电枢绕组、换向器、转轴、轴承、风扇等。

（1）电枢铁心

电枢铁心既是主磁路的一部分，又要嵌放电枢绕组。为了减小磁带涡流损耗，电枢铁心一般由涂有绝缘漆的 0.5mm 厚的硅钢片叠压而成，硅钢片边缘冲有槽口，叠成圆柱体后外表面形成许多均匀分布的槽，槽内嵌放着电枢绕组。图 4-4 所示为小型直流电动机的电枢冲片和电枢铁心示意图。

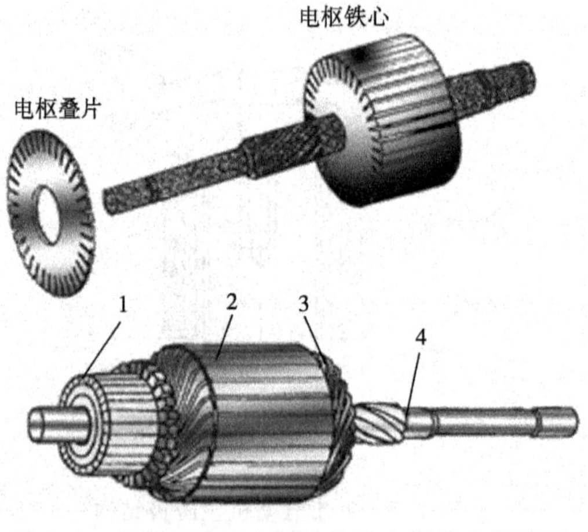

图 4-4　直流电动机电枢冲片和电枢铁心装配图

（2）电枢绕组

电枢绕组由许多个完全相同的线圈按一定的规律连接组成并连接到换向片上，使绕组本身连成有两个引出端的串并联电路。每个线圈分上下两层放在电枢铁心的槽内，上下层间及线圈与电枢铁心间都要绝缘。线圈嵌好后，槽口要封好，以免在转动时线圈受离心力的作用被甩出来。

（3）换向器

换向器也是直流电动机中的关键部件之一。在直流发电机中换向器将线圈中的交流电转换为直流，在直流电动机中换向器将电源的直流电转换为线圈中的交流电。如图 4-5 所示，换向器它由许多梯形铜片组成，片间用云母片绝缘，外表呈圆柱形。换向片和云母片组成的圆筒两端用 V 型云母套筒和 V 型金属压圈压紧，以使其成为一个整体并保证其绝缘性能，这样就构成了一个换向器。将换向器装到转轴上，每个电枢线圈的首端和尾端的引线分别焊入相应换向片的升高片内。

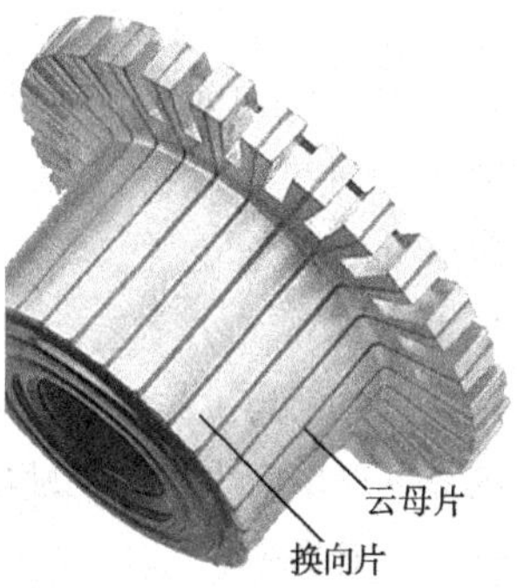

图 4-5 换向器结构

功率较大的直流电动机还装有风扇，加强散热冷却。

3. 直流电动机的励磁方式

直流电动机的性能与它的励磁方式有密切的关系。按励磁电流供给方式的不同，直流电动机可分为他励和自励两大类，其中自励直流电动机又分为并励、串励和复励三种。它们的线路如图图 4-6 所示。

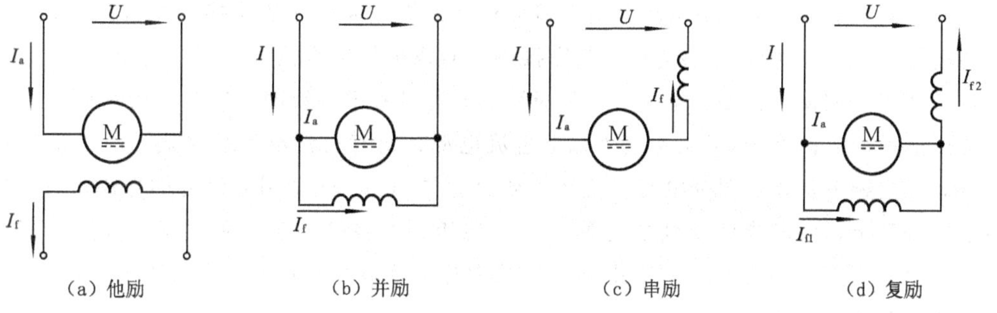

图 4-6 直流电动机的励磁方式

（1）他励方式

所谓他励是指主磁极磁场绕组的励磁电流由另外的直流电源供电。他励直流电动机广泛用于需要宽调速的拖动系统中，如龙门刨床等。

（2）并励方式

并励电动机的励磁绕组与电枢绕组并联。其励磁绕组匝数较多，导线截面较小，电阻较大，励磁电流只为电枢电流的一小部分（通常约为百分之几）。

并励直流电动机基本上是一种恒定转速的电动机，必要时可以调速，因此一般用于拖动转速变化较小的负载，如金屑切割机床，球磨机等。专门设计的并励调速电动机可在较大范围内平滑调速，用于轧钢机、造纸机等。

（3）串励方式

串励电动机的励磁绕组与电枢绕组串联，其励磁电流与电枢电流相等。因电枢电流较大，所以励磁绕组的导线截面较大，匝数较少。

串励电动机起动转矩和过载能力较大，同时转速随负载变化明显。当负载转矩增大时，电动机转速会自动下降，但输出功率变化不大。适应于城市电车、电力机车、叉车、起重机、电梯等电力牵引设备中。

（4）复励方式

复励电动机有两个励磁绕组，一个与电枢并联，一个与电枢串联。当两励磁绕组产生的磁通方向相同时，磁通可以相加，这种电动机称为积复励电动机。当两励磁绕组产生的磁通方向相反时，合成磁通为两磁通之差，这种电动机称为差复励电动机。复励发电机中多以并励磁通为主，串励磁通只是一少部分，复励电动机中有时以并励为主，有时以串励为主。

以并励为主的复励电动机具有较大的转矩，但转速变化不大，主要用于冲床、刨床、印刷机等。以串励为主的复励电动机具有与串励电动机接近的特性，但没有“飞车”危险，常用于吊车、电梯中。

小容量直流电动机的励磁也有采用永久磁铁的。

（二）直流电动机的工作原理

1. 基本工作原理

图 4-7 所示为直流电动机的工作原理图。在固定的磁极中间放着电枢，其铁心外表面嵌放着电枢绕组。绕组的两个引出端分别与两个相互绝缘的换向器片连接。外加电源通过两只固定的电刷（A，B）分别与换向器片紧密接触，向绕组供给直流电。因固定电刷 A（正极）总是与 N 极下的线圈边接触，电刷 B（负极）总是与 S 极下的线圈边接触。在图 4-7（a）所示的直流电动机中，给 A、B 的电刷上加上直流电源，则有直流电流从电刷 A 流入，经过线圈 abcd，从电刷 B 流出，根据电磁力定律，载流导体 ab 和 cd 受到电磁力的作用，其方向可由左手定则判定，两段导体受到的力形成一个转矩，使得转子逆时针转动。如果转子转过 180°。在图 4-7（b）所示的位置，电刷 A 和换向片 2 接触，电刷 B 和换向片 1 接触，直流电流从电刷 A 流入，在线圈中的流动方向是 dcba，从电刷 B 流出。此时载流导体 ab 和 cd 受到电磁力的作用方向同样可由左手定则判定，它们产生的转矩仍然使得转子逆时针转动。这就是直流电动机的工作原理。

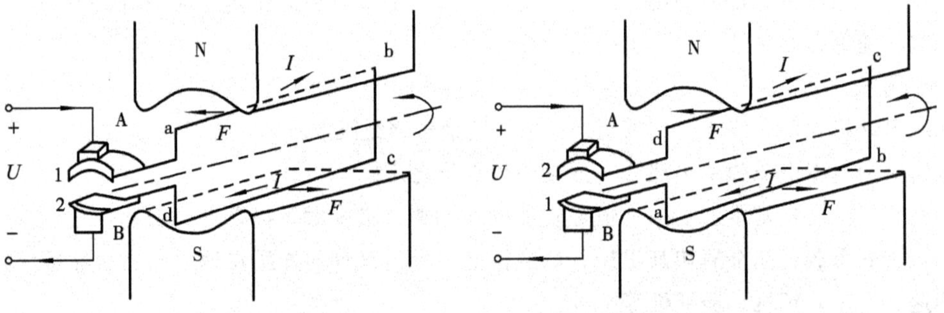

（a）电流方向：A→a→b→c→d→B （b）电流方向：A→d→c→a→b→B

图 4-7 直流电动机原理结构图

从上述分析可以看出，转子上外加的电源是直流的，但由于电刷和换向片的作用，在转子线圈中流过的电流是交变的，其产生的转矩的方向却是不变的。

实用中的直流电动机转子上的绕组也不是由一个线圈构成，同样是由多个线圈连接而成，以减小电动机电磁转矩的波动。

2. 直流电动机的反电动势和电磁转矩

电枢旋转后，绕组的线圈边又因切割磁力线而产生感应电动势，用右手定则判断，它的方向与绕组中的电流方向是相反的，称为反电动势，记作 E_c。反电动势 E_c 与每极磁通 Φ 和电动机的转速 n 成正比，即

$$E_c = K_e \Phi_n \tag{4-1}$$

式中，K_c 为电动势常数，由电动机结构决定。

直流电动机运转时，电枢中的电流为

$$I_a = \frac{U - E_c}{R_a}$$

式中，U 是外加电压，R_a 是电枢绕组的电阻，于是得

$$U = E_c + R_a I_a \tag{4-2}$$

这是直流电动机的电压平衡方程式，显然 $E_c < U$。上式两边乘以电流 I_a，即得功率平衡方程：

$$UI_a = E_c I_a + R_a I_a^2 \tag{4-3}$$

式中，$E_c I_a$ 称为电磁功率，它转化为电动机的机械功率，如果不计摩擦损耗，它也就是电动机的输出功率。$R_a I_a^2$ 是电枢绕组的铜损耗。UI_a 是电源供给的电功率（不计铁损耗）。

直流电动机的电磁转矩 T_{em} 与每极磁通 Φ 和电枢电流 I_a 成正比，即

$$T_{em} = K_T \Phi I_a \tag{4-4}$$

式中，K_T 为转矩常数，取决于电动机结构。

3. 直流电动机的自适应运行过程

当直流电动机的励磁绕组和电枢绕组同时接入直流电源时，电枢绕组在主磁极磁场作用产生电磁力，继而产生电磁转矩 T_{em}，当 T_{em} 大于转轴上的机械负载阻转矩 T_L 时，电动机起动并加速旋转，当 $T_{em} = T_L$ 时，电动机以某一转速 n 稳定运转。若机械负载转矩由 T_L 增至 T_L'，这时电磁转矩 T_{em} 小于 T_L'，转速立即下降，因 $E_a = K_e \Phi_n$，所以电枢的反电动势 E_a 随之减小。又因为 $U = E_a + R_a I_a$，且外加电压 U 是定值，所以 E_a 的减小引起电枢电流 I_a 的增加，而 $T_{em} = K_T \Phi I_a$ 也随之增大，直到跟负载转矩重新平衡，即 $T_{em} = T_L'$ 时，电动机的转速就不再下降，而以较低的转速 n' 稳定运转。如果负载减小，变化过程与上述相反，电动机最后将以较原来高一些的转速稳定运转。

综上所述，直流电动机的稳定运行状况取决于负载的大小；当负载发生变化时，电动机转速、电流、转矩都将自动地作相应的变化。转速公式可由式（4-1）和（4-2）得出

$$n = \frac{E_e}{K_e \Phi} = \frac{U - R_a I_a}{K_e \Phi} \tag{4-5}$$

式中，R_a 是电枢电路的电阻。

（三）直流电动机的起动、调速和反转

1. 起动

电动机起动的瞬间，转速 $n=0$，故 $E_a=K_e\Phi_n=0$，此时电枢电流称为起动电流，记作 I_{st}，由式得

$$I_a=\frac{U-E_c}{R_a} \tag{4-6}$$

$$I_{st}=\frac{U}{R_a}$$

由于电枢电阻 R_a 很小，因此起动电流可达额定值的（10～20）倍，会损坏换向器和电枢绕组等，并使供电线路的电压下降。因此，起动时可降低加在电枢绕组上的电压，或在电枢电路中串联起动变阻器 R_{st}，以限制起动电流，如图 4-8 所示。

现以并励电动机为例说明串接起动变阻器的起动过程：起动前先检查励磁电路是否接通，并将串接在励磁电路中的磁场变阻器 R_f 置于阻值为零的位置，以便得到较大的励磁电流和主磁通，从而产生较大的起动转矩（见图 4-8）。起动时，应将串接在电枢电路中的起动变阻器置于阻值（R_{st}）最大的位置，以限制起动电流。只要起动转矩大于负载阻转矩，电动机便加速旋转；由于转速增加，反电动势变大，电枢电流变小。为了保持一定的加速净转矩，电动机加速过程中，必须将起动变阻器的电阻 R_{st} 逐段切除。起动完毕时，起动变阻器的全部电阻均已切除，电动机即进入正常运转状态。

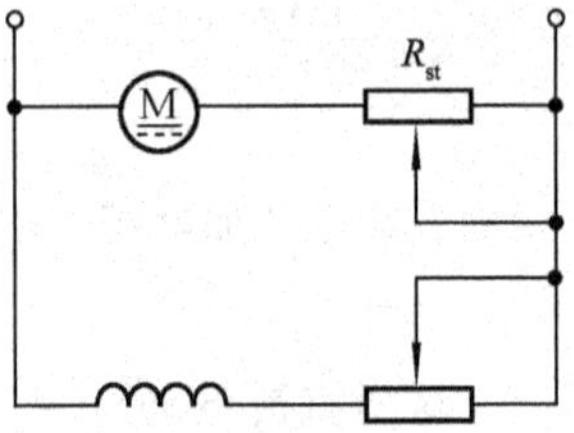

图 4-8 并励式直流电动机串接起动电阻接线图

2. 调速

由转速公式（4-5）看出，直流电动机的调速方法有三种。

① 电枢串接电阻在电枢电路中串联调速变阻器 R_s，用以增加电枢电路的电阻，使转速降低。设 R_a 表示电枢绕组的电阻，则降低后的转速为

$$n=\frac{U-(R_s+R_a)I_c}{K_e\Phi} \tag{4-7}$$

改变 R_s 可调节转速 n。

这种调速方法只能在额定转速 n_N 以下做比较均匀的调节。这种调速方法消耗能量较多，故不经济；并且轻载时 I_a 很小，故调速范围较小。但方法简便，因此在容量不大的直流电动机中应用较多，如雨刮电机、鼓风机电机的调速。

② 弱磁调速在并励或他励电动机的励磁电路中串联调速变阻器 R_f，用来调节励磁电流 I_f 以改变磁通 Φ。I_f、Φ 减小时，转速增加；I_f、Φ 增大时，转速降低。由于 I_f 通常很小，故变阻器耗能较少，这种调速方法经济、方便，故应用很广。但是 I_f 只能在小于最大励磁电流（磁场变阻器置于阻值为零时的励磁电流）的范围内调节，也就是说，Φ 只能在小于额定值 Φ_N 的范围内进行调速（故称弱磁调速），所以，这种调速方法只能在额定转速 n_N 以上做均匀调速，且只能做辅助调速用。

③ 降低电源电压直流电动机常由单独的可调整流装置供电。目前用得最多的可调直流电源是晶闸管整流（SCR）装置；调节电源电压就可均匀调速。因为加在电枢上的电压不能超过额

定值 U_N，所以这种调速方法只能在额定转速 n_N 以下作均匀调速。这种调速方法具有调速范围广、平滑性好等优点。但需要专用的直流调压电源。

实际应用中，常将上述 1、2 或 3、2 两种方法结合起来，从而获得平滑、范围宽广的调速。

3. 反转

直流电动机的旋转方向取决于电枢电流的方向和主磁极磁场的方向，所以两者任变其一，就可使电动机反转。如电动车窗、电动座椅、电动后视镜的电机控制。并励电动机通常是改变电枢电流方向使电动机反转，这是因为励磁电路的电感很大，换接时将会产生很高的电动势，有可能把绝缘击穿。

二、步进电动机

（一）步进电动机的概述

步进电动机是一种将脉冲信号变换成相应的角位移（或线位移）的电磁装置，是一种特殊的电动机，如图 4-9 所示。一般电动机都是连续转动的，而步进电动机则有定位和运转两种基本状态，在非超载的情况下，电动机的转速、停止的位置只取决于脉冲信号的频率和脉冲数，而不受负载变化的影响，当步进驱动器接收到一个脉冲信号，它就驱动步进电动机按设定的方向转动一个固定的角度，称为“步距角”，它的旋转是以固定的角度一步一步运行的。

图 4－9　步进电动机

步进电动机通过控制脉冲个数来控制角位移量，从而达到准确定位的目的；同时可以通过控制脉冲频率来控制电动机转动的速度和加速度，从而达到调速的目的。由于脉冲信号数与步距角的线性关系，加上步进电动机只有周期性的误差而无累积误差等特点，使得在速度、位置等控制领域用步进电动机来控制变得非常地简单。

（二）步进电动机的结构组成

步进电动机由转子和定子组成，如图 4-10 所示。转子和定子都由带齿的硅钢片叠成。定子上有绕组分为若干相：3，4，5，6，8，10。

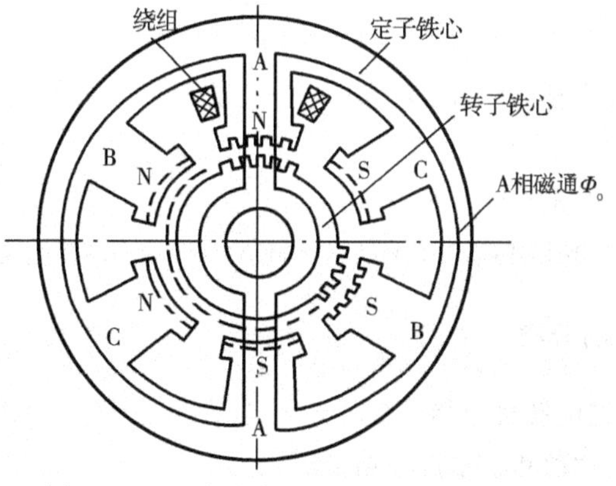

图 4-10　反应式步进电动机结构原理图

（三）步进电动机的工作原理

利用电磁铁的作用原理，当某相定子励磁后，它吸引转子，转子的齿与该相定子磁极上的齿对齐，转子转动一个角度，换一相得电时，转子又转动一个角度，如此每相不停地轮流通电，转子不停地转动。步进电动机是一种感应电动机，它是利用电子电路，将直流电变成分时供电的，多相时序控制电流，用这种电流为步进电动机供电，步进电动机才能正常工作，驱动器就是为步进电动机分时供电的多相时序控制器

图 4-11 所示为反应式步进电动机，其相数为 3（A、B、C 三相），定子均布 40 齿，齿距角 9°，定子每个磁极上 5 个齿，齿距角也是 9°，各极的齿错开 3°排列。当 A 相通电时，转子的齿与 A 相极齿对齐，这是由于各极的齿错开 3°排列，B 相下，转子齿中心线在反时针方向落后定子齿中心线 3°，C 相下则落后 6°（或顺时针方向超前 3°）。当通电状态由 A 相转为 B 相时，在电磁力作用下，转子齿被吸引与 B 相极齿对齐，转子顺时针转过 3°步距角。这时，C 相下，转子齿中心线在反时针方向落后定子齿中心线 3°，A 相下则落后 6°（或顺时针方向超前 3°）。当通电状态再由 B 相转为 C 相时，转子齿被吸引与 C 相极齿对齐，转子又顺时针转过 3°步距角。这样，通电状态按 U—V—W—U—V—W—V 这样的相序不断地改变，转子就会以 3°步距角的步进方式连续的顺时针旋转。若反过来变换通电状态的相序 A—C—B—A—C—B—A，则转子就反时针旋转。

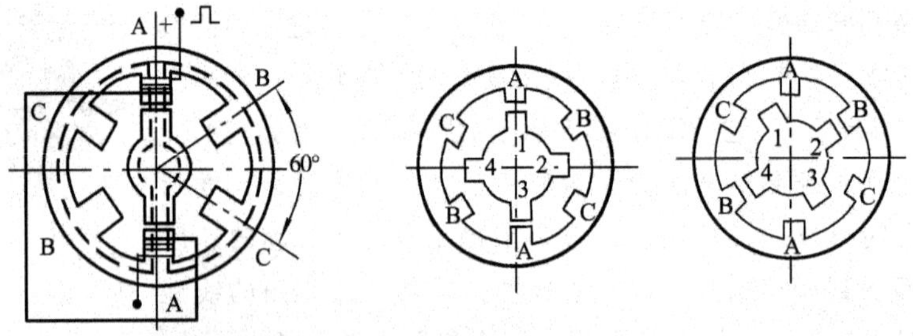

图 4-11　步进电动机工作原理图

总结：

① 在结构上，定子各相的齿必须相互错开 $1/m$ 个齿排列。m 为绕组相数。

② 通电状态按一定相序改变。

③ 改变通电相序的方向就可改变转子的旋转方向。

④ 步距角为

$$\alpha = \frac{360°}{z \cdot m \cdot k} \tag{4-8}$$

式中，z 为转子齿数，m 为绕组相数，k 为通电方式系数，k = 拍数/相数。

单三拍通电：A-B-C-A，$k=1$。

双三拍通电：AB-BC-BA-AB，$k=1$。

三相六拍通电：A-AB-B-BC-C-CA-A，$k=2$。

（四）步进电动机的分类

现在比较常用的步进电动机包括反应式步进电动机（VR）、永磁式步进电动机（PM）、混合式步进电动机（HB）和单相式步进电动机等。

（五）步进电动机的特点

步进电动机的特点如下：

① 一般步进电动机的精度为步进角的3% ~5%，且不累积。

② 步进电动机外表允许的最高温度。步进电动机温度过高首先会使电动机的磁性材料退磁，从而导致力矩下降乃至于失步，因此电动机外表允许的最高温度应取决于不同电动机磁性材料的退磁点；一般来讲，磁性材料的退磁点都在摄氏130°以上，有的甚至高达摄氏200°以上，所以步进电动机外表温度在摄氏80°~90°完全正常。

③ 步进电动机的力矩会随转速的升高而下降。当步进电动机转动时，电动机各相绕组的电感将形成一个反向电动势：频率越高，反向电动势越大。在它的作用下，电动机随频率（或速度）的增大而导致相电流减小，从而导致力矩下降。

④ 步进电动机低速时可以正常运转，但若高于一定速度就无法启动，并伴有啸叫声。步进电动机有一个技术参数：空载启动频率，即步进电动机在空载情况下能够正常启动的脉冲频率，如果脉冲频率高于该值，电动机不能正常启动，可能发生丢步或堵转。在有负载的情况下，启动频率应更低。如果要使电动机达到高速转动，脉冲频率应该有加速过程，即启动频率较低，然后按一定加速度升到所希望的高频（电动机转速从低速升到高速）。

步进电动机以其显著的特点，在数字化制造时代发挥着重大的用途。伴随着不同的数字化技术的发展以及步进电动机本身技术的提高，步进电动机将会在更多的领域得到应用。

（六）步进电动机的主要特性

步进电动机的主要特性如下：

① 步进电动机必须加驱动才可以运转，驱动信号必须为脉冲信号，没有脉冲的时候，步进电动机静止，如果加入适当的脉冲信号，就会以一定的角度（称为步角）转动。转动的速度和脉冲的频率成正比。

② 腾龙版步进电动机的步进角度为7.5°，一圈360°，需要48个脉冲完成。

③ 步进电动机具有瞬间启动和急速停止的优越特性。

④ 改变脉冲的顺序，可以方便地改变步进电机转动的方向。

因此，目前打印机，绘图仪，机器人等设备都以步进电动机为其动力核心。

任务实施

汽车电动门窗升降器的制作

通过该任务的实施，主要使学生掌握直流电动机的结构特点和工作原理，通过电路图的识读，掌握直流电动机在工作过程中方向改变的特点。

（一）电路原理与分析

电动车窗升降系统的电动机，广泛采用的是永磁电动机。永磁电动机是通过改变电枢电流的方向来改变电动机的旋转方向，从而使车窗玻璃上升或下降，电动机本身不搭铁，而是通过控制开关搭铁。电动车窗控制电路如图 4-12 所示。

现以左后门窗为例说明其工作原理：

当主控开关中的左后门窗开关拨到 Up 时，电流方向：蓄电池正极→点火开关→熔断器→主控开关中左后门窗 Up 触点→左后门窗分控开关 Up 触点→电动机→左后门窗分控开关 Down 触点→主控开关中左后门窗 Down 触点→搭铁。电动机旋转，带动左后门窗玻璃上升。

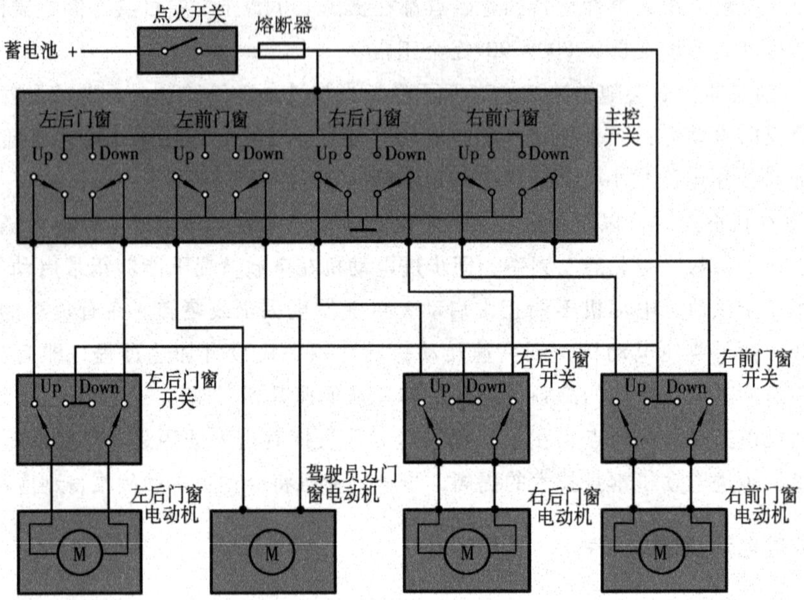

图 4-12 电动车窗控制电路

当主控开关中的左后门窗开关拨到 Down 时，电流方向：蓄电池正极→点火开关→熔断器→主控开关中左后门窗 Down 触点→左后门窗分控开关 Down 触点→电动机→左后门窗分控开关 Up 触点→主控开关中左后门窗 Up 触点→搭铁。电动机旋转，带动左后门窗玻璃下降。

上述过程中，流过电动机电枢的电流方向相反，所以电动机旋转方向相反，带动玻璃上升或下降。

电动车窗开降器的结构组成如图 4-13 所示。

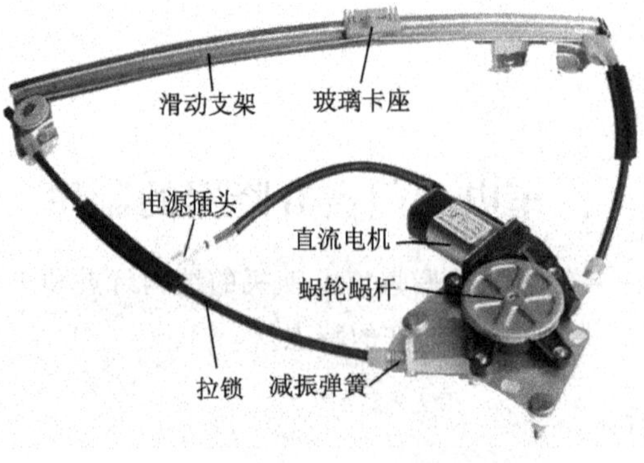

图 4-13 电动车窗升降器的组成

（二）拆装工具、设备

拆装组合工具。

（三）操作步骤

① 分组，每组 2 人，明确工作任务，确定工作顺序。
② 识读电络图，完成各功能电路的连接。
③ 检查电路是否具备预期功能，有无短路等故障。
④ 通电测试功能。
⑤ 测试成功，总结实训过程；如测试未实现功能或功能不全则从电源到搭铁检查并修正。
注意：寻找在使用前应先检查其导通性。

拓展知识

一、车用交流发电机

发电机是汽车电器系统的主要电源，由汽车发动机驱动。它在正常工作时，对除起动机以外的所有用电设备供电，并向蓄电池充电以补充蓄电池在使用中所消耗的电能。

发电机有直流发电机和硅整流发电机两大类。传统的直流发电机已不能适应现代高速发动机的要求，因此目前汽车全部使用硅整流发电机。硅整流发电机包括一个三相同步交流发电机和数个整流二极管，它利用硅二极管将发电机定子绕组中所感应的三相交流电整流为直流电。由于发电机先产生交流电，因此也称为交流发电机。硅整流发电机必须配用调节器，以在发电机转速变化时稳定其输出电压。

（一）硅整流发电机的结构

汽车用硅整流交流发电机主要由转子、定子、硅整流器、前后端盖、电刷、风扇及带轮等部件组成。普通硅整流发电机的结构如图 4-14 所示。

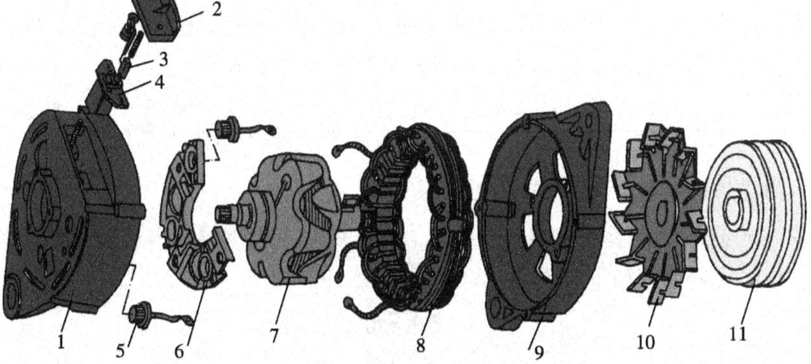

图 4-14 JFZ1813Z 型交流发电机结构图

1—后端盖；2—刷架；3—电刷；4—电刷弹簧压盖；5—硅二极管；6—整流器散热板
7—转子；8—定子总成；9—前端盖；10—风扇；11—带轮

1. 转子

转子是交流同步发电机的磁场部分，主要由两块爪极、磁场绕组、轴和滑环等组成。两块爪极各具有 6 个鸟嘴形磁极，压装在转子轴上，在爪极的空腔内装有磁轭，其上绕有磁场绕组（又称励磁绕组或转子线圈）。磁场绕组的两引出线分别焊在与轴绝缘两个滑环上，滑环与装在后端盖上的两个电刷接触。当两电刷与直流电源接通时，磁场绕组中便有磁场电流通过，产生轴向磁通，使得一块爪极被磁化为 N 极，另一块爪极为 S 极从而形成了六对相互交错的磁极。

2. 励磁方法

发电机不接外电源时，也能自励发电，但前提是必须有剩磁并且发电机转速要足够高。为了解决发电机在低速时不能很快建立电压的问题，在发电机转速较低，发电机电压低于蓄电池电压时，由蓄电池通过电源开关供给磁场电流，进行他励，使电压很快上升。当发电机转速升高，发电机电压超过蓄电池电压时，进行自励，并对外输出。

（二）硅整流交流发电机的工作原理

硅整流发电机由三相同步交流发电机和整流电路组成。

图 4-15 所示交流同步发电机的工作原理示意图。

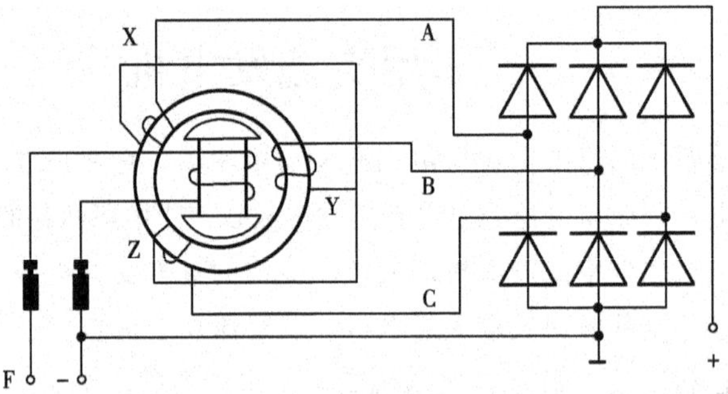

图 4-15　交流发电机工作原理图

发电机由定子和转子组成，定子上有 U_1U_2、V_1V_2、W_1W_2 三相对称绕组，它们在空间的位置差是 120°电角度。转子磁极上装有励磁绕组，由直流励磁，其磁通从转子 N 极出来，经过气隙、定子铁心、气隙，进入转子 S 极而构成回路。

如果用原动机拖动发电机沿反时针方向以电角速度 ω 恒速旋转，则磁极的磁力线将切割定子绕组的导体，由电磁感应定律可知，在定子导体中将感应出交变电动势。若磁极磁场的气隙磁密沿圆周按正弦规律分布，则导体电动势将按正弦规律变化，

$$e=N\frac{\mathrm{d}\Phi}{\mathrm{d}t}=N\frac{\mathrm{d}\left(\Phi_{\mathrm{m}}\sin\omega t\right)}{\mathrm{d}t}=N\Phi_{\mathrm{m}}\omega\cos\omega t=N\Phi_{\mathrm{m}}\omega\sin\left(\omega t+\frac{\pi}{2}\right) \tag{4-9}$$

式中：N 是一相绕组的匝数；Φ_{m} 是转子磁通最大值。

电角速度 ω（即用电角来表示的转子转速）、发电机的机械转速 n（r/min）、交变电动势的周波频率 f（Hz）三者存在如下关系：

$$\omega=2\pi f$$

$$f=\frac{pn}{60} \tag{4-10}$$

式中，p 为转子磁极对数。

考虑到 V 相、W 相两绕组在定子槽中的布置分别滞后 U 相 2π/3 和 4π/3 电角度，则 U、V、W 三相绕组中的感应电动势可分别表示为

$$e_U = \sqrt{2}E\sin\omega t$$

$$e_V = \sqrt{2}E\sin\left(\omega t - \frac{2\pi}{3}\right)$$

$$e_W = \sqrt{2}E\sin\left(\omega t + \frac{2\pi}{3}\right)$$

式中有效值 E 为

$$E = \frac{E_m}{\sqrt{2}} = \frac{2\pi N\Phi_m f}{\sqrt{2}} = 4.44N\Phi_m f \quad (4-11)$$

汽车用的蓄电池为直流电源，考虑到发动机停转时，车用的各种电器必须能正常工作，用电设备均选用直流供电方式。这就要求交流发电机最终能提供直流电势。所以交流发电机内必须配置硅整流器。

二、车用起动机

车用起动机一般由直流电动机、单向传动机构和操纵机构三大部分组成，如图 4-16 所示。

直流电动机是起动机的核心，其作用是产生发动机起动时所需的电磁转矩，一般采用串励式直流电动机。

单向传动机构的作用是传递或切断发动机与起动机之间的扭矩。

操纵机构的作用是接通或切断起动机与蓄电池之间的主电路。

车用起动机的直流电动机的结构如图 4-17 所示。主要由磁极、电枢、换向器等部件组成。与前面所述电动机的结构类似。

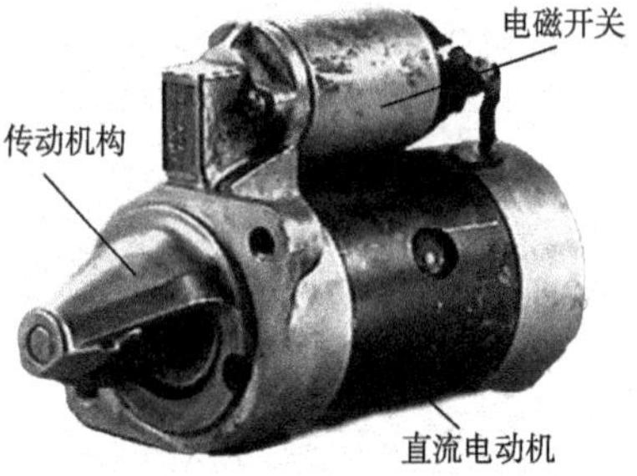

图 4-16　起动机的组成

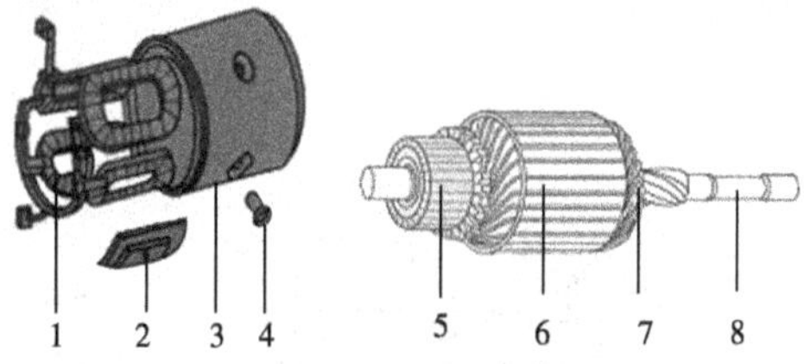

图 4-17　直流电动机的结构

1—磁场绕组；2—磁极铁心；3—起动机外壳；4—磁极固定螺钉；5—换向器；6—转子铁心；7—电枢绕组；8—电枢轴

一般的车用起动机的电动机有四个励磁绕组。励磁绕组有两种连接方式：励磁绕组全部串联，或励磁绕组两两串联之后再并联，如图 4-18 所示。复式接法可以在绕组导体截面相同的情况下，增大起动电流，从而提高了起动转矩。

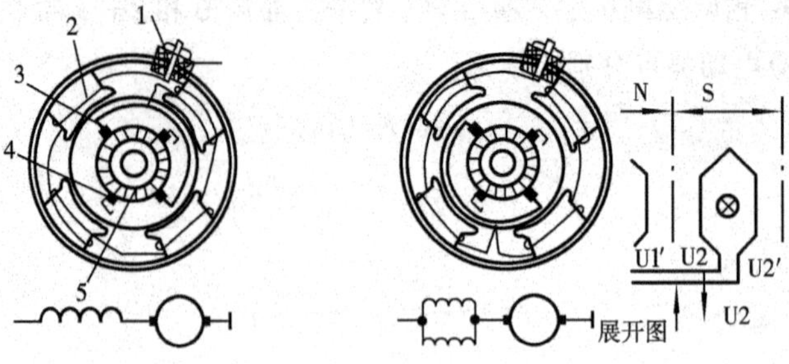

（a）四个绕组相互串联　　（b）两个绕组串联后并联

图 4-18　磁场绕组的接法

1—绝缘接线柱；2—磁场绕组；3—正电刷；
4—负电刷；5—换向器

三、刮水器电动机

刮水器电动机采用永磁电动机，汽车中除了使用串励电动机外，用永磁铁构成定子的永磁电动机也常常得到广泛地应用。如在电动刮水器、电动车窗等汽车部件中都有应用。下面对刮水器电动机进行分析介绍。

为确保驾驶员良好能见度，刮水器是专门用来清除汽车挡风玻璃上的雨水、雪或灰尘的部件。根据其驱动方式的不同，有电动式、真空式和气动式三种。目前使用最广泛的是电动刮水器。电动刮水器主要由电动机和传动机构组成，其中电动机大多使用的是三刷式永磁电动机。下面介绍永磁电动机工作情况。

图 4-19 为电动刮水器示意图。电动刮雨器为满足高挡、低挡两种速度刮水的需要，电动机必须要有变速的功能。

图 4-20 为双速刮水电动机的工作原理图。它的磁极采用铁氧体永久磁铁，具有不易退磁的优点。三个电刷中 B_1 为低速运转电刷，B_2 为高速运转电刷，B_3 为公共电刷。B_1 与 B_2 与安装位置相差 60°。

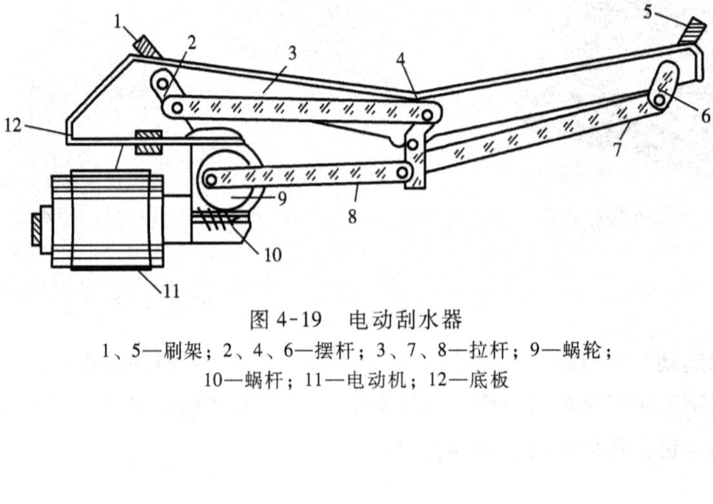

图 4-19　电动刮水器

1、5—刷架；2、4、6—摆杆；3、7、8—拉杆；9—蜗轮；
10—蜗杆；11—电动机；12—底板

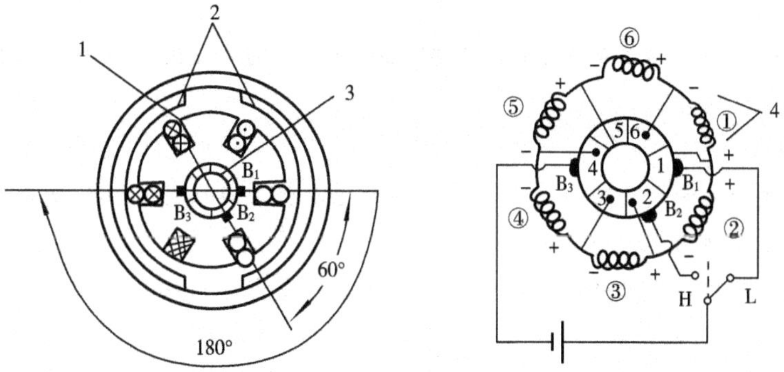

（a）结构原理　　（b）电路原理

图 4-20 双速刮水电动机的工作原理

1—电枢绕组；2—永久磁铁；3—整流子；4—反电势

当电动机工作时，在电枢绕阻中产生反电动势。每个结构相同的线圈中都产生相同的反电动势 $E_{a1}=c\Phi n$，其中常数 c 的大小与线圈中的导体数成正比。

当开关 S 拨到低速挡位 L 时，在两个电刷 B_1 和 B_3 之间有两条并联的支路，每条支路各有三个线圈串联，它们的反电动势方向相同。根据电动机的电压平衡式 $U=I_aR_a+E_a=I_aR_a+3E_{a1}=I_aR_a+3c\Phi n$

转速为
$$n=(U-I_aR_a)/3c\Phi \tag{4-12}$$

当开关 S 拨到高速挡位 H 时，在两个电刷 B_2 和 B_3 之间有两条并联的支路。一条支路有两个线圈串联；另一条支路有四个线圈串联，但其中有一个线圈的反电势与其余三个线圈的反电动势方向相反，即有两个线圈的反电动势相互抵消，实际起作用的就是反电动势方向相同的两个线圈。根据电动机的电压平衡式

$$U=I_aR_a+E_a=I_aR_a+2E_{a1}=I_aR_a+2c\Phi n$$

转速
$$n=(U-I_aR_a)/2c\Phi n \tag{4-13}$$

由上述分析可见，挡位的不同，改变了电刷与外电路的连接方式，实际上起到了改变两电刷间有效线圈数——即有效导体数的效果，从而实现对电动机转速的控制。

小　　结

发电机和电动机都是能量转换装置，把机械能或其他能量转换为电能的装置称为发电机，把电能转换为机械能的装置称为电动机。不论是发电机还是电动机，其工程原理都是基于电磁感应现象。在理解发电机和电动机的工作原理时，要紧紧抓住磁场和电场的相互影响和相互作用。

发电机有大型发电机和小型发电机。大型发电机用在发电厂，民用的一般都是小型发电机。汽车上应用的是三相交流发电机。

1. 三相交流发电机

汽车上的三相交流发电机是汽车的主电源，它提供汽车运行时的所有电器的电量。它的转子是由包含着励磁线圈的六对爪极构成的，它在发动机的带动下提供变化的磁场。定子是由按照一定排列规律的三个连接在一起的线圈构成的。当转子在定子中间快速旋转时，定子线圈中

就产生了三相交流电。

三相交流电的相位是由定子线圈之间具有120°角决定的。交流电经整流器整流后变为直流电，供给汽车电器使用。

2. 直流电动机

直流电动机按励磁方式分为他励电动机、并励电动机、串励电动机和复励电动机，它们具有不同的机械特性，适用于不同的场合。

他励和并励电动机具有硬特性，适用于转速基本不受负载影响，又便于在一定范围内调速的设备中。

串励电动转矩大，适用于电动机直接与机械负载固定连接，转速随负载的养活会明显上升的设备中。

复励电动的机械特性介于两者之间，适用于起动转矩大，特性比较软，又需在空载和轻载情况下运行 的减少会明显上升的设备中。

习　题

一、填空题

1. 直流电动机电枢绕组中流过的电流方向是____________的，产生电磁转矩的方向是____________的（填变化或不变）。

2. 直流电动机的励磁方式分为____________、____________、____________、____________。

3. 直流发电机的电磁转矩是____________转矩，直流电动机的电磁转矩是____________转矩。

4. 直流电动机的起动方法有：____________、____________。

5. 大多数鼓风机电动机的风扇转速由串联到风扇电动机的____________控制。

6. 直流电动机利用磁场的相互作用把____________转换成____________。

7. ____________建立交流发电机的旋转磁场。

8. ____________是在交流发电机中产生电流的静止线圈。

9 . ____________是步进电动机旋转的根本原因。

10. 直流电动机的换向器由许多____________组成。

二、选择题

1. 直流电动机起动时电枢回路串入电阻是为了____________。

A. 增加起动转矩　　B. 限制起动电流　　C. 增加主磁通　　D. 减少起动时间

2. 一台并励直流电动机若改变电源极性，则电动机 。

A. 转向改变　　B. 转向不变　　C. 转向无法确定　　D. 停转

3. 要改变并励直流电动机的转向，可以____________。

A. 增大励磁

B. 改变电源极性

C. 改接励磁绕组连接方向

D. 减小励磁

4. 正在讨论永磁式起动电动机

技术员 A 说：永磁式起动电动机代替励磁绕组使用了 4 到 6 个永磁场集合。

技术员 A 说：永磁式起动电动机使用了一套行星齿轮机构。

谁的说法正确，＿＿＿＿＿＿。

A. 只是 A

B. 只是 B

C. A 和 B 两者都对

D. A 和 B 两者都不对

5. 永磁式起动电动机的特征是：＿＿＿＿＿＿。

A. 使用了行星齿轮

B. 电流从励磁绕组流向电刷和电枢

C. 直接与电枢连接

D. 上面全部答案

6. 在永磁式刮水器电动机中：＿＿＿＿＿＿。

A. 电刷在换向器上的位置控制着电动机的转速

B. 两个相反缠绕的励磁绕组控制着电动机转速

C. 串励和并励绕组控制着电动机的转速

D. 上述答案都不对

7. 所有下面关于电磁式刮水器电动机的说法除了哪个外都是正确的？＿＿＿＿＿＿

A. 两个励磁绕组按相对方向接线。

B. 磁场彼此相对。

C. 两个励磁绕组并连接线。

D. 总的磁场强度决定了电动机的速度。

8. 什么是换向器的用途？＿＿＿＿＿＿

A. 为了防止励磁绕组与电枢接触

B. 保持与励磁绕组经常的电气接触

C. 使经过电枢的电流反转

D. 上面全部答案

三、简答题

1. 列出并解释交流发电机主要元件的功能。

2. 解释直流电动机的工作原理。

3. 描述电枢的用途和工作。

4. 简要地解释电动车窗的工作原理。

任务五　汽车水箱水位过低报警器的制作

学习目标

- 掌握数字信号概念、二进制计数方法，掌握各进制之间转换，掌握8421BCD码。
- 掌握各门电路的符号和逻辑关系，了解RS触发器功能与符号、掌握D触发器功能与符号。
- 能解释二进制计数、能看懂8421BCD码，能写出各门电路符号和逻辑关系，能读懂RS、JK、D触发器符号。

任务描述

汽车水箱中的水量减少，将直接影响汽车正常安全行驶，利用报警器在水箱水位处于最低水位以下时发出声光报警，及时提醒驾驶员加水，避免事故发生。汽车水箱水位过低报警器是利用六非门制作而成。通过本任务让学生掌握门电路。

相关知识

一、数字电路基本知识

（一）数字信号

电子技术中电子电路分为两大类，一类是传输和处理模拟信号的电路，称为模拟电路；另一类是传输和处理数字信号的电路，称为数字电路。模拟信号是指在时间和数值上都连续变化的信号，如正弦波、三角波；数字信号是指在时间和数值上都不连续变化的离散的脉冲信号。

数字信号也叫脉冲信号，持续时间短。在数字电路中，最常见的数字信号是矩形波和尖顶波，如图5-1所示。

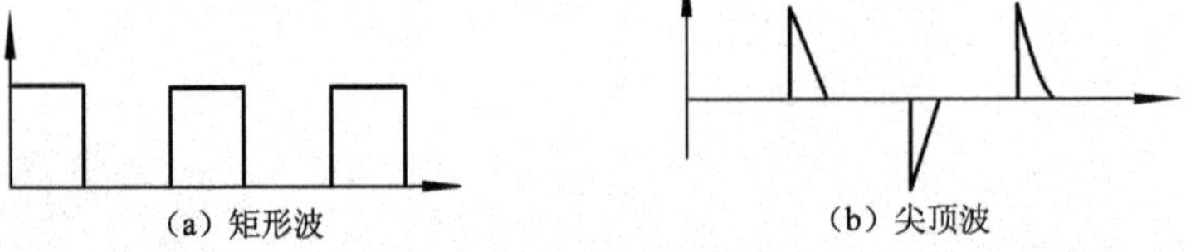

图5-1　数字信号

实际的波形并不是那么理想，图 5-2 所示为实际的矩形波。以矩形波为例，数字信号即脉冲信号的基本参数如下：

① 脉冲上升时间 t_r。从脉冲 10% 的幅度上升到 90% 所需的时间。

② 脉冲下降时间 t_f。从脉冲 90% 的幅度下降到 10% 所需的时间。

③ 脉冲宽度 t_p。从上升沿 50% 幅度到下降沿 50% 幅度所需的时间。

④ 脉冲周期 T。周期性脉冲信号前后两次出现的间隔时间。

⑤ 脉冲频率 f。单位时间内的脉冲数，$f=1/T$。

电路中没有脉冲信号时的状态称为静态，静态时的电压值可以为正、为负或为零（一般在 0V 左右）。脉冲出现时电压大于静态电压值称为正脉冲，小于静态电压值称为负脉冲，如图 5-3 所示。

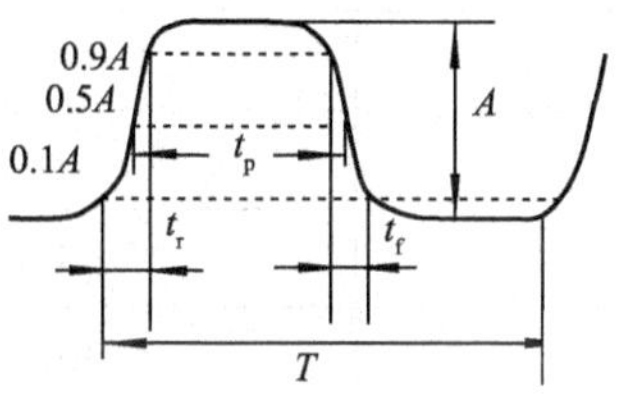

图 5-2　实际的矩形波

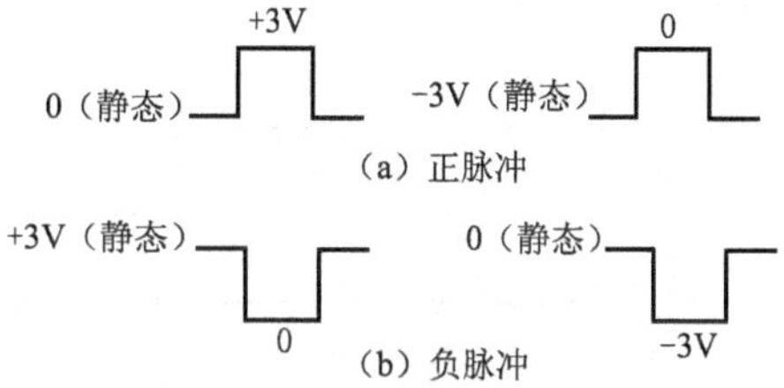

图 5-3　正脉冲和负脉冲

（二）数制

数值可以表示长度、质量、表示数值大小的各种计数方法，最常用的是十进制，它有 0，1，2，3，…，9 十个数码，用来组成不同的数，称此为计数体制，简称数制。在数字电路中采用二进制，此外还有八进制和十六进制。

1. 二进制

① 有两个数码：1 和 0。它们与电路的两个状态（开和关、电平高和低）直接对应。

② 进位规则：逢二进一，1 + 1 = 10。

2. 二进制转换为十进制

按权展开，再求各位数值之和。

例：$(11011)_2 = 1\times2^4 + 1\times2^3 + 0\times2^2 + 1\times2^1 + 1\times2^0 = (27)_{10}$

3. 十进制转换为二进制

除二取余法。将十进制数连续除以 2，并依次记下余数，一直除到商为 0 为止。

以最后所得的余数为最高位，依次从后向前排即为转换后对应的二进制数。$(28)_{10} = (11100)_2$

（三）编码

数字系统中的信息，除数据外还包括文字、符号和各种对象、信号等。用数字或某种文字和符号来表示某一对象或信号的过程就称为编码。

1. 二—十进制编码（BCD 码）

在数字电路中一般采用二进制数。用二进制数表示十进制数的编码方式，称为二—十进制编码，即 BCD 码。用一组（4 位）二进制数表示一位十进制数。

其中8421码每组（4位）内8421码符合二进制规则，而组与组之间是十进制。

二—十进制码与自然二进制数形式相似，但本质不同。二进制数是按二进制的规则表示数值的大小，而二—十进制码是用二进制数表示十进制数码，它们的值并不一定相等。

$$(18)_{10} = (00011000)_{8421} = (10010)_2$$

表5-1所示为几种常用的数值编码之间的转换。

表5-1 几种常用的数值编码

十进制数码	8421码	余3码	格雷码
0	0000	0011	0000
1	0001	0100	0001
2	0010	0101	0011
3	0011	0110	0010
4	0100	0111	0110
5	0101	1000	0111
6	0110	1001	0101
7	0111	1010	0100
8	1000	1011	1100
9	1001	1100	1000

2. 字符码

目前广泛应用的表示字母、符号的二进制代码是ASCII码。

ASCII码采用7位二进制数编码，可以表示128个字符。

3. 其他代码

在数字系统中，任何信息包括各种特定的对象、信号等都要转化为二进制代码来处理。

例如，现代汽车上都配备自诊断系统，汽车的电子控制单元（ECU）能够自动检测汽车本身的故障，而各种故障在ECU中是以代码形式存储、处理的，因此这些代码被称为故障码。

二、门电路

（一）基本逻辑关系

在数字电路中，把电路的输入信号作为某种“原因”或“条件”，电路输出信号则是这种条件下的必然“结果”。即输出信号与输入信号之间存在一定的逻辑关系。数字电路就是实现这种逻辑关系的，因此，数字电路又称逻辑电路。

在数字逻辑电路中，只有两种相反的工作状态——高电平、低电平，分别用“1”和“0”表示。当用“1”表示高电平、“0”表示低电平时，称正逻辑关系，反之称为负逻辑关系。本课程均采用正逻辑关系。

数字电路中，由开关元件组成的实现一定逻辑关系的电路称逻辑门电路。简称门电路。数字电路中的基本逻辑关系有三种：“与”、“或”、“非”。相应的，基本门电路的“与门”、“或门”、“非门”。

（二）基本门电路

1. 与门电路

图 5-4 所示为二极管与门电路与其逻辑符号。

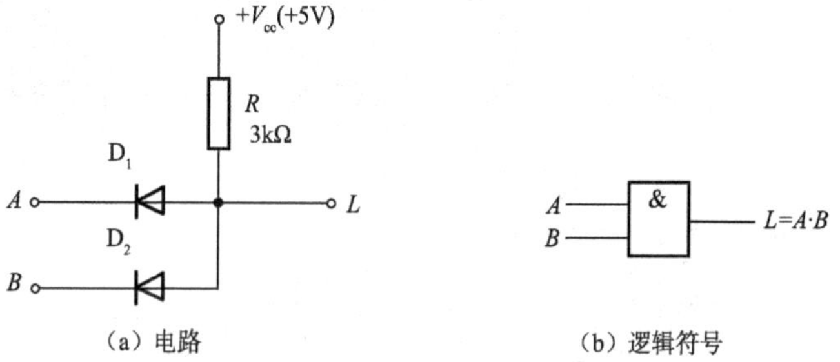

图 5-4　二极管与门

① $V_A = V_B = 0V$。此时二极管 D_1 和 D_2 都导通，由于二极管正向导通时的钳位作用，$V_L \approx 0V$。

② $V_A = 0V$，$V_B = 5V$。此时二极管 D_1 导通，由于钳位作用，$V_L \approx 0V$，D_2 受反向电压而截止。

③ $V_A = 5V$，$V_B = 0V$。此时 D_2 导通，$V_L \approx 0V$，D_1 受反向电压而截止。

④ $V_A = V_B = 5V$。此时二极管 D_1 和 D_2 都截止，$V_L = V_{CC} = 5V$。

把上述分析结果归纳起来列入表 5-2 中，如果采用正逻辑体制，很容易看出它实现逻辑运算，如表 5-3 所示。

增加一个输入端和一个二极管，就可变成三输入端与门。按此办法可构成更多输入端的与门。

表 5-2　与门输入输出电压的关系

输　入		输出 V_L/V	输　入		输出 V_L/V
V_A/V	V_B/V		V_A/V	V_B/V	
0	0	0	5	0	0
0	5	0	5	5	5

表 5-3　与逻辑真值表

输　入		输出 L	输　入		输出 L
A	B		A	B	
0	0	0	1	0	0
0	1	0	1	1	1

常用与门电路有四 2 输入与门 74LS08 和 CD4081，如图 5-5 所示。

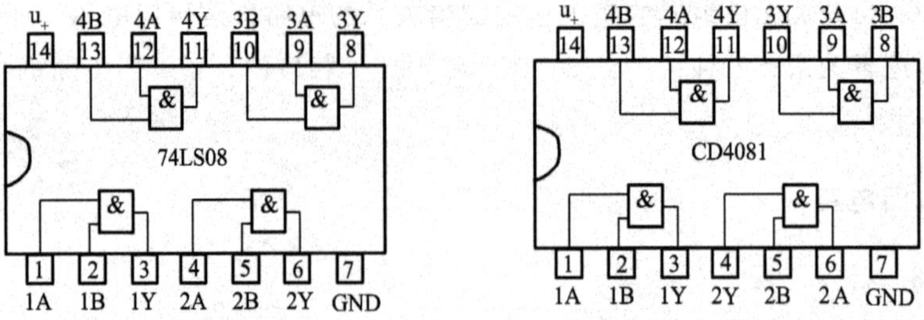

图 5-5　常用与门电路

2. 或门电路

图 5-6 所示为二极管或门电路与其逻辑符号。或门输入/输出出电压关系如表 5-4 所示，或逻辑真值表如表 5-5 所示。

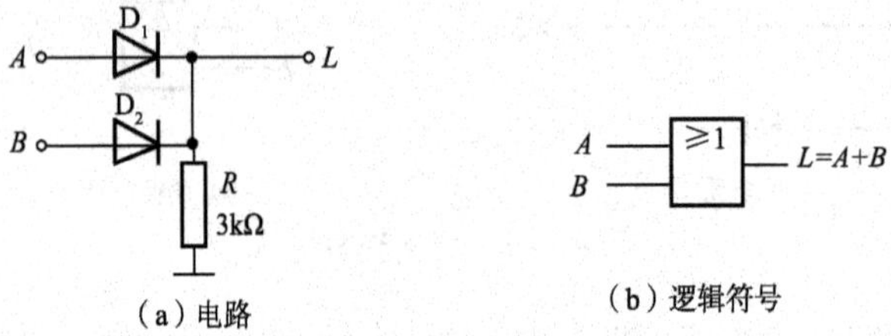

图 5-6　二极管或门

表 5-4　或门输入/输出电压的关系

输　入		输出 V_L/V	输　入		输出 V_L/V
V_A/V	V_B/V		V_A/V	V_B/V	
0	0	0	5	0	5
0	5	5	5	5	5

表 5-5　或逻辑真值表

输　入		输出 L	输　入		输出 L
A	B		A	B	
0	0	0	1	0	1
0	1	1	1	1	1

可见，它可实现逻辑运算：$L = A + B$

同样，可用增加输入端和二极管的方法，构成更多输入端的或门。常用或门电路有四 2 输入或门 74LS32 和 CD4071，如图 5-7 所示。

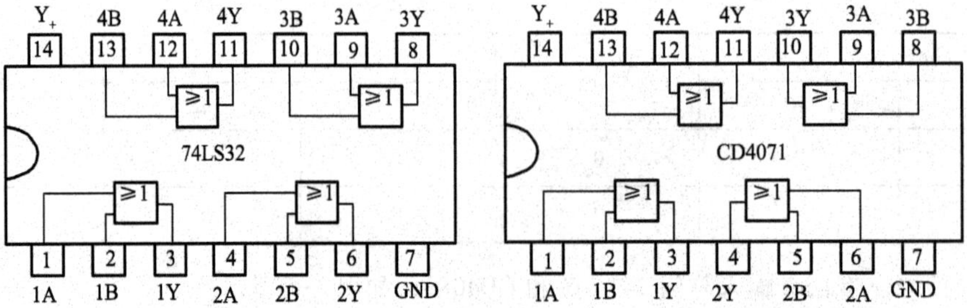

图 5-7　常用或门电路

3. 非门电路

非门电路又称反相器，图 5-8 所示为由三极管组成的非门电路。设输入信号为 +5V 或 0V。此电路只有以下两种工作情况。

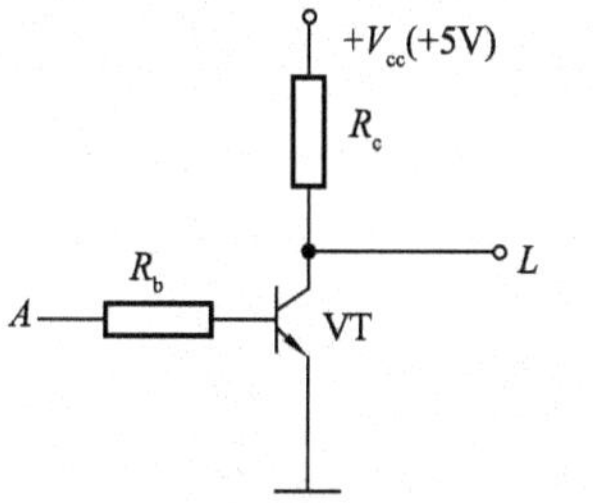

（a）电路

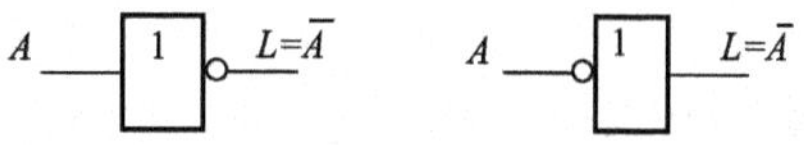

（b）逻辑符号

图 5-8　三极管非门

① $V_A=0V$。此时三极管的发射结电压小于死区电压，满足截止条件，所以管子截止，$V_L=V_{CC}=5V$。

② $V_A=5V$。此时三极管的发射结正偏，管子导通，只要合理选择电路参数，使其满足饱和条件 $I_B>I_{BS}$，则管子工作于饱和状态，有 $V_L=V_{CES}\approx 0V$（0.3V）。

把上述分析结果列入表 5-6 中，此电路不管采用正逻辑体制还是负逻辑体制，都满足非运算的逻辑关系。

表 5-6　非逻辑真值表

输入 A	输出 L	输入 A	输出 L
0	1	1	0

常用的非门电路有 74LS04 和 CD4069，如图 5-9 所示。

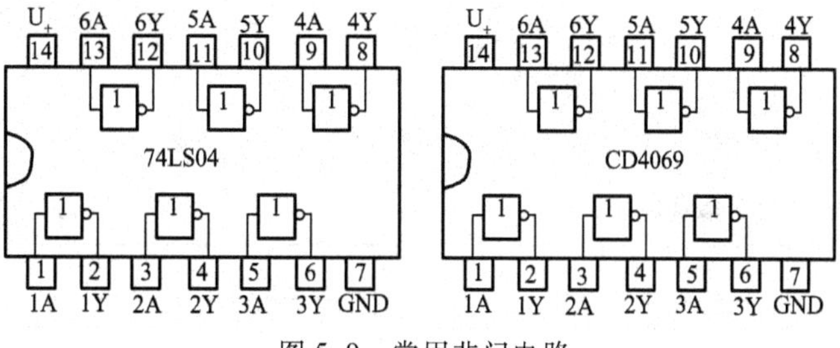

图 5-9　常用非门电路

（三）复合门电路

由与门、或门、非门经过简单的组合，可构成另一些常用的复合逻辑门，如“与非门”、“或非门”、“异或门”等。

1. 与非门

“与”和“非”的复合运算（先求“与”，再求“非”）称“与非”运算。实现与非复合运算的电路称为与非门。与非门的逻辑符号如图 5-10 所示。与非逻辑状态表见表 5-7。

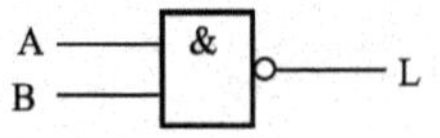

图 5-10　与非门逻辑符号

表 5-7　与非门逻辑状态表

A	B	L
0	0	1
0	1	1
1	0	1
1	1	0

与非门的逻辑表达式为 $L=\overline{A \cdot B}$

74LS00 是一种典型的与非门器件，内部含有四个 2 输入端与非门，共有 14 个引脚，引脚排列图如图 5-11 所示。

2. 或非门

实现“或非”复合运算的电路称为或非门。或非门电路图与逻辑符号如图 5-12 所示，或非门的逻辑状态见表 5-8。

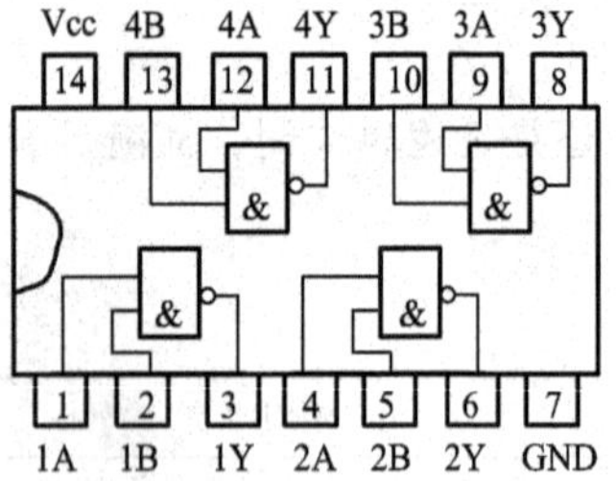

图 5-11　74LS00 引脚排列图

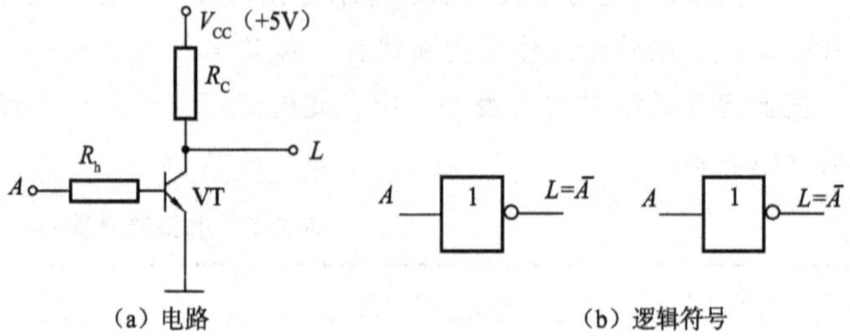

图 5-12　三极管非门

或非门的逻辑表达式为：$L=\overline{A+B}$

3. 异或门

式 $L=A\overline{B}+\overline{A}B$ 的逻辑运算称异或运算。记作 $L=A \oplus B$

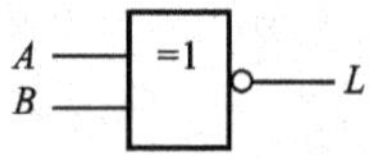

图 5-13　异或门逻辑符号

逻辑符号如图 5-13 所示，由表达式可得出逻辑状态见表 5-9。

表 5-8　或非门逻辑状态表

A	B	L
0	0	1
0	1	0
1	0	0
1	1	0

表 5-9　异或门逻辑状态表

A	B	L
0	0	0
0	1	1
1	0	1
1	1	0

三、组合逻辑电路

逻辑电路按功能分为组合逻辑电路和时序逻辑电路两大类。将基本逻辑门电路组合起来，就构成组合逻辑电路，简称组合电路。组合逻辑电路可以实现一定逻辑功能，它的特点是：任意时刻输出状态仅取决于该时刻输入信号的状态，而与前一时刻电路的状态无关。也就是说，组合逻辑电路不具有记忆功能。

（一）逻辑代数

逻辑代数是分析和设计数字电路的数学工具，又叫布尔代数。逻辑代数中只有“1”、“0”两个值，只进行逻辑乘（与）、逻辑加（或）和求反（非）三种基本运算。

逻辑代数和普通代数一样，有一套完整的运算规则，包括公理、定理和定律，用它们对逻辑函数式进行处理，可以完成对电路的化简、变换、分析与设计。

逻辑代数运算法则。包括9个定律，其中有的定律与普通代数相似，有的定律与普通代数不同，使用时切勿混淆，如表5-10所示。

表5-10　逻辑代数的基本公式

名称	公式1	公式2
0—1律	$A\cdot 1=A$ $A\cdot 0=0$	$A+0=A$ $A+1=1$
互补律	$\overline{A}A=0$	$A+\overline{A}=1$
重叠律	$AA=A$	$A+A=A$
交换律	$AB=BA$	$A+B=B+A$
结合律	$A(BC)=(AB)C$	$A+(B+C)=(A+B)C$
分配律	$A(B+C)=AB+AC$	$A+BC=(A+B)(A+C)$
反演律	$\overline{AB}=\overline{A}+\overline{B}$	$\overline{A+B}=\overline{A}\,\overline{B}$
吸收律	$A(A+B)=A$　$A(\overline{A}+B)=AB$ $(A+B)(\overline{A}+C)(B+C)=(A+B)(\overline{A}+C)$	$A+AB=A$ $A+\overline{A}B=A+B$ $AB+\overline{A}C+BC=AB+\overline{A}C$
对合律	$\overline{\overline{A}}=A$	

表中略为复杂的公式可用其他更简单的公式来证明。

例5-1　证明吸收律　$A+\overline{A}B=A+B$

证明：

$A+\overline{A}B=A(B+\overline{B})+\overline{A}B=AB+A\overline{B}+\overline{A}B=AB+AB+A\overline{B}+\overline{A}B$

$=A(B+\overline{B})+B(A+\overline{A})=A+B$

表中的公式还可以用真值表来证明，即检验等式两边函数的真值表是否一致。

例5-2　用真值表证明反演律$\overline{AB}=\overline{A}+\overline{B}$和$\overline{A+B}=\overline{A}\,\overline{B}$

分析：分别列出两公式等号两边函数的真值表即可得证，见表5-11和表5-12。

证明：$\overline{AB}=\overline{A}+\overline{B}$

表5-11　例5-1真值表

A	B	$\overline{AB}$	$\overline{A}+\overline{B}$
0	0	1	1
0	1	1	1
1	0	1	1
1	1	0	0

证明：$\overline{A+B}=\overline{A}\,\overline{B}$

表 5-12 例 5-2 真值表

A	B	$\overline{A+B}$	$\overline{A}\,\overline{B}$
0	0	1	1
0	1	0	0
1	0	0	0
1	1	0	0

反演律又称摩根定律，是非常重要又非常有用的公式，它经常用于逻辑函数的变换，以下是它的两个变形公式，也是常用的。

$$AB=\overline{\overline{A}+\overline{B}} \qquad A+B=\overline{\overline{A}\,\overline{B}}$$

（二）逻辑函数的化简

1. 逻辑函数式的常见形式

一个逻辑函数的表达式不是唯一的，可以有多种形式，并且能互相转换。常见的逻辑式主要有5种形式，例如：

$$\begin{aligned} L &= AC+\overline{A}B && \text{与-或表达式}\\ &= (A+B)(\overline{A}+C) && \text{或-与表达式}\\ &= \overline{\overline{AC}\cdot\overline{\overline{A}B}} && \text{与非-与非表达式}\\ &= \overline{\overline{A+B}+\overline{\overline{A}+C}} && \text{或非-或非表达式}\\ &= \overline{A\overline{C}+\overline{A}\,\overline{B}} && \text{与或非表达式} \end{aligned}$$

在上述多种表达式中，与—或表达式是逻辑函数的最基本表达形式。因此，在化简逻辑函数时，通常是将逻辑式化简成最简与—或表达式，然后再根据需要转换成其他形式。

2. 最简与—或表达式的标准

① 与项最少，即表达式中“+”号最少。

② 每个与项中的变量数最少，即表达式中“·”号最少。

3. 用代数法化简逻辑函数

用代数法化简逻辑函数，就是直接利用逻辑代数的基本公式和基本规则进行化简。代数法化简没有固定的步骤，常用的化简方法有以下几种。

（1）并项法

运用公式 $A+\overline{A}=1$，将两项合并为一项，消去一个变量。如

$$L=AB\overline{C}+ABC=AB(\overline{C}+C)=AB$$

$$\begin{aligned} L &= A(BC+\overline{B}\,\overline{C})+A(B\overline{C}+\overline{B}C)=ABC+A\overline{B}\,\overline{C}+AB\overline{C}+A\overline{B}C\\ &= AB(C+\overline{C})+A\overline{B}(C+\overline{C})=AB+A\overline{B}=A(B+\overline{B})=A \end{aligned}$$

（2）吸收法

运用吸收律 $A+AB=A$ 消去多余的与项。如

$$L=A\overline{B}+A\overline{B}(C+DE)=\overline{AB}$$

（3）消去法

运用吸收律 $A+\bar{A}B=A+B$ 消去多余的因子。如

$$L=AB+\bar{A}C+\bar{B}C=AB+(\bar{A}+\bar{B})C=AB+\overline{AB}C=AB+C$$

$$L=\bar{A}+AB+\bar{B}E=\bar{A}+B+\bar{B}E=\bar{A}+B+E$$

（4）配项法

先通过乘以 $A+\bar{A}$（$=1$）或加上 $A\bar{A}=$（0），增加必要的乘积项，再用以上方法化简。如

$$L=AB+\bar{A}C+BCD=AB+\bar{A}C+BCD(A+\bar{A})=AB+\bar{A}C+ABCD+\bar{A}BCD=AB+\bar{A}C$$

$$L=AB\bar{C}+\overline{ABC}\cdot\overline{AB}=AB\bar{C}+\overline{ABC}\ \overline{AB}+AB\cdot\overline{AB}=AB(\bar{C}+\overline{AB})+\overline{ABC}\cdot\overline{AB}$$

$$=AB\cdot\overline{ABC}+\overline{ABC}\ \overline{AB}=\overline{ABC}(AB+\overline{AB})=\overline{ABC}$$

化简逻辑函数时，要灵活运用上述方法，才能将逻辑函数化为最简。

（三）组合逻辑电路的分析

组合逻辑电路的分析是指分析实际构成的逻辑电路的作用，判断其逻辑功能。组合逻辑电路用基本逻辑符号表示，称为逻辑电路图。

分析组合逻辑电路，要从输入端开始，逐步写出各级输出端的逻辑表达式，化简或变换，列出逻辑状态表，由状态表或表达式判断电路的逻辑功能。其一般步骤为：

已知逻辑图→逐级写出逻辑表达式→写出总逻辑表达式并化简或变换转化→列出逻辑状态表→分析确定逻辑功能。

例 5-3　组合电路如图 5-14 所示，分析该电路的逻辑功能。

解：① 由逻辑图逐级写出逻辑表达式。为了写表达式方便，借助中间变量

$$P=\overline{ABC}$$

$$L=AP+BP+CP$$

$$=A\,\overline{ABC}+B\,\overline{ABC}+C\,\overline{ABC}$$

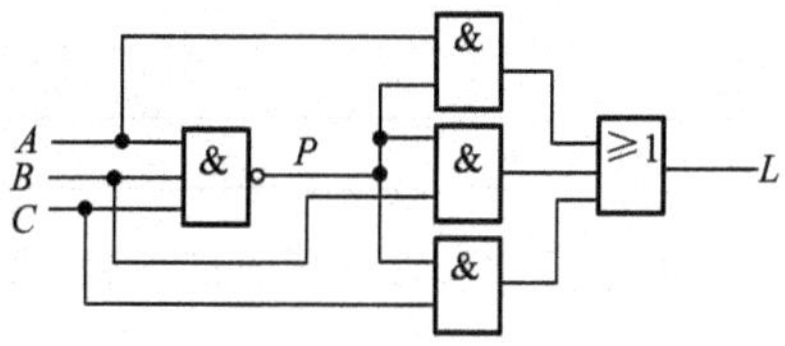

图 5-14　例 5-3 电路图

② 化简与变换。因为下一步要列真值表，所以要通过化简与变换，使表达式有利于列真值表，一般应变换成与—或式或最小项表达式。

$$L=\overline{ABC}(A+B+C)=\overline{ABC+\overline{A+B+C}}=\overline{ABC+\bar{A}\,\bar{B}\,\bar{C}}$$

③ 由表达式列出真值表，见表 5-13。经过化简与变换的表达式为两个最小项之和的非，所以很容易列出真值表。

表 5-13　例 5-3 真值表

A	B	C	L
0	0	0	0
0	0	1	1
0	1	0	1
0	1	1	1
1	0	0	1
1	0	1	1
1	1	0	1
1	1	1	0

④ 分析逻辑功能。由真值表可知，当 A、B、C 三个变量不一致时，电路输出为“1”，所以这个电路称为“不一致电路”。

上例中输出变量只有一个，对于多输出变量的组合逻辑电路，分析方法完全相同。

四、典型组合逻辑电路

在数字系统特别是计算机中，加法器、编码器、译码器等组合逻辑电路，是不可缺少的基本部件。

（一）加法器

加法器是用以实现二进制数加法运算的组合电路。

注意，二进制加法运算与逻辑加法运算的含义不同。前者是数值的运算，后者是逻辑运算。在二进制加法中 $1+1=10$，而在逻辑运算中 $1+1=1$。

1. 半加器

所谓半加，就是不考虑低位运算的进位数，只求本位的和。设 A、B 两数相加，和数为 S，进位数为 C，则其逻辑状态表如表 5-14 所示。

表 5-14 半加器逻辑状态表

A	B	S	C
0	0	0	0
0	1	1	0
1	0	1	0
1	1	0	1

由逻辑状态表可写出逻辑表达式为

$$S = A\overline{B} + \overline{A}B = A \oplus B$$

$$C = AB$$

由逻辑表达式可画出逻辑图为 5-15（a）。图 5-15（b）为半加器逻辑符号。

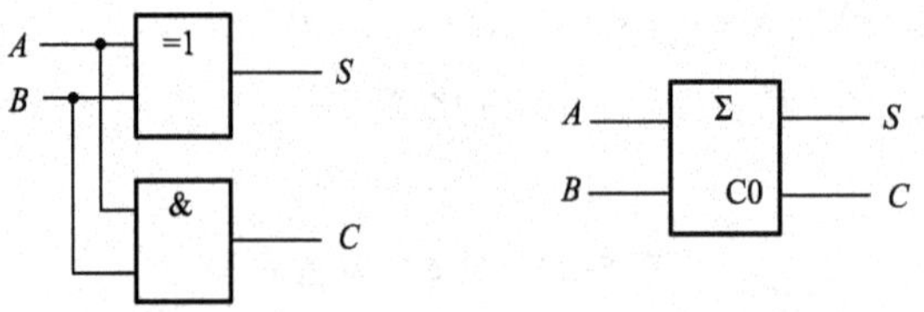

（a）半加器逻辑图　（b）半加器逻辑符号

图 5-15 半加器逻辑图及逻辑符号

2. 全加器

当多位数相加时，半加器可以用于最低位数求和，高位相加须用全加器。“全加”是指被加数、加数的本位数 A_i、B_i 和低位加法运算的进位数 C_{i-1} 3 个数的相加运算。全加器的逻辑状态如表 5-15 所示，其中 S_i、C_i 分别为本位全加的和数、向高位的进位数。全加器的逻辑符号如图 5-16所示。

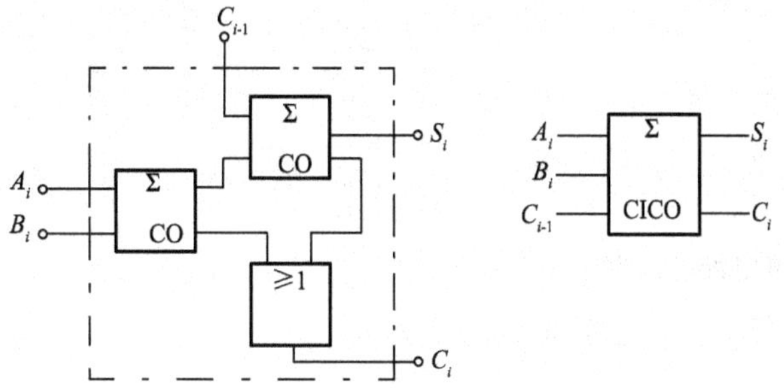

(a) 逻辑图　　　　(b)逻辑符号

图 5-16　全加器逻辑图及逻辑符号

表 5-15　全加器逻辑状态表

A_i	B_i	C_i	S_i	C_i
0	0	0	0	0
0	1	0	1	0
1	0	0	1	0
1	1	0	0	1
0	0	1	1	0
0	1	1	0	1
1	0	1	0	1
1	1	1	1	1

若把 n 个全加器连接在一起，即组成 n 位二进制加法器。

（二）编码器

用文字、符号或数码表示特定对象的过程称为编码，如邮政编码、身份证号码、汽车牌号等。

1. 二进制编码器

用 n 位二进制代码对 $2n$ 个信号进行编码的电路称为二进制编码器。n 位二进制数可对 $N=2n$ 个信号进行编码。

3 位二进制编码器有 8 个输入端 3 个输出端，所以常称为 8 线—3 线编码器，其功能真值表如表 5-16 所示，输入为高电平有效。

表 5-16　编码器真值表

输入								输出		
I_0	I_1	I_2	S_3	S_4	S_5	S_6	S_7	A_2	A_1	A_0
1	0	0	0	0	0	0	0	0	0	0
0	1	0	0	0	0	0	0	0	0	1
0	0	1	0	0	0	0	0	0	1	0
0	0	0	1	0	0	0	0	0	1	1
0	0	0	0	1	0	0	0	1	0	0
0	0	0	0	0	1	0	0	1	0	1
0	0	0	0	0	0	1	0	1	1	0
0	0	0	0	0	0	0	1	1	1	1

由真值表写出各输出的逻辑表达式为：

$$A_2=\overline{\overline{J_4}\ \overline{J_5}\ \overline{J_6}\ \overline{J_7}}$$

$$A_3=\overline{\overline{I_2}\ \overline{I_3}\ \overline{I_6}\ \overline{I_7}}$$

$$A_0=\overline{\overline{I_1}\ \overline{I_3}\ \overline{I_5}\ \overline{I_7}}$$

用门电路实现逻辑电路，如图 5-17 所示。

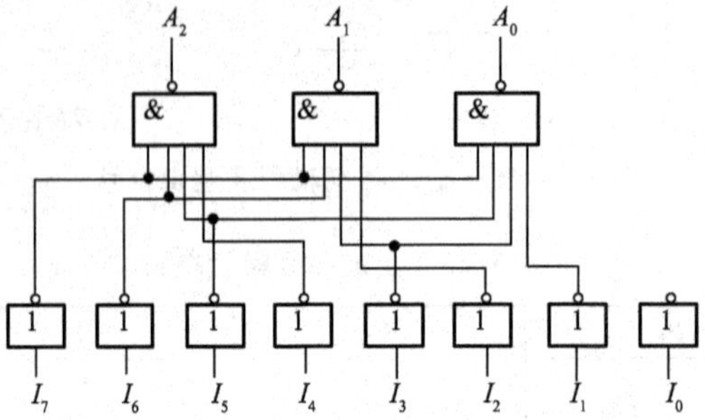

图 5-17　3 位二进制编码器

2. 二-十进制编码器

二-十进制码由四位数组成，其编码表如表 5-17 所示。

表 5-17　8421BCD 码编码器真值表

输					入					输		出		
S_9	S_8	S_7	S_6	S_5	S_4	S_3	S_2	S_1	S_0	A	B	C	D	GS
1	1	1	1	1	1	1	1	1	1	0	0	0	0	0
1	1	1	1	1	1	1	1	1	0	0	0	0	0	1
1	1	1	1	1	1	1	1	0	1	0	0	0	1	1
1	1	1	1	1	1	1	0	1	1	0	0	1	0	1
1	1	1	1	1	1	0	1	1	1	0	0	1	1	1
1	1	1	1	1	0	1	1	1	1	0	1	0	0	1
1	1	1	1	0	1	1	1	1	1	0	1	0	1	1
1	1	1	0	1	1	1	1	1	1	0	1	1	0	1
1	1	0	1	1	1	1	1	1	1	0	1	1	1	1
1	0	1	1	1	1	1	1	1	1	1	0	0	0	1
0	1	1	1	1	1	1	1	1	1	1	0	0	1	1

真值表写出各输出的逻辑表达式为

$A=\overline{S_S}+\overline{S_9}=\overline{S_sS_9}$

$B=\overline{S_4}+\overline{S_5}+\overline{S_6}+\overline{S_7}=\overline{S_4S_5S_6S_7}$

$C=\overline{S_2}+\overline{S_3}+\overline{S_6}+\overline{S_7}=\overline{S_2S_3S_6S_7}$

$D=\overline{S_1}+\overline{S_3}+\overline{S_5}+\overline{S_7}+\overline{S_9}=\overline{S_1S_3S_5S_7S_9}$

画出逻辑图，如图 5-18 所示。

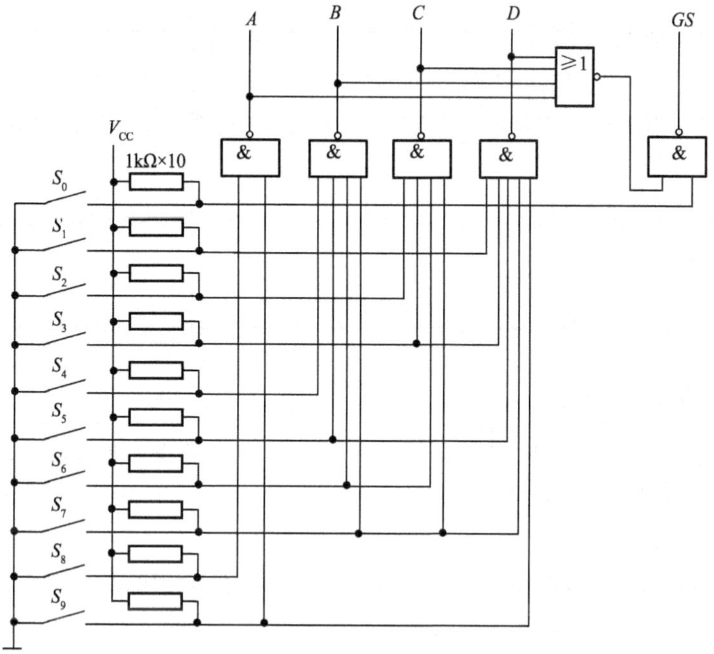

图 5-18　8421BCD 码编码器逻辑图

其中 GS 为控制使能标志，当按下 S_0 ~ S_9 任意一个键时，$GS=1$，表示有信号输入；当 S_0 ~ S_9 均没按下时，$GS=0$，表示没有信号输入，此时的输出代码 0000 为无效代码。

3. 优先编码器

以上所述编码器每次只允许一个输入信号，否则会引起混乱。实际应用中，常常出现两个或多个输入端同时有信号的情况，比如计算机的中断系统。此时要求编码器允许多个信号同时有效，并按优先级别，按次序编码。能够实现这种功能的编码器称优先编码器。

74LS148 是一种常用的 8 线 - 3 线优先编码器。其功能如表 5-18 所示，其中 I0 ~ I7 为编码输入端，低电平有效。A0 ~ A2 为编码输出端，也为低电平有效，即反码输出。其他功能如下：

① E_1 为使能输入端，低电平有效。

② 优先顺序为 $I_7 \rightarrow I_0$，即 I_7 的优先级最高，然后是 I_6、I_5、…、I_0。

③ GS 为编码器的工作标志，低电平有效。

④ E_0 为使能输出端，高电平有效。

表 5-18　74LS148 优先编码器真值表

输			入						输		出		
E_I	I_0	I_1	I_2	I_3	I_4	I_5	I_6	I_7	A_2	A_1	A_0	GS	E_O
1	×	×	×	×	×	×	×	×	1	1	1	1	1
0	1	1	1	1	1	1	1	1	1	1	1	1	0
0	×	×	×	×	×	×	×	0	0	0	0	0	1
0	×	×	×	×	×	×	0	1	0	0	1	0	1
0	×	×	×	×	×	0	1	1	0	1	0	0	1

续表

输入									输出				
E_I	I_0	I_1	I_2	I_3	I_4	I_5	I_6	I_7	A_2	A_1	A_0	GS	E_O
0	×	×	×	×	0	1	1	1	0	1	1	0	1
0	×	×	×	0	1	1	1	1	1	0	0	0	1
0	×	×	0	1	1	1	1	1	1	0	1	0	1
0	×	0	1	1	1	1	1	1	1	1	0	0	1
0	0	1	1	1	1	1	1	1	1	1	1	0	1

（三）译码器

译码是编码的逆过程，即将二进制码按编码时的原意，转换为相应的信息状态。实现译码功能的电路称为译码器。

1. 二进制译码器

将二进制代码译成对应输出信号的数字电路，称为二进制译码器。

例如，两位二进制译码器是将输入的两位二进制代码译成 4 个输出信号，又称 2 线-4 线（2/4）译码器。

译码电路的设计过程如下：

① 列出译码器的状态表。输入、输出与编码器相反，两位二进制译码器逻辑状态如表 5-19 所示。

表 5-19 两位二进制译码真值表

A_1	A_0	Y_3	Y_2	Y_1	Y_0
0	0	0	0	0	1
0	1	0	0	1	0
1	0	0	1	0	0
1	1	1	0	0	0

② 由状态表写出逻辑表达式

$$Y_0 = \overline{A_1}\ \overline{A_0} \qquad Y_1 = \overline{A_1}A_0$$

$$Y_2 = A_1\ \overline{A_0} \qquad Y_3 = A_1A_0$$

③ 由逻辑式画出逻辑图，如图 5-19 所示

2. 二-十进制译码器

二-十进制译码器是将 4 位 BCD 代码译成 10 个高、低电平输出信号，又称 4 线-10 线（4/10）译码器。

图 5-20 是集成电路二-十进制译码器 74LS42 引脚排列图。该电路有 4 个输入端 $A_0 \sim A_3$，10 个输出端。

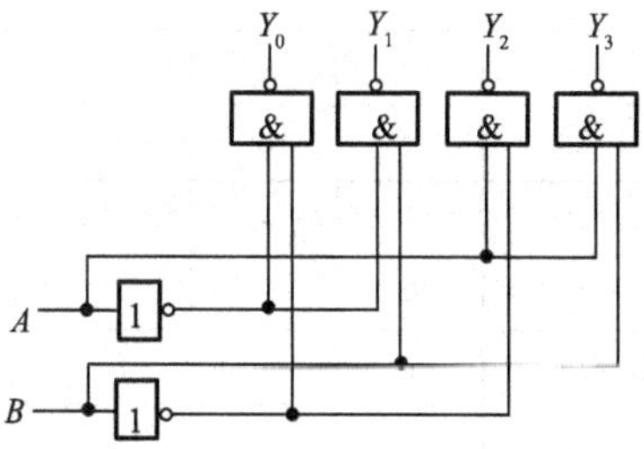

图 5-19　2 线-4 线译码器逻辑图

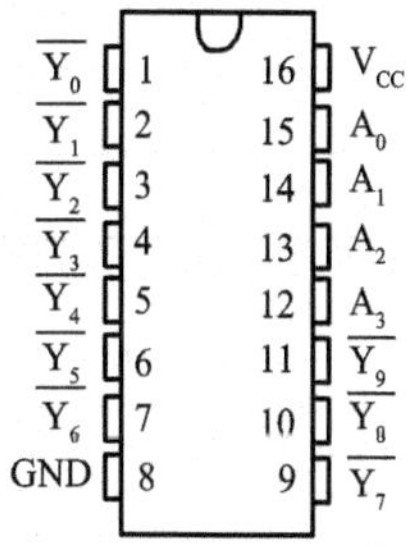

图 5-20　74LS42 二-十进制译码器

当输入一个 8421BCD 码，就会在它所表示的十进制数的对应输出端产生一个低电平有效信号。当输入的是非法码（在 8421BCD 码中，1010 ~ 1111 不代表任何数，称为伪码，属于非法码），$Y_0 \sim Y_9$ 均不能产生低电平信号，即译码器具有拒绝非法码的功能。

3. 显示译码器

数字译码显示电路一般由译码器、驱动器和显示器等组成。

在数字系统中，常常要把数据或字符直观地显示出来，这就需要用显示译码器驱动显示器件来实现。显示译码器随显示器件的类型而变。最常用的显示译码器是直接驱动数码管的七段显示译码器。

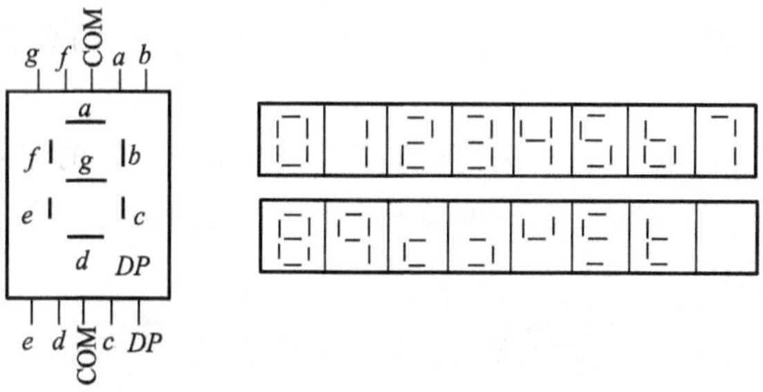

（a）显示器　（b）段组合图

图 5-21　七段数字显示器及发光段组合图

七段数字显示器就是将七个发光二极管（加小数点为八个）按一定的方式排列起来，如图 5-21 所示，七段 *a*、*b*、*c*、*d*、*e*、*f*、*g*（小数点 *DP*）各对应一个发光二极管，利用不同发光段的组合，显示不同的阿拉伯数字。

按内部连接方式不同，七段数字显示器分为共阴极和共阳极两种，如图 5-22 所示。

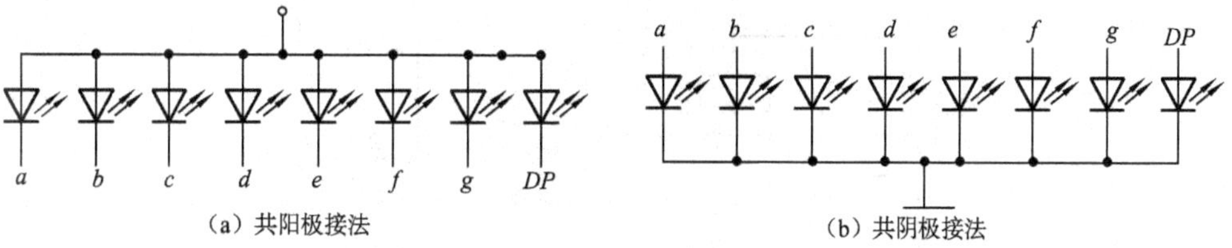

（a）共阳极接法　（b）共阴极接法

图 5-22　半导体数字显示器的内部接法

半导体显示器的优点是工作电压较低（1.5 ~ 3V）、体积小、寿命长、亮度高、响应速度快、工作可靠性高。缺点是工作电流大，每个字段的工作电流约为 10mA。

驱动七段数码管的是与之对应的 8421BCD 七段显示译码器。

输入一个 4 位 8421 码，经七段显示译码器输出数码管各段的驱动信号，控制显示相应的十进制数。若驱动共阳极 LED 管，则七段显示译码器的逻辑状态如表 5-20 所示，可得逻辑关系式，进而画出逻辑图。

表 5-20 8421 七段译码器译码表（共阳极 LED）

D_3	D_2	D_1	D_0	$\overline{F}_a$	$\overline{F}_b$	$\overline{F}_c$	$\overline{F}_d$	$\overline{F}_e$	$\overline{F}_f$	$\overline{F}_e$	显示字符
0	0	0	0	0	0	0	0	0	0	1	0
0	0	0	1	1	0	0	1	1	1	1	1
0	0	1	0	0	0	1	0	0	1	0	2
0	0	1	1	0	0	0	0	1	1	0	3
0	1	0	0	1	0	0	1	1	0	0	4
0	1	0	1	0	1	0	0	1	0	0	5
0	1	1	0	0	1	0	0	0	0	0	6
0	1	1	1	0	0	0	1	1	1	1	7
1	0	0	0	0	0	0	0	0	0	0	8
1	0	0	1	0	0	0	0	1	0	0	9

五、时序逻辑电路

组合逻辑电路的输出状态仅取决于当时的输入状态，而时序逻辑电路则不同，它的输出状态不仅取决于当时的输入状态，还与电路的原来状态有关，也就是说，时序逻辑电路具有记忆功能。

组合电路的基本单元是门电路，时序电路的基本单元是触发器。

（一）双稳态触发器

基本 RS 触发器

（1）电路结构

与非门组成的基本 RS 触发器的结构如图 5-23 所示。

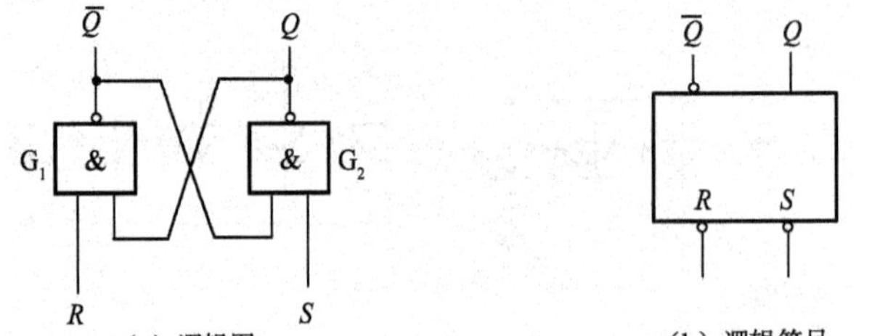

（a）逻辑图 （b）逻辑符号

图 5-23 与非门组成的基本 RS 触发器

如图 5-23 所示，电路由两个与非门的输入输出端交叉耦合。它与组合电路的根本区别在于电路中有反馈线。

它有二个输入端 R、S，有两个输出端 Q、$\overline{Q}$。一般情况下，Q、$\overline{Q}$ 是互补的。

定义：当 $Q=1$，$\overline{Q}=0$ 时，称为触发器的 1 状态；

当 $Q=0$，$\overline{Q}=1$ 时，称为触发器的 0 状态。

（2）逻辑功能表

基本触发器的逻辑功能表如表 5-21 所示。

表 5-21　基本触发器的逻辑功能表

R	S	Q_2	Q_{n+1}	功能说明
0 0	0 0	0 1	× ×	不稳定状态
0 0	1 1	0 1	0 0	置 0（复位）
1 1	0 0	0 1	1 1	置 1（置位）
1 1	1 1	0 1	0 1	保持原状态

可见，触发器的新状态 Q_{n+1}（也称次态）不仅与输入状态有关，也与触发器原来的状态 Q_n（也称现态或初态）有关。

触发器的特点：

① 有两个互补的输出端，有两个稳态。

② 有复位（$Q=0$）、置位（$\overline{Q}=1$）、保持原状态三种功能。

③ R 为复位输入端，S 为置位输入端，该电路为低电平有效。

④ 由于反馈线的存在，无论是复位还是置位，有效信号只须作用很短的一段时间，即“一触即发”。

（二）可控 RS 触发器

在实际应用中，触发器的工作状态不仅要由 R、S 端的信号来决定，而且还希望触发器按一定的节拍翻转。为此，给触发器加一个时钟控制端 CP，只有在 CP 端上出现时钟脉冲时，触发器的状态才能变化。具有时钟脉冲控制的触发器状态的改变与时钟脉冲同步，所以称为可控触发器。

1. 可控 RS 触发器

可控 RS 触发器的电路结构如图 5-24 所示。

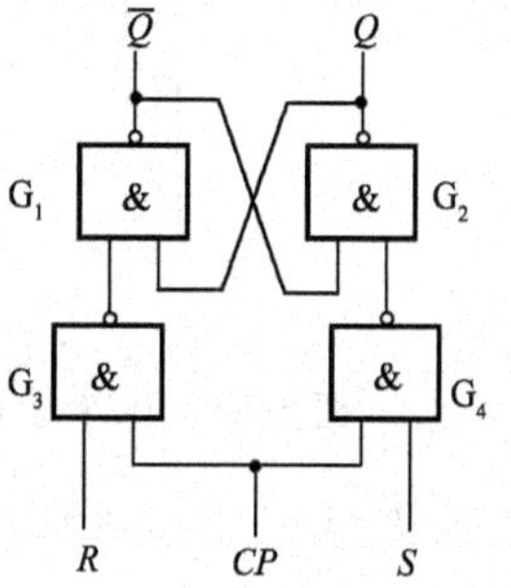

（a）逻辑图

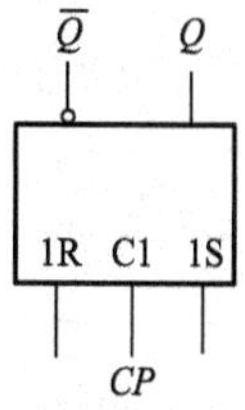

（b）逻辑符号

图 5-24　可控 RS 触发器

2. 逻辑功能

当 $CP=0$ 时，控制门 G_3、G_4 关闭，都输出 1。这时，不管 R 端和 S 端的信号如何变化，触发器的状态都保持不变。

当 $CP=1$ 时，G_3、G_4 打开，R、S 端的输入信号才能通过这两个门，使基本 RS 触发器的状态翻转，其输出状态由 R、S 端的输入信号决定，如表 5-22 所示。

表 5-22　可控 RS 触了器的功能表

R	S	Q_2	Q_{n+1}	功能说明
0	0	0	0	保持原状态
0	0	1	1	
0	1	0	1	输出状态与 S 状态相同
0	1	1	1	
1	0	0	0	输出状态与 S 状态相同
1	0	1	0	
1	1	0	×	输出状态不稳定
1	1	1	×	

由此可以看出，可控 RS 触发器的状态转换分别由 R、S 和 CP 控制，其中 R、S 控制状态转换的方向，即转换为何种次态；CP 控制状态转换的时刻，即何时发生转换。

（三）JK 触发器

同步触发器存在的最大问题是空翻，在一个时钟周期的整个高电平期间或整个低电平期间都能接收输入信号，并改变状态的触发方式称为电平触发。由此引起的在一个时钟脉冲周期中，触发器发生多次翻转的现象叫做空翻。空翻是一种有害的现象，它使得时序电路不能按时钟节拍工作，造成系统的误动作。

造成空翻现象的原因是可控触发器结构的不完善，可从解发器的很好解决这个问题。主从触发器由两级触发器构成，其中一级直接接收输入信号，称为主触发器，另一级接收主触发器的输出信号，称为从触发器。两级触发器的时钟信号互补，从而有效地克服了空翻。

主从 JK 触发器的逻辑功能与 RS 触发器的逻辑功能基本相同，不同之处是 JK 触发器没有约束条件，在 $J=K=1$ 时，每输入一个时钟脉冲后，触发器向相反的状态翻转一次。图 5-25 为 Jk 触发器的逻辑符号，表 5-23 为 JK 触发器的功能表。

表 5-23　JK 触发器的功能表

J	K	Q_{n+1}
0	0	Q_n
0	1	0
1	0	1
1	1	$\overline{Q_n}$

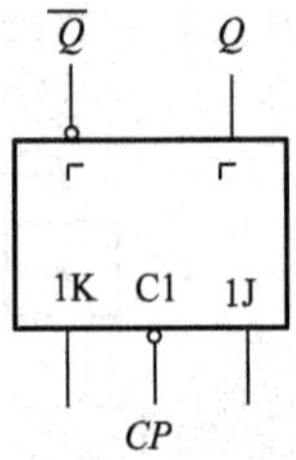

图 5-25　JK 触发器的逻辑符号

例 5-4　设主 JK 触发器的初始状态为 0，已知输入 J、K 的波形图如图 5-26 所示，画出输出 Q 的波形图。

解： Q 的波形如图 5-26 所示。

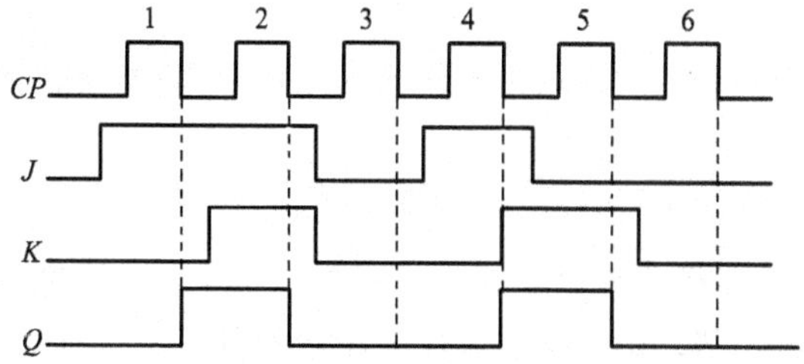

图 5-26　例 5-4 波形图

在画主从触发器的波形图时，应注意以下两点：

① 触发器的触发翻转发生在时钟脉冲的触发沿（这里是下降沿）。

② 在 $CP=1$ 期间，如果输入信号的状态没有改变，判断触发器次态的依据是时钟脉冲下降沿前一瞬间输入端的状态。

（四）D 触发器

主从 JK 触发器存在的主要问题是一次变化现象。边沿触发器不仅将触发器的触发翻转控制在 CP 触发沿到来的一瞬间，而且将接收输入信号的时间也控制在 CP 触发沿到来的前一瞬间。因此，边沿触发器既没有空翻现象，也没有一次变化问题，从而大大提高了触发器工作的可靠性和抗干扰能力。

如图 5-27 所示，D 触发器只有一个触发输入端 D，因此，逻辑关系非常简单，如表 5-24 所示。

D 触发器的特性方程为：$Q_{n+1}=D$

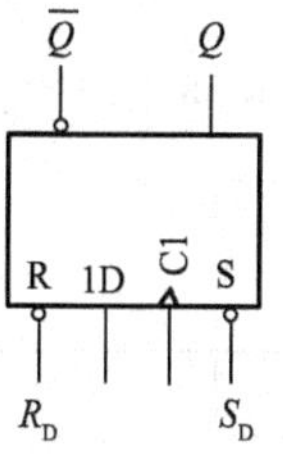

图 5-27　D 触发器的逻辑符号

表 5-24　D 触发器的功能表

D	Q_n	Q_{n+1}	功能说明
0	0	0	输出状态与 D 状态相同
0	1	0	
1	0	1	
1	1	1	

六、寄存器

寄存器是一种重要的数字电路元件，常用来暂时存放数据、指令等。寄存器由若干触发器组成，一个触发器只能存放一位二进制数，n 位二进制代码要用 n 个触发器构成的 n 位寄存器储存。

（一）数码寄存器

图 5-28 所示为由 D 触发器组成的 4 位数码寄存器。由图可知，它采用了并行输入并行输出的方法。

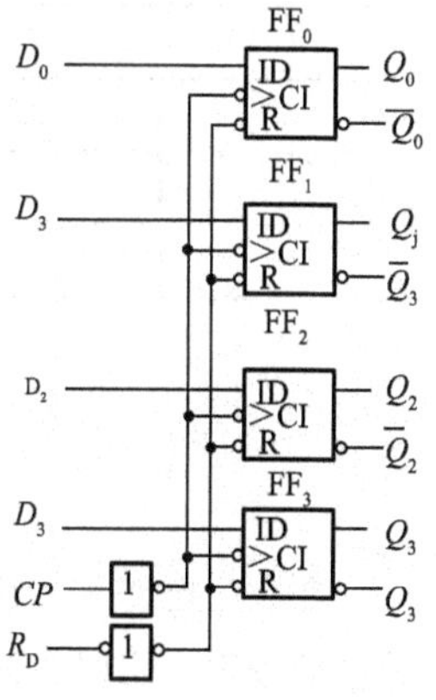

图 5-28　数码寄存器

1. 清除数码

从 $\overline{R}_d$ 一端输入负脉冲即 $\overline{R}_d=0$，则四个触发器全部清零，即 $Q_3Q_2Q_1Q_0=0000$。在清零后接高电平，即 $\overline{R}_d=1$。

2. 寄存数码

当在 CP 上升沿时寄存器接受数码。加入要寄存一个 4 位二进制数 $D_3D_2D_1D_0=1101$。将数码 1101 加到对应数码输入端，CP 上升沿时，各触发器 $Q_{n+1}=\mathrm{D}$，则 $Q_3Q_2Q_1Q_0=D_3D_2D_1D_0=1101$。

3. 保存数码

当 CP 处于低电平即 $CP=0$ 时，各触发器处于保持状态，$Q_3Q_2Q_1Q_0$ 数值不变。

（二）移位寄存器

移位寄存器不仅具有存放数码的功能，而且还有移位的功能。所谓移位就是每当一个时钟脉冲到来时触发器的状态向左或向右移一位。

图 5-29 所示为由 D 触发器组成的 4 位单向右移寄存器。数码由 D_1 输入，由 D0 输出，由图可知，它采用了串行输入和串行输出的方法。

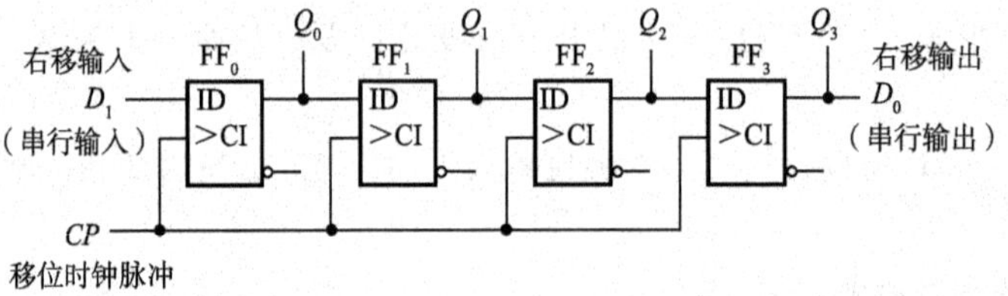

图 5-29 单向右移寄存器

从 D_i 端串行输入 4 位二进制数，$A_3A_2A_1A_0$（如 1101）。在 CP 脉冲作用下，寄存器中数码的移动情况如表 5-25 所示。

表 5-25 移位寄存器状态表

移位脉冲个数	移位寄存器状态				工作过程
	Q_3	Q_2	Q_1	Q_0	
0	0	0	0	0	清零
1	0	0	0	1	右移 1 位
2	0	0	1	1	右移 2 位
3	0	1	1	0	右移 3 位
4	1	1	0	1	右移 4 位

七、计数器

在数字电路和计算机中，计数器是最基本的部件之一，它能累计输入脉冲的个数。当输入脉冲的频率一定时，又可作为定时器使用。计数器可以进行加法计数，也可以进行减法计数。以进位制来分，有二进制计数器和十进制计数器等。

（一）二进制计数器

由于双稳态触发器具有 0 和 1 两种状态，而二进制也只有 0 和 1 两个数码，所以一个触发器可以代表一位二进制数。n 个触发器可以表示 n 位二进制数。

二进制计数器又分二进制加法计数器和二进制减法计数器，按照时钟脉冲 CP 的连接方式又分同步计数器和异步计数器。

图 5-30 所示为由 4 个下降沿触发的 JK 触发器组成的 4 位异步二进制加法计数器的逻辑图。最低位触发器 FF_0 的时钟脉冲输入端接计数脉冲 CP，其他触发器的时钟脉冲输入端接相邻低位触发器的 Q 端。

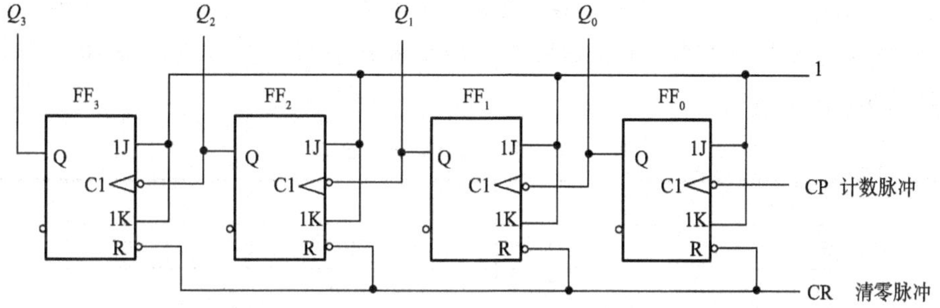

图 5-30　异步二进制加法计算器

由于该电路的连线简单且规律性强，无须用前面介绍的分析步骤进行分析，只需作简单的观察与分析就可画出时序波形图或状态图，这种分析方法称为“观察法”。

用“观察法”作出该电路的时序波形图如图 5-31 所示，状态图如图 5-32 所示。由状态图可见，从初态 0000（由清零脉冲所置）开始，每输入一个计数脉冲，计数器的状态按二进制加法规律加 1，所以是二进制加法计数器（4 位）。又因为该计数器有 0000 ~ 1111 共 16 个状态，所以也称 16 进制（1 位）加法计数器或模 16（M = 16）加法计数器。

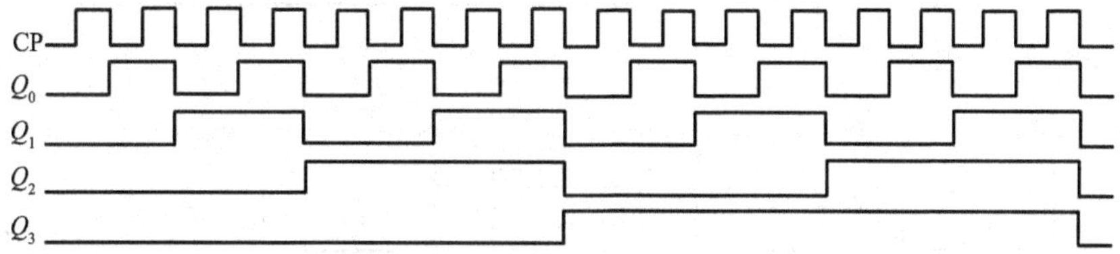

图 5-31　图 5-32 电路的时序图

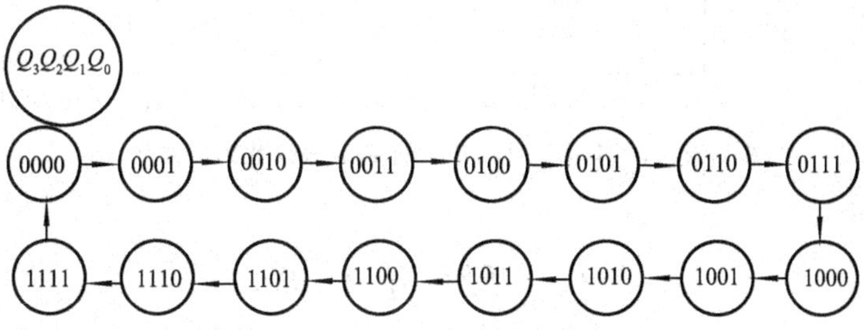

图 5-32　图 5-31 所示电路的状态图

另外，从时序图可以看出，Q_0、Q_1、Q_2、Q_3 的周期分别是计数脉冲（CP）周期的 2 倍、4 倍、8 倍、16 倍，也就是说，Q_0、Q_1、Q_2、Q_3 分别对 CP 波形进行了二分频、四分频、八分频、十六分频，因而计数器也可作为分频器。

异步二进制计数器结构简单，改变级联触发器的个数，可以很方便地改变二进制计数器的位数，n 个触发器构成 n 位二进制计数器或 2n 分频器。

若计数器的输出端在计数脉冲到来之后同时完成状态的变换则称同步计数器。显然，同步计数器的工作速度高于异步计数器。

（二）十进制计数器

为符合人们的日常习惯，常常在某些场合采用十进制计数器。若用 8421BCD 码表示十进制数，计数时，在计数器为 1001（9）之后再来一个脉冲应变为 0000，即每 10 个脉冲循环，如表 5-26 所示。

表 5-26　十进制计数器状态表

计数脉冲数	现态				次态				十进制数
	Q_3^n	Q_2^n	Q_1^n	Q_0^n	Q_3^{n+1}	Q_2^{n+1}	Q_1^{n+2}	Q_0^{n+1}	
0	0	0	0	0	0	0	0	1	0
1	0	0	0	1	0	0	1	0	1
2	0	0	1	0	0	0	1	1	2
3	0	0	1	1	0	1	0	0	3
4	0	1	0	0	0	1	0	1	4
5	0	1	0	1	0	1	1	0	5
6	0	1	1	0	0	1	1	1	6
7	0	1	1	1	1	0	0	0	7
8	1	0	0	0	1	0	0	1	8
9	1	0	0	1	0	0	0	0	9

逻辑图如图 5-33 所示。

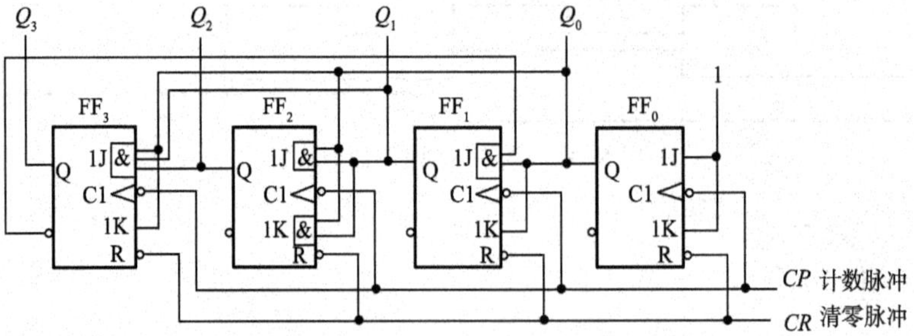

图 5-33　8421BCD 码同步十进制加法计数器的逻辑图

八、555 定时器

555 定时器是一种多用途的单片中规模集成电路。该电路使用灵活、方便，只需外接少量的阻容元件就可以构成单稳、多谐和施密特触发器。因而在波形的产生与变换、测量与控制、家用电器和电子玩具等许多领域中都得到了广泛的应用。

目前生产的定时器有双极型（TTL 型）和单极型（CMOS 型）两种，其型号分别有 NE555（或 5G555）和 C7555 等多种。通常，双极型产品型号最后的三位数码都是 555，单极型产品型号的最后四位数码都是 7555，它们的结构、工作原理以及外部引脚排列基本相同。

一般双极型定时器具有较大的驱动能力，而单极型定时电路具有低功耗、输入阻抗高等优点。555 定时器工作的电源电压很宽，并可承受较大的负载电流。双极型定时器电源电压范围为 5 ~ 16V，最大负载电流可达 200mA；单极型定时器电源电压变化范围为 3 ~ 18V，最大负载电流在 4mA 以下。

1. 555 定时器的电路结构与工作原理

（1）555 定时器的电路结构

555 定时器是一种模拟电路和数字电路相结合的中规模集成电路，其内部结构及电路符号如图 5-34 所示。它由分压器、比较器、基本 RS 触发器和放电三极管等部分组成。

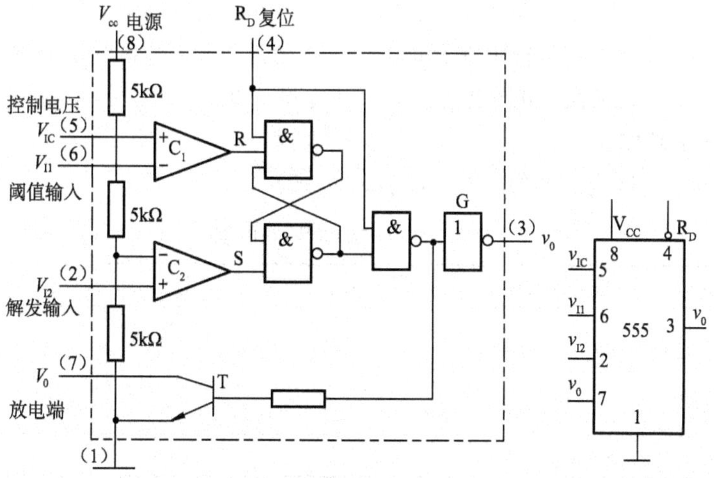

（a）原理图　　（b）电路符号

图 5-34　555 定时器的电气原理图和电路符号

① 由三个阻值为 5kΩ 的电阻组成的分压器；

② 两个电压比较器 C_1 和 C_2：

$$V+>V-，V_o=1；$$

$$V+<V-，V_o=0。$$

③ 基本 RS 触发器；

④ 放电三极管 T 及缓冲器 G。

（2）工作原理

当 5 脚悬空时，比较器 C_1 和 C_2 的比较电压分别为 $\frac{2}{3}V_{CC}$ 和 $\frac{1}{3}V_{CC}$。

① 当 $V_{D1}>\frac{2}{3}V_{CC}$，$V_{D2}>\frac{1}{3}V_{CC}$ 时，比较器 C_1 输出低电平，C_2 输出高电平，基本 RS 触发器被置 0，放电三极管 T 导通，输出端为低电平。

② 当 $V_{D1} < \frac{2}{3}V_{CC}$，$V_{D2} < \frac{1}{3}V_{CC}$时，比较器 C1 输出高电平，C2 输出低电平，基本 RS 触发器被置 1，放电三极管 T 截止，输出端为高电平。

③ 当 $V_{D1} < \frac{2}{3}V_{CC}$，$V_{D2} < \frac{1}{3}V_{CC}$时，比较器 C1 输出高电平，C2 也输出高电平，基本 RS 触发器 $R=1$，$S=1$，触发器状态有变，电路亦保持原状态不变。

由于阈值输入端（V_{I1}）为高电平（$>\frac{2}{3}V_{CC}$）时，定时器输出低电平，因此也将该端称为高触发端（TH）。

因为触发输入端（V_{I2}）为低电平（$<\frac{1}{3}V_{CC}$）时，定时器输出高电平，因此也将该端称为低触发端（TL）。

如果在电压控制端（5 脚）施加一个外加电压（其值在 $0 \sim V_{CC}$之间），比较器的参考电压将发生变化，电路相应的阈值、触发电平也将随之变化，并进而影响电路的工作状态。

另外，R_D 为复位输入端，当 RD 为低电平时，不管其他输入端的状态如何，输出 V_0 均为低电平，即 RD 的控制级别最高。正常工作时，一般应将其接高电平。

2. 555 定时器的功能表

由上述分析可得 555 定时器的功能表如表 5-27 所法。

表 5-27　555 定时器功能表

阈值输入（V_{I1}）	解发输入（V_{I2}）	复位（R_D）	输出（V_D）	放电管 T
×	×	0	0	导通
$<\frac{2}{3}V_{CC}$	$<\frac{1}{3}V_{CC}$	1	1	截止
$>\frac{2}{3}V_{CC}$	$>\frac{1}{3}V_{CC}$	1	0	导通
$<\frac{2}{3}V_{CC}$	$>\frac{1}{3}V_{CC}$	1	不变	不变

3. 555 定时器的应用

外接少量元件，555 定时器便可构成多种实用电路。如图 5-35 所示分别为由 555 定时器构成的多谐振荡器、单稳态触发器及施密特触发器电路。

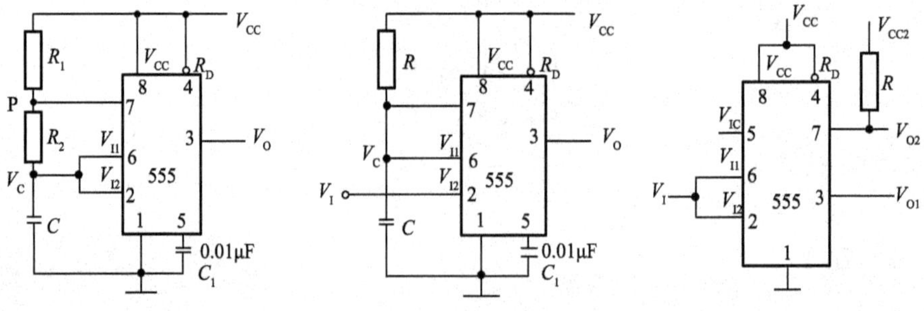

(a) 多谐振荡器　(b) 单稳态解发器　(c) 施密特解发器

图 5-35　555 定时器的应用

由 555 组成的汽车电路

图 5-36 所示为由 555 组成的汽车前大灯自动闪烁控制电路。汽车夜晚行驶时，若前方有相向来的车，一般来说，司机总要使前大灯明暗交替变化，本控制器可实现前大灯的启动点亮和熄灭。

接通电源时，由于 C1 上的电压不能突变，使 555 置位，J 吸合，使前灯 H1、H2 一直点亮。当行车前方有相向汽车开来，有车灯灯光照射时，光敏管呈低阻，VT2 处于导通状态，此时电容 C1 有了放电回路（通过 555 内部的放电管），因而 555 和 VT1、RP1、VT2、C1 组成一个多谐振荡器，它的输出控制 J 随其振荡周期吸合或释放，使前大灯忽明忽暗，闪烁发光。

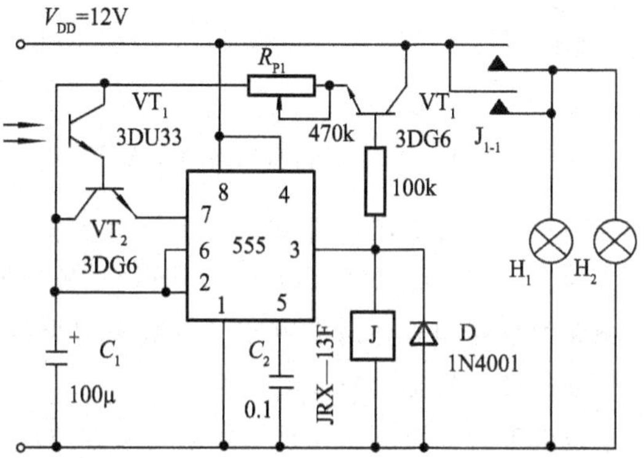

图 5-36　555 组成的汽车前大灯自动闪烁控制电路

任务实施

汽车水箱水位过低报警器的制作

通过该任务的实施，主要使学生理解非门构成的多谐振荡器工作原理及在汽车电子电路中应用。使学生掌握电平控制蜂鸣器电路结构和工作原理及工作过程。使学生掌握识读电路图，并动手连接电路。

（一）电路原理与分析

1. 电平控制蜂鸣器电路

电平控制蜂鸣器电路主要由两个 CMOS 反相器（CD4069 中的两个非门）组成的。当开关 S 闭合时，由于 A 点被固定在低电平，所以 B 点也为低电平，蜂鸣器 HTD 不鸣叫。当开关 S 断开时，A 点悬空，振荡开始工作，蜂鸣器发出鸣叫音，如图 5-37 所示。

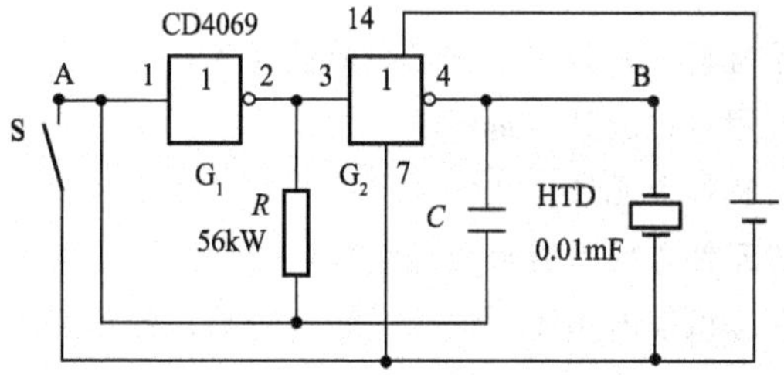

图 5-37　电平控制蜂鸣器电路

2. 汽车水箱水位过低报警器电路及工作原理

如图 5-38 所示该报警器由铜棒探测器、六非门 CO33（IC）、发光二极管 LED、压电陶瓷片 HTD、电源等组成。

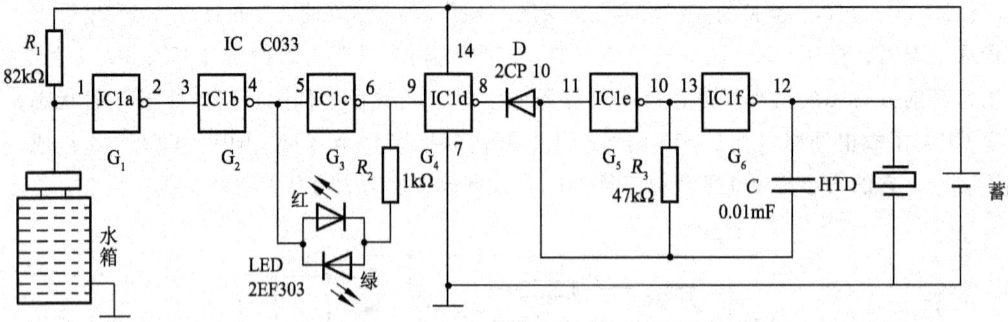

图 5-38　汽车水箱水位报警器电路

压电陶瓷片是一种结构简单、轻巧的电声器件，用于超声波和次声波的发射和接收，工作原理是利用压电效应的可逆性，在其上施加音频电压，就可产生机械振动，从而发出声音。

探测器放入水箱内，铜棒的半径因具体情况而定，一般选用半径为 2 毫米的漆包线。探测器的下端置于水箱最低水位处，且不与接地的水箱体接触。

当水箱水位处于最低水位以下时，探测器与水箱体之间呈开路状态，结果使反相器 IC1a 的输入端为高电平，相应 IC1c 的输出端为低电平，LED 中的红灯亮，指示水箱水位已处于最低水位以下。同时，IC1d 输出高电平，使二极管 D 截止，IC1e 和 IC1f 组成的振荡器工作，其输出信号促使 HTD 发出声响报警。

当水箱内水位正常（最低水位以上）时，探测器与水箱体之间的电阻较小，结果 IC1a 的输入端为低电平，相应 IC1c 输出高电平，LED 中的绿灯变亮，指示水位正常。同时 IC1d 输出低电平使 D 导通，相应 IC1e 和 IC1f 组成的振荡器停振，HTD 不发声，电路不发生报警。汽车水箱中的水量减少，将直接影响汽车正常安全行驶，而该报警器恰能在水箱水位处于最低水位以下时发出声光报警，及时提醒驾驶员加水，避免事故发生。

（二）元件清单、设备与测试仪表

① 元件清单：CD4069 六反相器，压电陶瓷蜂鸣器（型号为 HTD－27A－1），一根铜线（直径 2mm 的漆包线），82kΩ 电阻 1 个，47kΩ 电阻 1 个，1kΩ 电阻 1 个，0.01mF 电容 1 个、发光二极管红/绿各 1 只，导线若干。

② 测试仪表：万用表、示波器。

（三）操作步骤

① 各个组长领取产品材料，并分配下发组内成员任务。

② 识别元件并利用万用表检测其质量好坏；

③ 选用工具、正确安装各个元件，注意合理摆放元件及工具；

④ 各小组讨论电路的元件布局是否合理及制作流程；

⑤ 进行电路连接，训练识读电路图、组装报警器电路，并填写工作记录。

⑥ 总结、测试电路功能并查找故障、评价产品性能与质量。

拓展知识

门锁控制电路

现代轿车都装有门锁装置，为了防止驾驶员将钥匙忘在点火开关内而下车关门，专门设计了门锁控制电路。图 5-39 所示为门锁控制电路。

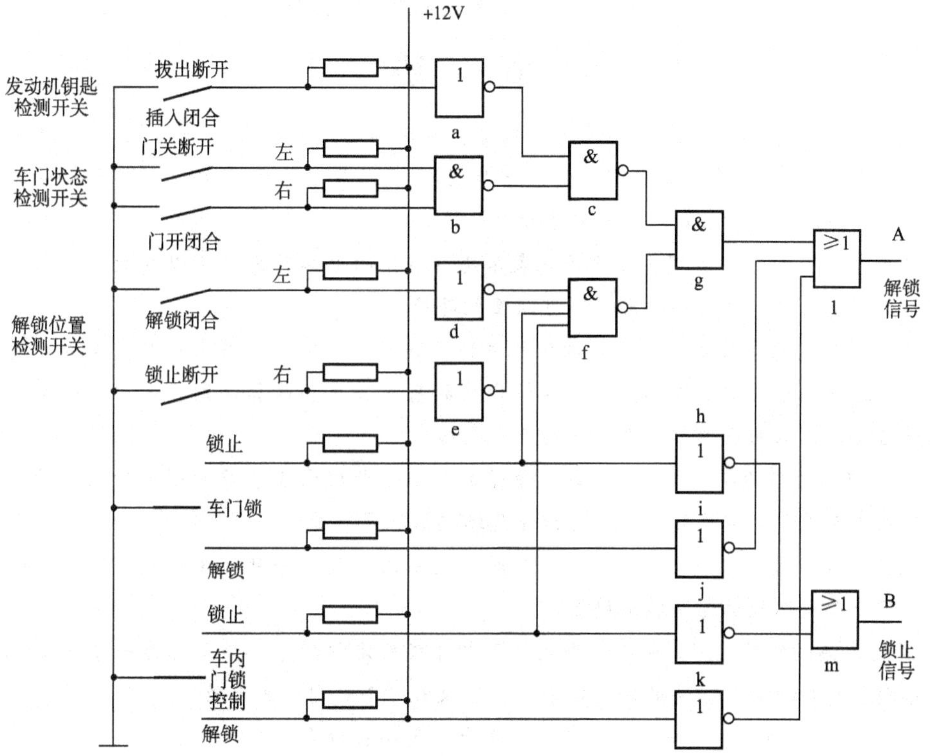

图 5-39　门锁控制电路

电路由非门、与门、与非门和或门电路组成。输人信号包括：发动机钥匙检测开关，钥匙插入点火开关内为闭合，拔出为断开；车门状态检测开关，车门打开为闭合，车门关闭为断开；解锁位置检测开关，处于解锁位置为闭合，处于锁止位置为断开；车门钥匙的锁止位置和开锁位置；车内门锁控制开关的锁止位置和开锁位置。

在正常情况下，当驾驶员拔出发动机钥匙，准备锁车时．发动机钥匙检测开关断开，非门 a 输入高电平，输出低电平。与门 c、g 均输出低电平，控制解锁信号 A 的或门 1 的状态完全由车门锁或车内门锁控制开关实现控制。当车门锁插入钥匙旋向锁止位置时，非门 h 输入低电平，输出高电平；控制锁止信号的或门 m 输出高电平，发出锁止信号 B。

相反，当车门钥匙旋向解锁位置时，非门 i 输入低电平，输出高电平；控制解锁信号的或门 1 输出高电平，发出解锁信号 A。与此相似，当车内门锁控制开关被扳向锁止或解锁位置时，或门 m 或 1 也会发出相应的锁止信号 B 和解锁信号 A。

当车门未关好，准备锁车时，由于车门状态检测开关中的一个必为闭合状态，与非门 b 有一个输入为低电平，所以输出为高电平，相应地使与门 c、g 均输出高电平，控制或门 1 输出高电平，发出解锁信号 A，使得车门无法锁止，提醒驾驶员车门未关好。

当解锁时，如果解锁装置没有到位，开关断开，解锁位置检测开关输入为高电平，非门 d、e 中有一个输出为低电平，或门 f 输出为高电平，与门 g 输出为高电平，或门 1 输出为高电平，发出解锁信号 A，使解锁过程到位。

当驾驶员将发动机钥匙遗忘在点火开关内，准备锁车时，发动机钥匙检测开关闭合，非门 a 输入低电平，输出高电平，使得与门 c、g 均输出高电平（其他开关均正常），或门 1 输出高电平，发出解锁信号 A，不能锁止车门，提醒驾驶员钥匙遗忘在车内。

小　　结

1. 逻辑门电路是构成数字电路的基本单元，最简单的门电路有“与门”、“或门”和“非门”，由基本逻辑门可组合成复合门，如“与非门”、“或非门”和“异或门”等。逻辑门的逻辑关系可用真值表、逻辑函数符号等来表示。

2. 二进制数只有 2 个数码，便于用来表示两种不同的电路状态，所以在数字电路中得到广泛应用。二进制数与十制数按一定规则可以互相转换。

3. 逻辑函数的化简方法有逻辑代数化简法和卡诺图化简法（本书末涉及）两种。逻辑代数是研究数字逻辑电路的重要工具，利用逻辑代数的基本公式和运算法则，可以将一个复杂的逻辑函数进行化简，从而设计出简单合理的逻辑电路。

4. 组合逻辑电路的特点是在任何时刻电路的输出信号仅取决于该时刻的输入信号，而与电路原来的状态无关。最常用的组合电路器件是编码器和译码器。

5. 将若干个 0 和 1 按一定规律编排在一起编成不同代码，并且赋予代码一定含义的过程叫编码，能完成编码功能的电路叫编码器。

6. 译码是骗码的反过程，它将二进制代码翻译成给定的数字。译码器是一个多输入多输出的逻辑电路，对应于输入信号的任一组态，一般仅有一个输出状态有效。

7. 显示器是译码器的终端，它将译码器输出的数字存放在数码管上直观地用十进制数反映出来。

8. 触发器是数字电路中的基本单元电路，它有两个稳定状态，在外界信号作用下，电路的状态发生翻转；外界信号消失后，电路的状态保持不变，因此它具有存储和记忆信息的功能。

9. 触发器的逻辑功能和结构形式是两个不同的概念。所谓逻辑功能是指触发器的次态输出和现态及输入信号的关系。根据逻辑功能，触发器分为 RS、JK、D、T 等类型，其中 JK 触发器功能最齐全，通用性强，应用最广泛。

习　　题

一、填空题

1. 在计算机内部，只处理二进制数；二制数的数码为________、________两个；写出从 $(000)_2$ 依次加 1 的所有 3 位二进制数：________。

2. 13 = (________)$_2$；$(5A)_{16}$ = (________) 2；$(10001100)_2$ = (________) 16。

3. 完成二进制加法 $(1011)_2+1$ = (________)$_2$。

4. 503 用 8421BCD 码表示为 (________)$_{8421BCD}$。

5. 计算机中字符也用二进制表示，写出一种字符的编码标准名称________。

6. 逻辑变量只有________、________两种取值；在正逻辑规定中分别用________、________电平表示。

7. 基本的逻辑运算是________、________、________三种；

8. 功能为有0出0，全1出1的门电路称为与门；________功能的门电路是或非门。

二、判断题

1. 数字电路中，“1”一定表示高电平，“0”一定表示低电平。(　　)

2. 编码是将二进制代码按编码时的原意转换为相应的信息状态。(　　)

3. 译码是将二进制代码按编码时的原意转换为相应的信息状态。(　　)

三、选择题

1. 对于十进制的数97转换为二进制的数为________。

A. 1100001　　B. 1000011　　C. 1100101　　D. 1100011

2. 用A和B表示或非门的两个输入端，那么或非门的输出逻辑表达式为________。

A. $F=\overline{AB}$　　B. $F=\overline{A+B}$　　C. $F=A\oplus B$　　D. $F=\overline{AB}+\overline{A}B$

3. 下列哪个符号为与门的逻辑符号________。

A. 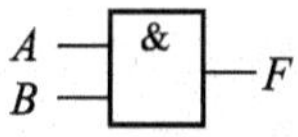

B. 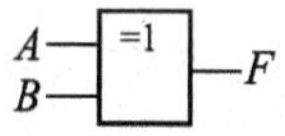

C. 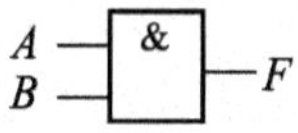

D. 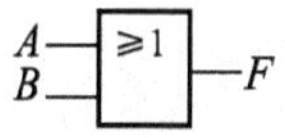

四、计算题

将（100111010001）转化为八进制数、十六进制数。

任务六　汽车常用传感器的识别与检测

学习目标

- 掌握传感器的工作原理、电路、检测方法。
- 能够读懂简单的汽车电路图，并分析传感器各插脚的含义。
- 能够借助检测仪器测量传感器的各种参数。

任务描述

车用传感器是促进汽车高档化、电子化、自动化发展的关键技术之一，目前一般汽车装有几十到近百只传感器，它们能否正常运行是汽车能否正常行驶的关键，通过对汽车常用传感器进行识别与检测，使同学们能够掌握传感器的工作原理、工作电路、并利用检测仪器设备检测和诊断传感器是否存在故障。

相关知识

传感器是指能感受特定的物理量，并按照一定规律转换成可用信号的器件或装置。简单的说，传感器即使把非电量转换成电量的装置。

汽车用传感器通常由敏感元件、转换元件及测量电路组成。敏感元件是指能直接感受被测量的部分。转换元件是指能将非电量转换成电量的部分。有些敏感元件可以直接输入电量。测量电路是指将转换元件输入的电量经过处理，以便进行显示、记录和控制的部分。

传感器的种类比较多，像我们碰到的传感器一般有：温度传感器（冷却液温度传感器，进气温度传感器）、流量传感器（空气流量传感器，燃油流量传感器）、进气压力传感器、节气门位置传感器、发动机转速传感器、车速传感器、曲轴位置传感器（点火正时传感器）、氧传感器、爆震传感器等。

下面我们以用在电控燃油喷射发动机上的传感器为例进行讲解，如表6-1所示。

表6-1　用在电控燃油喷射发动机上的传感器

传感器	使　用　目　的
空气流量传感器	测量发动机吸入的空气量，提供给ECU作为喷油时间的基准信号
进气压力传感器	反映进气歧管内的绝对压力大小的变化，是向ECU（发动机电控单元）提供计算喷油持续时间的基准信号
水温传感器	检测冷却液的温度，向ECU提供发动机温度信息
进气温度传感器	检测进气温度，提供给ECU作为计算空气密度的依据

续表

传感器	使　用　目　的
节气门位置传感器	测量节气门打开的角度，提供给 ECU 作为断油、控制燃油/空气比、点火提前角修正的基准信号
曲轴角度传感器	检测曲轴及发动机转速，提供给 ECU 作为确定点火正时及工作顺序的基准信号
氧传感器	检测排气中的氧浓度，提供给 ECU 作为控制燃油/空气比在最佳值（理论值）附近的的基准信号
爆燃传感器	安装在缸体上专门检测发动机的爆燃状况，提供给 ECU 根据信号调整点火提前角

一、空气流量传感器的识别与检测

空气流量传感器又称为空气流量计（AFM），是将吸入的空气转换成电信号送至电控单元（ECU）测量发动机吸入的空气量，作为决定喷油的基本信号之一。根据测量原理不同，可以分为旋转翼片式空气流量传感器（丰田 PREVIA 旅行车）、卡门涡游式空气流量传感器（丰田凌志 LS400 轿车）、热线式空气流量传感器和热膜式空气流量传感器四种型式。前两者为体积流量型，后两者为质量流量型。目前主要采用热线式空气流量传感器和热膜式空气流量传感器两种。

（一）空气流量传感器的安装位置

空气流量传感器一般安装在进气道上，节气门之前，空气滤清器之后，如图 6-1 所示。

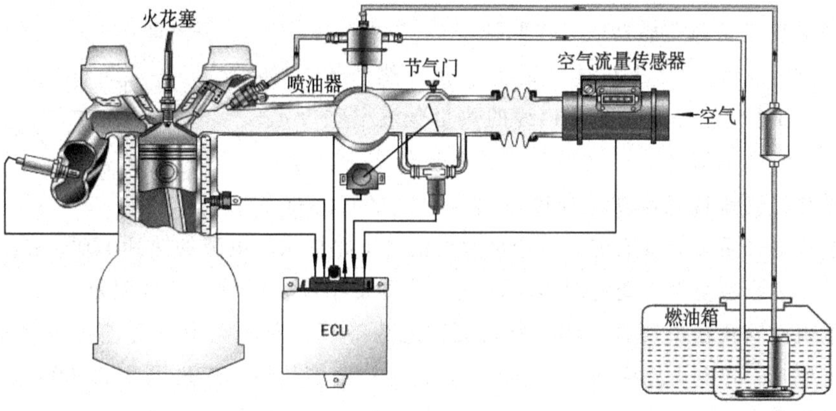

图 6-1　空气流量传感器的安装位置

（二）热线式空气流量传感器

1. 热线式空气流量传感器的特点

热线式空气流量传感器测量精度高，响应速度快，进气阻力小，不会磨损。

2. 热线式空气流量传感器的结构

热线式空气流量传感器，按其铂金热线安装位置的不同可分为主流测量方式和旁通测量方式两种。

主流测量方式热线式空气流量传感器由取样管、铂金热线、温度补偿电阻、控制线路板、连接器和防护网等组成，如图6-2所示。热线是一根直径为70pm的铂金丝，安装在取样管中，取样管则安装在主进气道的中央部位，两端有金属防护网，并用卡箍固定在壳体上。控制线路板上有六端子插座与发动机ECU连接，用于输入信号。

旁通测量方式热线式空气流量传感器与主流测量方式热线式空气流量传感器的主要区别是，它把铂金热线和补偿电阻（冷线）安装在旁通空气道上，热线和温度补偿电阻用铂线缠绕在陶瓷螺旋管上，如图6-3所示。

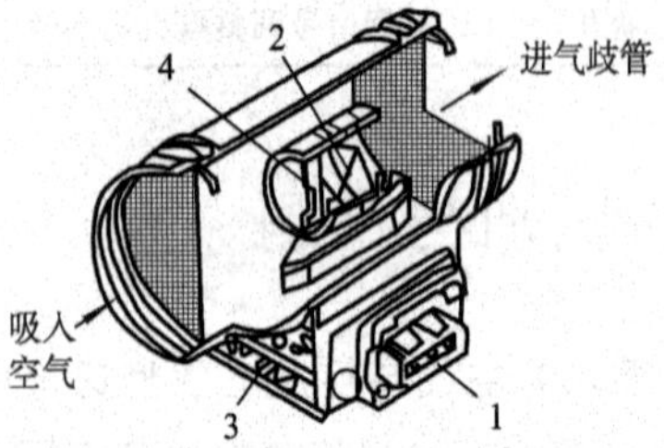

图6-2 热线式空气流量传感器（主流测量方式）
1—连接器；2—铂金热线；
3—控制线路板；4—温度补偿电阻器

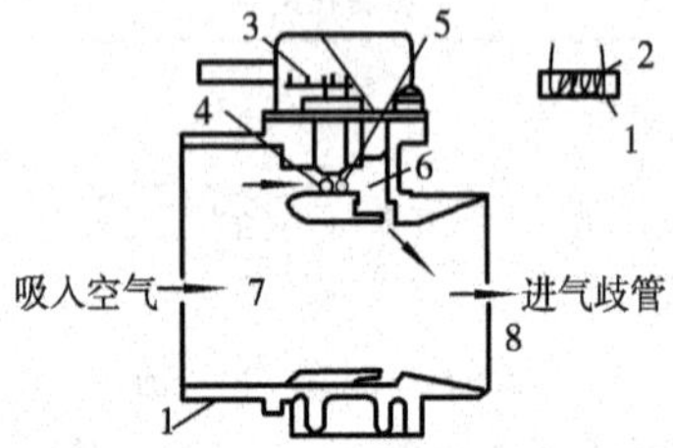

图6-3 热线式空气流量传感器（旁通测量方式）
1—热线和冷线；2—陶瓷螺旋管；3—控制回路；
4—冷线；5—热线；6—旁通空气道；
7—主通道；8—进入节气门体

3. 热线式空气流量计的信号特征

通过热线的电流是空气质量流量的单一函数，电流与进气质量成正比，输出电压特性曲线如图6-4所示。

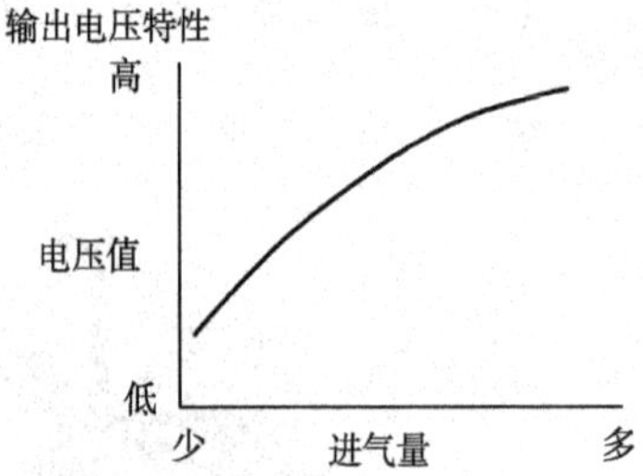

图6-4 输出电压特性曲线

思考：空气流量传感器如何将此流量信号换算为电压信号？

4. 热线式空气流量传感器的工作原理

热线式空气流量传感器在进气道上放置一热线 R_H，如图6-5所示，当空气流经热线时，热线的热量会被空气带走，使其冷却。热线周围流过的空气质量越大，被带走的热量越多。热线式空气流量传感器就是利用热线与空气之间的热传递现象，进行空气质量流量测定的。铂金丝由控制电路提供的电流加热到120℃左右，为解决进气温度变化使热线温度发生变化而影响进气量的测量精度，所以在热线附近安置一根温度补偿电阻。该电阻被安置在进气口一侧，所以又称之为冷线，它的电阻也随进气温度变化而变化。当传感器工作时，控制电路向冷线提供的电流使冷线温度始终低于热线温度100℃。这样冷线温度起到参考标准作用，使进气温度的变化不会影响热线测量进气量的精度。

如图6-6所示，当空气质量增大时，由于空气带走的热量增多，为保持热线温度，集成电路应使热线RH通过的电流增大，反之，则应减小。这样，使通过热线 R_H 的电流随空气质量流量的增大而增大，反之，随空气质量的减小而减小。热线电流iH在50~120mA之间变化，大小取决于空气质量流量。热线加热电流给出输出信号，大小为通过单臂电桥电路中精密电阻 R_A 上的电压降。在单臂电桥的另一端有温度补偿电阻 R_K 和电桥电阻 R_B，为了减少电能消耗，它的电阻值较高，通过的电流仅有几毫安。补偿电阻 R_K 用于测量进气温度。

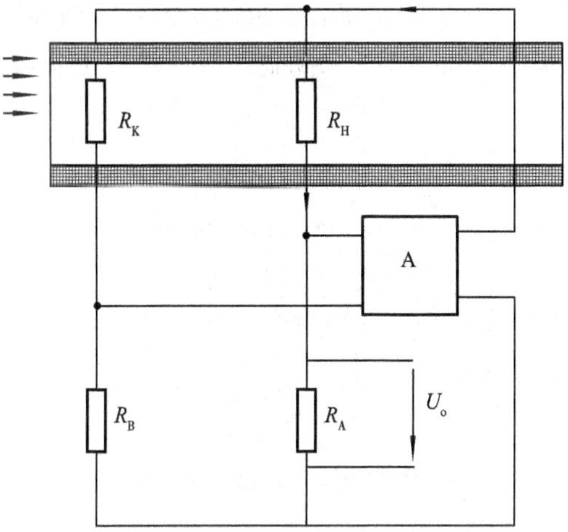

图 6-5　热线式空气流量传感器集成路原理图

R_H——热线电阻；R_K——温度补偿电阻；

R_A——精密电阻；R_B——电桥电阻

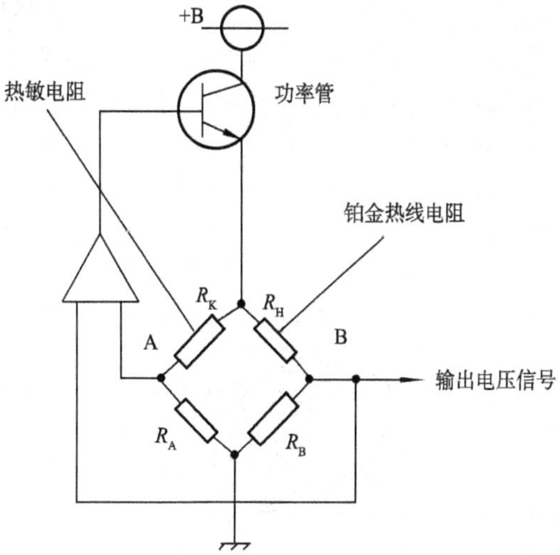

图 6-6　热线式空气流量传感器电路原理图

5. 热线式空气流量传感器的自洁功能

热线式空气流量计都有自清洁功能，如图 6-7 所示。即：发动机转速超过 2500 r/min，关闭点火开关使发动机熄火后，控制系统自动将热线加热到 1000℃以上并保持约 1s，使附在热线上的粉尘烧掉。

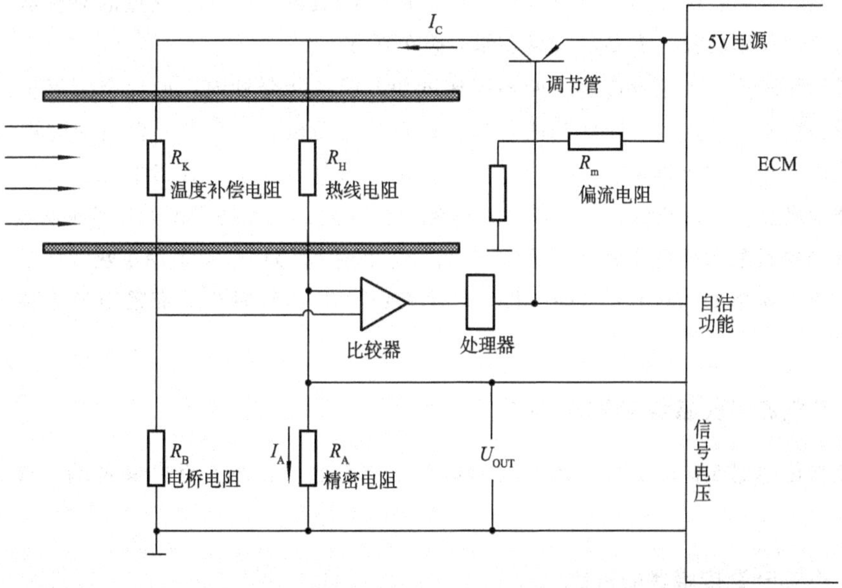

图 6-7　热线式空气流量计原理图

（三）热膜式空气流量传感器

1. 热膜式空气流量传感器的结构

热膜式空气流量传感器的结构如图 6-8 所示，它是热线式空气流量传感器的改进产品，其结构与热线式基本相同，只是它的发热体是热膜而不是热线，热膜由发热金属铂固定在薄的树脂膜上制成。这种结构使发热体不直接承受空气流动所产生的作用力，增加了发热体的强度，提高了流量计的可靠性。热膜式空气流量传感器由美国通用汽车公司研制，被应用在该公司生产的汽车上。

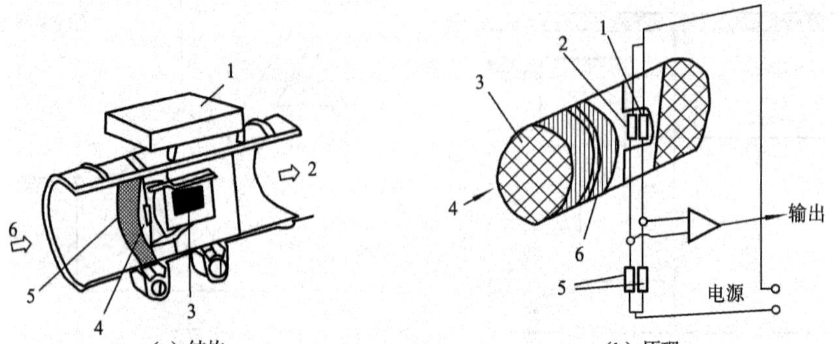

图 6-8　热膜式空气流量传感器

2. 热膜式空气流量传感器的原理

热膜式空气流量传感器的原理是保持空气流量计中热电阻的温度恒定。

由于流经热膜式空气流量计的空气流对热电阻冷却作用不同，因此保持热电阻温度恒定所需的电流不同。所以，保持热电阻温度恒定所需的电流值就是吸入空气量的对应值。另外，由于冷空气的冷却作用较强，需要空气温度作为修正系数。

热线式和热膜式空气流量传感器的响应速度快，能在几毫秒内反应出空气流量的变化，所以它的测量精度不会受进气气流脉动的影响。特别是发动机在大负荷、低转速时进气气流脉动大，由于使用了热线式或热膜式空气流量传感器测量进气量，空气计量准确，在任何工况下都能保持最佳空燃比，发动机的启动性能、加速性能好。因此，在博世 LH 型燃油喷射系统、通用别克（热线与冷线的取样管设置在旁通空气道内）、沃尔沃等轿车上采用了热线式空气流量传感器，捷达 GTX、桑塔纳 2000GSI 型轿车以及红旗 CA7220E 型等轿车上都采用了热膜式空气流量传感器。

（四）空气流量传感器与 ECU 的接口

空气流量传感器 5 针插头与 ECU 的连接电路及空气流量传感 5 针插头各端子含义如图 6-9 所示。

（五）空气流量传感器的检修

检修空气流量传感器时，先起动发动机并加速到 2500r/min 以上，再让发动机怠速运转。在拆下空气流量传感器进气口处的空气滤清器和进气歧管之后，关闭点火开关，从空气流量传感器进口处，观察空气流量传感器内的热线是否能在发动机熄火 5s 后被加热至发出红光，并持续约 1s，若不能被烧红，则检查电控单元（ECU）与空气流量传感器之间的线路见图 6-9 有无断路，否则应更换传感器。

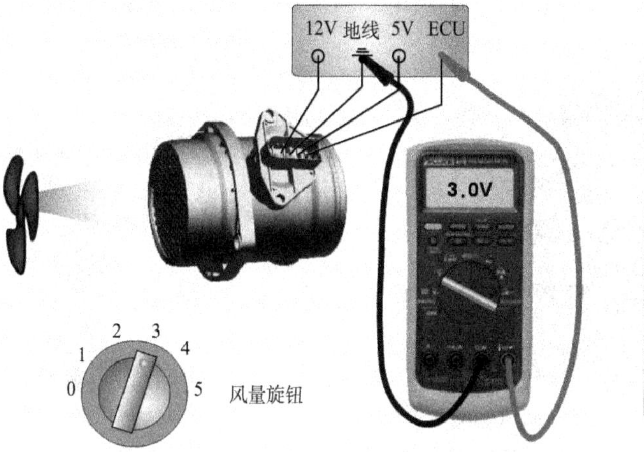

空气流量传感5针插头各端子号	含义
1	空
2	+12V电源
3	搭铁线
4	+5V电源
5	正信号线

图 6-9　热膜式空气流量传感器与 ECU 的连接电路

（六）其他类型的空气流量传感器

卡门旋涡式空气流量计的原理如下：

涡流式空气流量传感器是利用超声波或光电信号，通过检测旋涡频率来测量空气流量的一种传感器。

众所周知，当野外架空的电线被风吹时，就会发出“嗡、嗡”的声音，且风速越高声音频率越高，这是气体流过电线后形成旋涡（即涡流）所致。液体、气体等流体均会产生这种现象。

同样，如果我们在进气道中放置一个涡流发生器，比如说一个柱状物，在空气流过时，在涡流发生器后部将会不断产生如图所示的两列旋转方向相反，并交替出现的旋涡。这个旋涡就称为卡门旋涡，如图 6-10 所示。

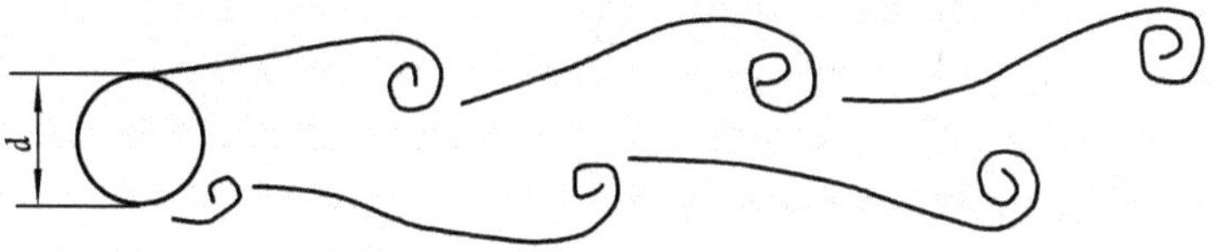

图 6-10　卡门旋涡

卡门旋涡式空气流量计就是利用这种这种旋涡形成的原理，测量气体流速，并通过流速的测量直接反映空气流量。

对于一台具体的卡门旋涡式空气流量计，有如下关系式：$q_V = kf$，q_V 为体积流量，f 为单列旋涡产生的频率，k 为比例常数，它与管道直径，柱状物直径等有关。由这个关系式可知，体积流量与卡门涡流传感器的输出频率成正比。利用这个原理，只要检测卡门旋涡的频率 f，就可以求出空气流量。

根据旋涡频率的检测方式的不同，汽车用涡流式空气流量传感器分为超声波检测式和光学检测式两种。例如丰田凌志 ls400 型轿车和皇冠 3.0 型轿车采用了光电检测涡流式空气流量器；三菱吉普车则采用了超声波检测涡流式空气流量传感器。

（1）光学式卡门旋涡空气流量计

光学式卡门旋涡空气流量计的外形及结构如图 6-11、图 6－12 所示，内部结构如图 6-13 所示。

图 6-11　卡门旋涡空气流量计的外形

图 6-12　反光镜外形

光学式卡门旋涡空气流量计的工作原理如图 6-14 所示。在产生卡门旋涡的过程中，旋涡发生器两侧的空气压力会发生变化，通过导孔作用在金属箔上，从而使其振动，发光二极管的光照在振动的金属箔上时，光敏晶体管接收到的金属箔上的反射光是被旋涡调制的光，再由光敏晶体管输出调制过的频率信号，这种频率信号就代表了空气的流量信号。

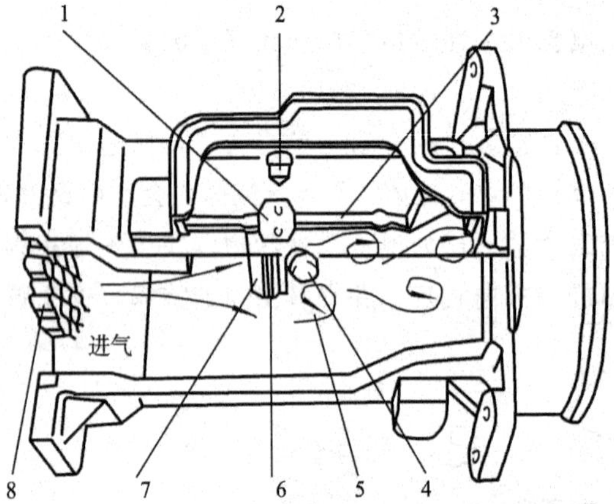

图 6-13　反光镜式卡门涡流空气流量传感器

1—反光镜；2—发光二级管；3—簧片；4—光敏晶体管；5—旋涡；6—导压孔；7—涡流发生器；8—整流网

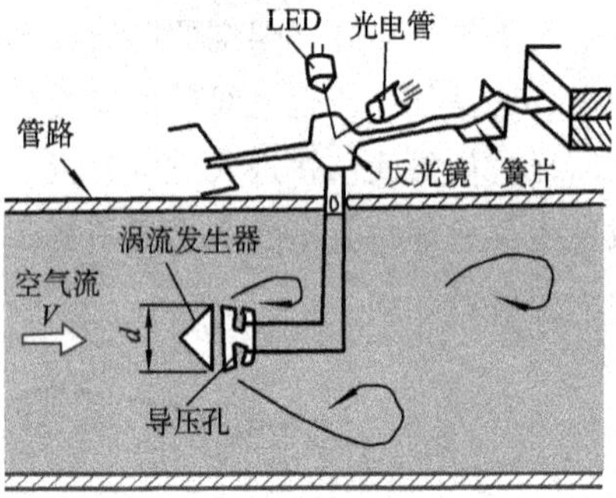

图 6-14　反光镜式卡曼涡流空气流量传感器原理图

（2）超声波式卡门旋涡式空气流量计

超声波是指频率高于 20Hz，人耳听不到的机械波。它的特性就是方向性好，穿透力强，遇到杂质或物体分界面会产生显著的反射，譬如自然界里的蝙蝠，鲸鱼等动物都是通过超声波来进行方位定向的。利用这种物理特性，我们可以把一些非电量转换成声学参数，通过压电元件转换成电量。

超声波式卡门旋涡式空气流量计的工作原理与光学式卡门旋涡空气流量计的工作原理大致相同，只是光学元件换成了声学元件。

在日常生活中，常常会遇到这样的现象，即当顺着风向喊人时，对方很容易听到；而逆着风向喊人时，对方就不容易听到。这是因为前者的空气流动方向与声波的前进方向相同，声波被加速的结果，而后者是声波受阻而减速的结果。在超声波式流量传感器中，同样存在着这种现象。

工作原理如图 6-15 所示，在旋涡发生器下游管路两侧相对安装超声波发射探头和超声波接收探头，超声波发射探头不断向超声波接收探头发出一定频率（一般为 40kHz）的超声波，当超声波通过进气气流到达超声波接收器时，由于受到气流移动速度及压力变化的影响，因此接收到的超声波信号的相位（时间间隔）以及相位差（时间间隔之差）就会发生变化，集成控制电路根据相位或相位差的变化情况计量出涡流的频率。涡流频率信号输入 ECU 后 ECU 就可以计算出进气量。

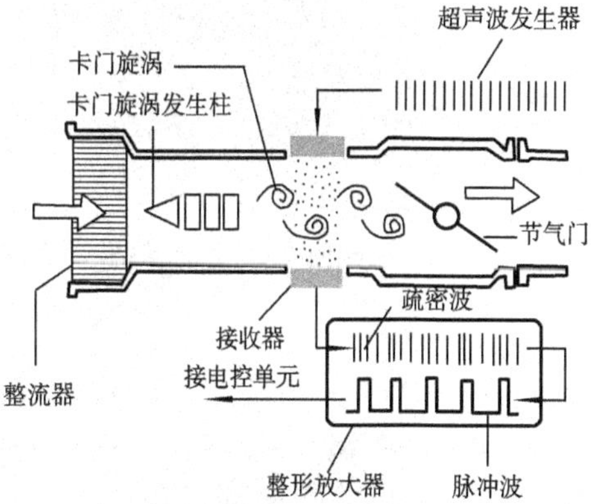

图 6-15　超声波式卡门涡流空气流量传感器的结构原理图

二、进气压力传感器的识别与检测

进气歧管绝对压力传感器用于 D 型汽油喷射系统。它在汽油喷射系统中所起的作用和空气流量传感器相似。进气压力传感器根据发动机的负荷状态测出进气歧管内的绝对压力，并转换成电信号和转速信号一起送入计算机，作为决定喷油器基本喷油量的依据。目前广泛采用的是半导体压敏电阻式进气压力传感器。

（一）半导体压敏电阻式进气压力传感器的识别

半导体压敏电阻式进气压力传感器也用负温度系数热敏电阻制成，具有 NTC 负温度系数特性。它的特点是尺寸小，精度高，响应性好，再现性、抗震性好，且生产成本低，所以得到广泛应用。如通用汽车公司、丰田汽车公司、克莱斯勒汽车公司生产的汽车，以及国产桑塔纳 2000gli 型轿车等都使用半导体压敏电阻式压力传感器。

1. 半导体压敏电阻式进气压力传感器的外形及接线端子（见图 6-16）

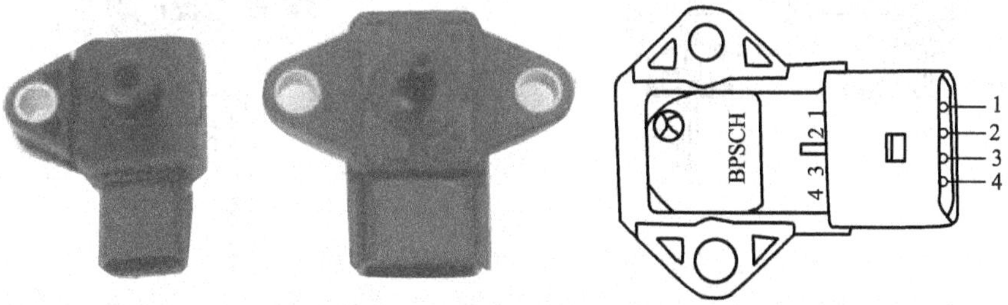

图 6-16　半导体压敏电阻式进气压力传感器的外形及接线端子

1—搭铁；2—进气温度信号输出端子；3—电源（+5V）端子；4—传感器信号输出端子

2. 半导体压敏电阻式进气压力传感器的安装位置

进气压力传感器和进气温度传感器集成在一起，安装在进气管上，如图 6-17 所示，如 Jetta2V、AudiA62.4L 等车型。

图 6-17 进气压力传感器的安装位置示意图

3. 半导体压敏电阻式进气压力传感器的结构原理

绝对压力传感器（负荷传感器）向电脑提供一个 0～5 伏的电压信号，怠速工况时，发动机吸入的空气量很小，绝对压力传感器的输出电压较低；全负荷工况时，发动机吸入的空气量很大，绝对压力传感器的输出电压较高。电脑根据此信号确定喷油量（基本喷油脉宽）及点火时刻。该传感器的结构如图 6-18 所示，它由压力转换元件和把转换元件输出信号进行放大的混合集成电路构成。

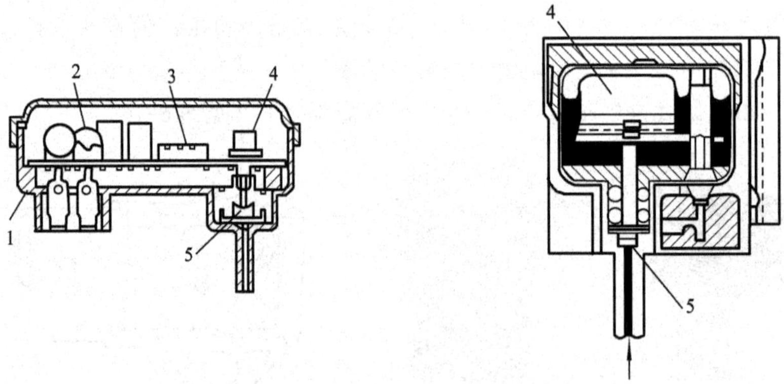

图 6-18 半导体压敏电阻式进气压力传感器的构造

1—塑料外壳；2—滤波器；3—混合集成电路；4—压力转换元件；5—滤清器

压力转换元件是利用半导体的电压效应制成的硅膜片。硅膜片的一面是真空室，另一面导人进气歧管压力。硅膜片为边长 3mm 的正方形，它的中部经光刻腐蚀形成直径约 2mm、厚约 5μm 的薄膜。薄膜周围有四个应变电阻，以单臂电桥方式连接，如图 6-19 所示。

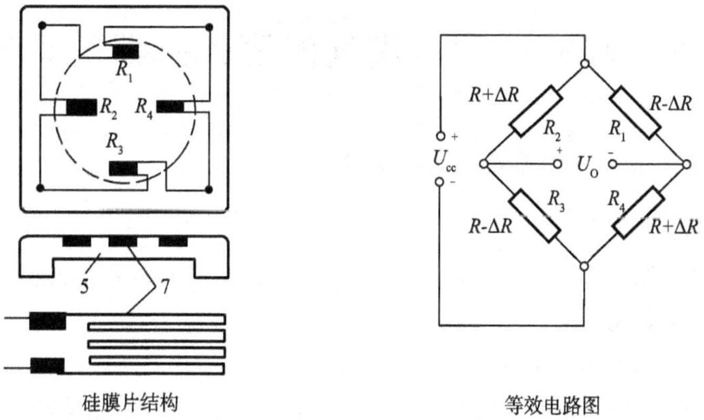

图 6-19　压敏电阻式进气歧管压力传感器的工作原理

由于硅膜片的一侧是真空室，所以进气歧管压力越高。硅膜片的变形越大，它的应变与压力成正比。附着在薄膜上的应变电阻的阻值与压力成正比变化，这样就可以利用惠斯登电桥把硅膜片的变形变成电信号。因为输出的电信号很微弱，所以用混合集成电路进行放大后输出。

（二）汽车进气压力传感器的检测

进气压力传感器产生故障或其连接线路不良，会使发动机出现怠速不良、起动不容易或起动后发动机易熄火等故障。当确诊出故障部位时，应及时检查歧管压力传感器及其连接电路。

歧管压力传感器与 ECU 的连接电路如图 6-20 所示。从图中可知，它有三条连线，一条为 V_{cc} 电源线，一条为 PIM 信号输出线，另一条为地线。

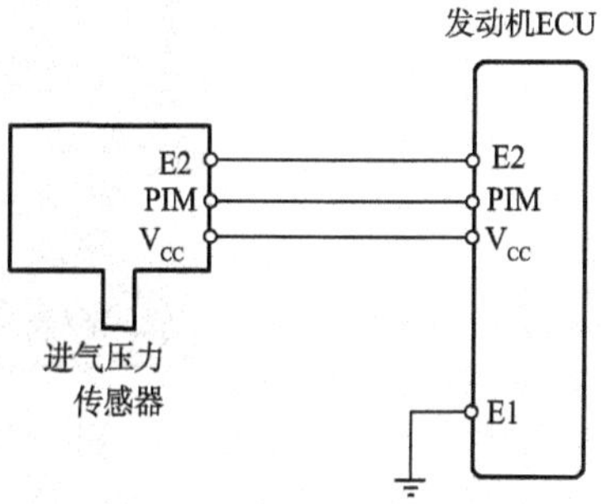

图 6-20　进气歧管压力传感器与 ECU 的连接电路

1. 测电源电压

拔下传感器线束，接通点火开关，测端子 V_{cc} 和 E2 间的电压应当是 4.5～5.5V。若无电压，则应检查 ECU 上相应端子电压，若正常，则为 ECU 与传感器间线路故障或传感器已损坏 .

2. 测信号电压

拆下进气歧管处的真空软管，并接在真空枪上，接通点火开关，用真空枪对传感器施以 13.3～66.7kPa 的负压，测信号端子 PIM 与搭铁 E2 间的信号电压，应符合标准值，如表 6-2 所示。

表 6-2　不同真空度下的标准进气压力传感器信号

真空度/kPa	13.3	26.7	40.0	53.5	66.7
信号电压/V	0.3～0.5	0.7～0.9	1.1～1.3	1.5～1.7	1.9～2.2

三、发动机冷却液温度、进气温度传感器的识别与检测

(一) 发动机冷却液温度传感器的识别与检测

1. 发动机冷却液温度传感器的作用

检测发动机冷却水温度，向 ECU 输入温度信号，作为燃油喷射和点火正时的修正信号。同时也是其他控制系统的控制信号。

2. 冷却液温度传感器的安装位置

冷却液温度传感器俗称水温传感器，一般安装在缸体水道上，缸盖水道上，上出水道等处，与冷却液接触，用来检测发动机的冷却液温度，如图 6-21 所示。

图 6-21　冷却液温度传感器的安装位置示意图

3. 冷却液温度传感器的结构与特性

冷却液温度传感器主要元件是一个具有负温度系数（NTC）的半导体热敏电阻。其内部结构与特性如图 6-22 所示。

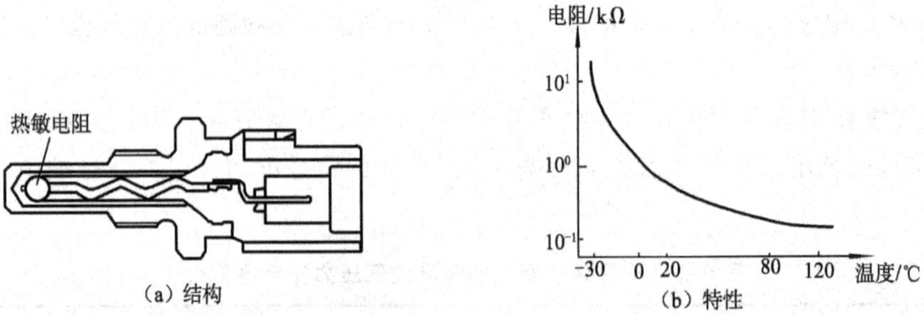

图 6-22　发动机冷却水温传感器的结构与特性

4. 冷却液温度传感器与 ECU 连接电路图

冷却液温度传感器的两根导线都和电控单元相连接，如图 6-23 所示，其中一根为地线，另一根的对地电压随热敏电阻阻值的变化而变化。

5. 冷却液温度传感器的检测

（1）测电阻值（开路检测）

断开点火开关，拔下冷却液温度传感器线束连接器。从发动机上拆下传感器。用万用表电阻挡测量冷却液温度传感器两端子与传感器外壳之间的电阻，其电阻值均应为无穷大。将冷却液温度传感器放在盛有水的烧杯内，用电热器加热杯中的水，如图6-24所示。用万用表电阻挡测量传感器两端子的电阻。热敏电阻的阻值随温度变化而变化，可参考表6-3。

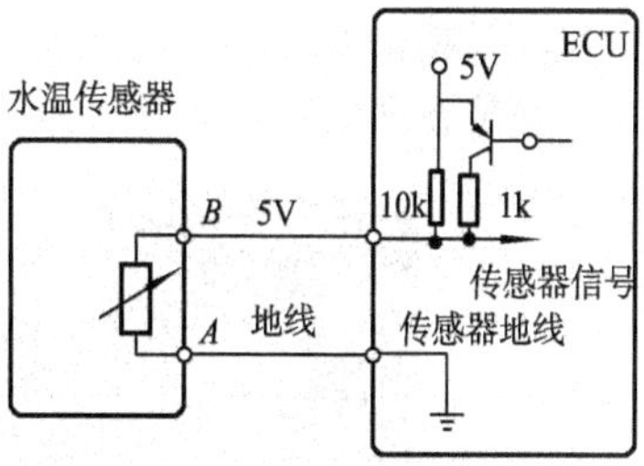

图6-23　冷却液温度传感器与ECU连接电路图

表6-3　热敏电阻阻值与温度关系参考值表

温度 /℃	电阻 /kΩ	温度 /℃	电阻 /kΩ
0	6	40	1.1
20	2.2	60	0.6
80	0.25	—	—

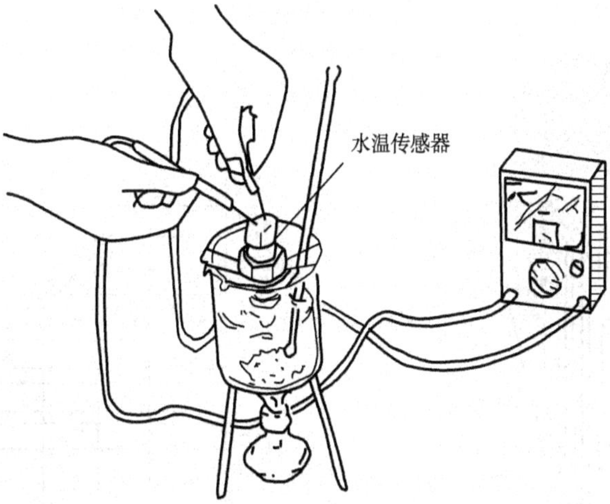

图6-24　开路检测水温传感器

（2）测电源电压和信号电压（就车检测）

拔下冷却液温度传感器，将点火开关打开，测量ECU的电源电压（传感器的供电电压），就为5V，否则，说明线路或ECU有故障。将却液温度传感器接好，将点火开关接通，测量却液温度传感器信号电压，应为0.2～0.5V（该值与温度有关）。

（二）进气温度传感器的识别与检测

1. 进气温度传感器的作用

检测进气温度，向ECU输入进气温度信号，作为燃油喷射的修正信号。

2. 进气温度传感器的安装位置

进气温度传感器的安装位置，如图6-25所示。在D型EFI系统中，它安装在空气滤清器之后的进气软管上（或与进气压力传感器口装在一起如捷达 2V，AGN 发动机）；在 L 型 EFI 系统中，安装在进气管道上（如大众 ATR 发动机进气门后方）。

（a）安装在空气滤清器之后进气软管上

（b）安装在进气压力传感器内

图 6-25　进气温度传感器安装位置

3. 进气温度传感器的结构与特性

进气温度传感器内部也是一个具有负温度系数的热敏电阻，外部为环氧树脂密封，进气温度传感器的外形结构如图 6-26 所示。

热敏电阻的阻值随空气温度升高而降低，呈指数关系。进气温度传感器的特性曲线图 6-27 所示。

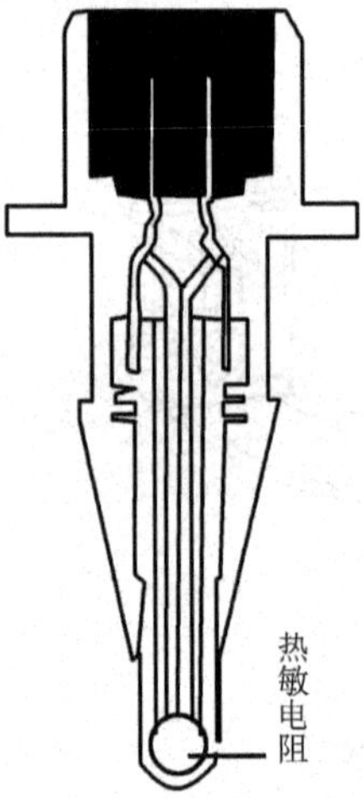

图 6-26　进气温度传感器的外形结构

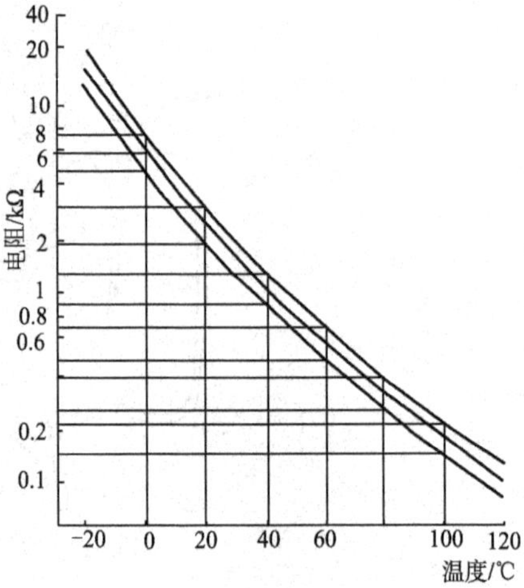

图 6-27　进气温度传感器的特性曲线图

4. 进气温度传感器的检测

当进气温度低时，热敏电阻的阻值大，传感器输入 ECU 的信号电压高，ECU 控制发动机增加喷油量；当进气温度高时，热敏电阻的阻值小，传感器输入 ECU 的信号电压低，ECU 控制发动机减少喷油量。当进气温度传感器出现故障时，会使混合气过浓或过稀，使燃烧变坏，出现工作不稳，这时应检查进气温度传感器。

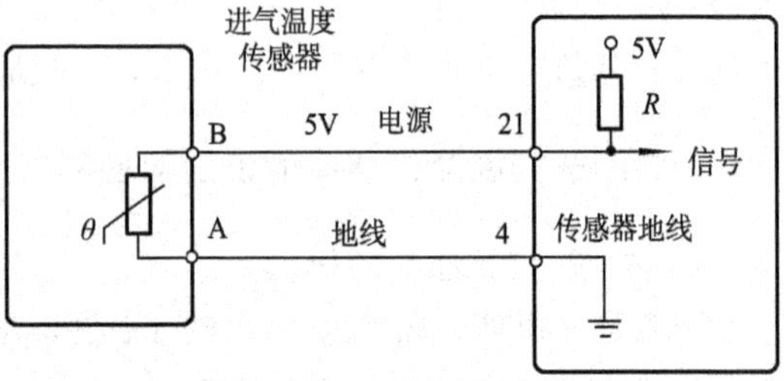

图 6-28　进气温度传感器接头端子与 ECU 的连接电路

图 6-28 为进气温度传感器接头端子与 ECU 的连接电路。进气温度传感器的检测可以单个检查，也可以就车检查。检测内容如下：

① 进气温度传感器电阻检查（开路检测，与水温传感器的检查一样）。断开点火开关，从进气温度传感器上拔下连接器接头，从发动机上拆下进气温度传感器。用电吹风机或热水加热进气温度传感器，并用万用表 Ω 挡测量在不同温度下进气温度传感器的电阻值，如图 6-29 所示。其电阻值变化与水温传感器相同。如果电阻值不在规定范围，则应更换进气温度传感器。

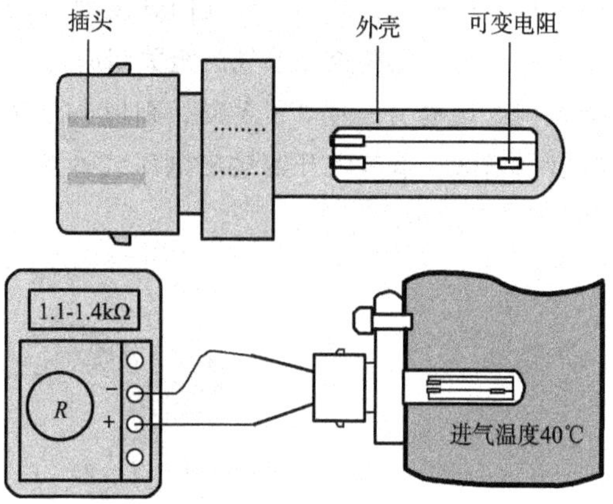

图 6-29　进气温度传感器的电阻检测

② 进气温度传感器的电压检查（就车检测）。拔下传感器插头，接通点火开关，用万用表的电压挡测量图 6 中 ECU 的 4 与 21 间的电压，应在 0.5～3.4V（20℃）范围，若不在规定范围，则应进一步检查进气温度传感器连接线路是否接触不良，或断路、短路故障。

③ 进气温度传感器连接线束电阻测量。用数字式万用表的 Ω 挡，测量传感器接头与 ECU 连接器端子间电阻，即 B 与 21、A 与 4 间电阻值，如果不导通或电阻值大于 1Ω，说明传感器连接线路断路或接头接触不良，应进行检修。

四、节气门位置传感器的识别与检测

（一）节气门位置传感器的作用

节气门位置传感器将节气门开度大小转变为电信号并输入发动机 ECU，以便 ECU 判别发动机工况（如怠速工况、部分负荷工况、大负荷工况、急加速、急减速等），并根据不同工况对发动机实行不同控制。

另外、节气门位置传感器的信号同时用作空气流量传感器和怠速开关的替代功能信号，ECU 利用其计算出一个替代信号。

（二）节气门位置传感器的安装位置

节气门位置传感器均安装在节气门体上，与节气门轴相连接，如图 6-30 所示。传统节气门，驾驶者通过加速踏板联动拉线操作节气门开度，将节气门开度转换成电压信号输出，以便计算机判定发动机工况。

电子节气门通过电子踏板的信号来调整发动机的负载，它通过一个直流电机来控制节气门开度使发动机从怠速位置到全负荷位置。

（三）线性可变电阻型节气门位置传感器结构与工作原理

如图 6-31 所示，传感器有两个与节气门联动的可动电刷触点。一个可在电阻体上滑动，利用变化的电阻值，测得与节气门开度对应的线性输出电压，根据输出的电压值，可知节气门开度。另一个电刷触点在节气门全关闭时与怠速触点 IDL 接触。IDL 信号主要用于怠速工况识别。节气门开度输出信号电压 VTA，则使 ECU 对喷油量进行控制，以获得相应的功率。随着节气门开度的增大，节气门开度输出电压线性增大。三线式节气门位置传感器无怠速成触点信号线，如图 6-32 所示。

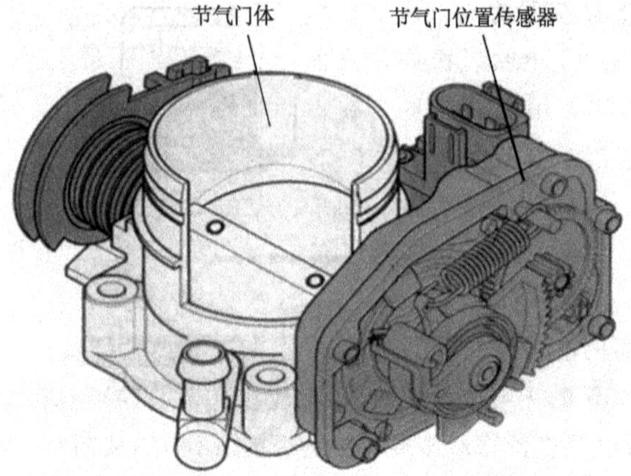

图 6-30　节气门位置传感器的安装位置

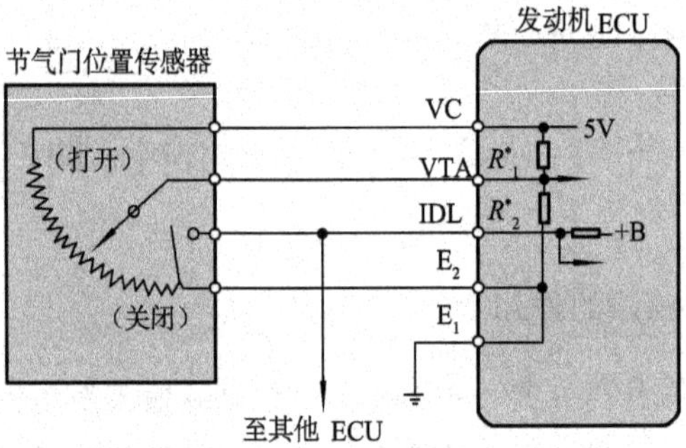

图 6-31　四线式节气门位置传感器的电路图

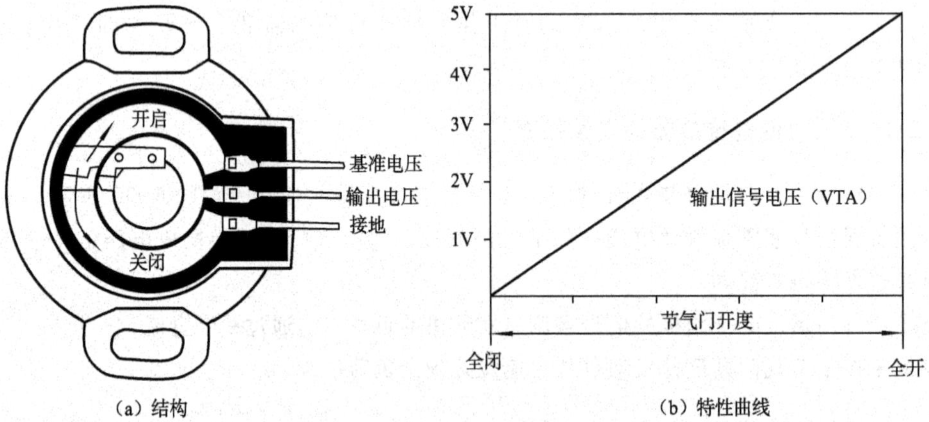

图 6-32　三线式节气门位置传感器结构及特性曲线图

（四）节气门位置传感器检测

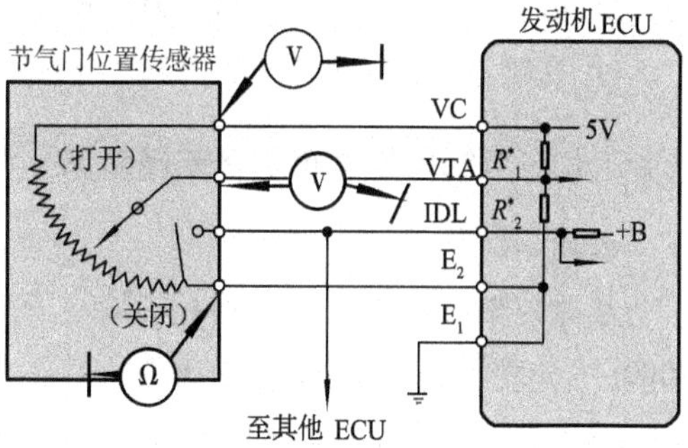

图 6-33　用万用表检测线性可变电阻型节气门位置传感器

用万用表检测（以大众时代超人 AJR 为例），如图 6-33 所示。

信号线：（点火开关位于打开位置）

VTA 与搭铁间的电压随节气门开度的增大而增大，

节气门全闭：0.3～0.8V；

节气门全开：3.2～4.9V。

搭铁线：插头 E_2 与搭铁间的电阻应小于 0.5Ω。

电源线：VC 与搭铁间的电压 5V；IDL 与搭铁间 12V。

传感器电阻：插座各接角间的电阻，应与规定相符。

丰田 2JZ－GE 节气门位置传感器的标准值参照表 6-4。

表 6-4　丰田 2JZ－GE 节气门位置传感器的标准值

传感器接脚	条件	标准电阻/kΩ	标准电压/V
IDL-E2	节气门全闭	≤0.5	0
	节气门打开	∞	9～14
VC-E2		3.1～7.2	4.5～5.5
VTA-E2	节气门全闭	0.34～6.30	0.3～0.8
	节气门全开	2.4～11.2	3.2～4.9
	节气门从全闭到全开	逐渐增大	逐渐增大

（五）节气门位置传感器的调整

① 拧松节气门位置传感器的两个固定螺钉；

② 将 0.35mm 的厚薄规插入节气门限位螺钉和限位杆之间，同时用万用表测量怠速开关的导通情况；

③ 逆时针转动节气门位置传感器，使怠速开关触点断开，然后按顺时针方向慢慢地转动节气门位置传感器，直至怠速开关闭合为止；

④ 拧紧节气门位置传感器的两个固定螺钉；

⑤ 分别用 0.3mm 和 0.4mm 的厚薄规插入节气门限位螺钉和限位杆之间，同时用万用表测量怠速开关的导通情况。当厚薄规为 0.3mm 时，怠速开关应导通；当厚薄规为 0.4mm 时，怠速开关应断开。否则，应重新调整节气门位置传感器。

（六）节气门位置传感器的更换

① 将节气门开度保持在 45°左右；

② 拧下节气门位置传感器的两个固定螺钉，拆下节气门位置传感器；

③ 将节气门位置传感器的心轴转到底，然后装到节气门轴上，拧紧两个固定螺钉；

④ 重新调整节气门位置传感器。

（七）节气门位置传感器故障检测举例

案例一

故障现象：某捷达轿车据用户称，该车发动机怠速稳定，但加速时转速在 1500r/min ~ 2000r/min 之间上下波动，加速无力。

故障分析：这种故障应检查燃油供给系统以及节气门位置传感器的工作情况。

故障检修：

1. 判断故障的大概部位

① 调取该车发动机电控微电脑中存储的故障代码，结果发现没有故障代码输出。

② 读取数据流，加速过程中电位计数据正常，但显示怠速触点闭合，拔下节气门位置传感器插头后，丙进行加速时，故障现象消失，由此判断故障出在节气门位置传感器上。

2. 检查节气门位置传感器电路

捷达王轿车的电喷发动机电脑控制系统电路如图 6-34 所示。该电路主要由一块单片机 ECU、各种传感器及执行器等构成。从中可看出，ECU 的 90、97、92、82、121、119 脚为节气门位置传感器连接端。

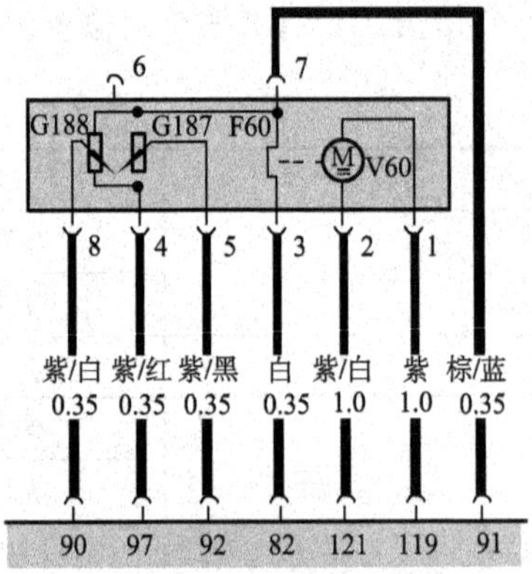

图 6-34 捷达王轿车节气门位置传感器电路

① 在节气门开度大于 5°时，用万用表测节气门位置传感器的 IDL 端子（即 ECU 的 82 脚）与 91 脚之间的电阻为 0，说明故障是由于怠速触点 IDL 常闭（即气门打开时，IDL 触点仍然闭合）引起的。

② 经对节气门位置传感器进行修整后，故障排除。

总结分析：本例故障是由于节气门位置传感器的怠速触点 IDL 处于常闭状态引起的。这样，ECU 电控系统必将按错误信号采用“急减速断油程序”，从而导致了上述的结果。这时发动机实际处于加速工况，但 ECU 收到的信号却是怠速工况。当发动机加速到 2000r/min 时，达到怠速断油转速，ECU 实施断油；当转速下降到 1500r/min 时，又恢复供油，至 2000r/min 时又断油。即反复地循环断油、供油、断油过程，从而引起了上述故障。

案例二：节气门位置传感器损坏

车型：现代 Sonata 型轿车

故障：怠速不稳，转速忽高忽低，而且在低速行驶时，偶尔出现窜动的现象。

检查：调取故障码，显示为 14，其含义是节气门位置传感器信号不正常。拆下节气门位置传感器上的线束插头，用万用表测量节气门位置传感器的电阻值。当用手操纵节气门由全关平稳地向全开过渡时，发现其电阻值不是呈线性变化，而是在全关（稍有振动）和开度不大时，电阻值有突变的情况，说明节气门传感器内的滑变电阻有接触不良的现象。应为常用区域局部磨损过度导致。更换新的节气门位置传感器，消除故障码，故障排除。

（八）其他位置传感器

1. 节气门踏板位置传感器

作用：节气门踏板位置传感器内部有两个相同的电位计式传感器，向 ECU 提供驾驶者的驾驶需求信号，这个过程在操作上与目前机械式的踏板完全相同，以适应驾驶者多年的驾驶习惯。两个相同的传感器分别向 ECU 提供油门信号，从而保证了此系统更安全、更可靠。

安装位置：位于油门踏板总成上部，如图 6-35 所示。

组成及工作原理：节气门踏板位置传感器内部采用阻尼结构，内部有两个相同的电位计式传感器，如图 6-36 所示。传感器的信号指针同踏板同轴，当踩动节气门踏板时，电位计指针便与踏板同轴旋转，同时随着电位计指针的滑动，信号端子便输出不同的电压或者阻值信号。传感器内部的两个阻值不同的活动电位计式传感器，因此，两个传感器输出的阻值并不相同，但是两个传感器所输出的阻值存在一一对应的关系，ECU 并不采用传感器的阻值信号，而是采用电压信号，为了防止发电机电压波动引起信号失真，在 ECU 内部采用对比电路，将传感器所输出的信号电压和标准电压进行对比，ECU 采用比值来判断踏板的动作幅度。ECU 对比传感器 1 和传感器 2 所输入的信号，并同发动机转速、负荷等其他传感器来共同判断传感器所输出信号的真伪，当判断出两个传感器中的任何一个信号失真，ECU 便控制发动机进入应急模式，采取限制性驾驶措施，将节气门维持在一定开度，使车辆能够勉强开到特约服务站进行维修处理。

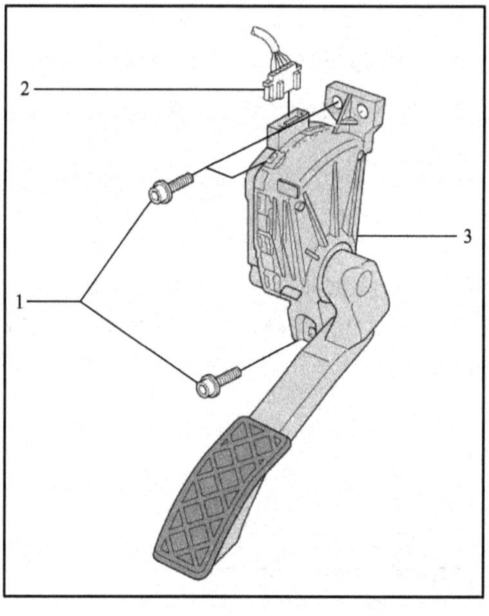

图 6-35 带电子节气门的节气门踏板位置传感器

1—螺栓；2—传感器插头；
3—带节气门踏板位置传感器 G79 和 G185 踏板总成

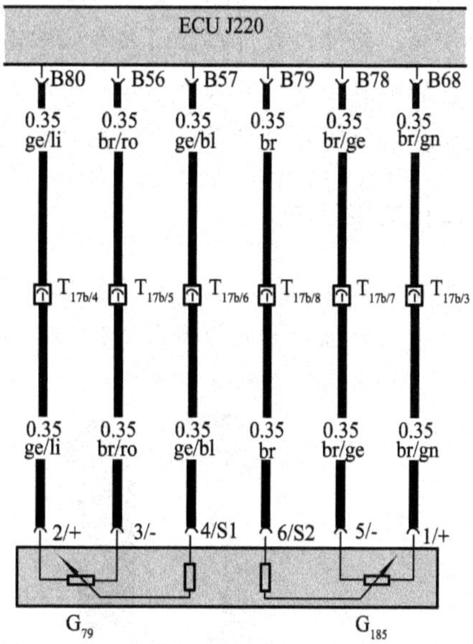

图 6-36 带电子节气门的节气门踏板位置传感器电路

2. 燃油液面位置传感器

作用：燃油表用来指示燃油箱内燃油的储存量

安装位置：可变电阻式燃油量传感器安装在燃油箱内，汽油泵上，如图 6-37 所示。

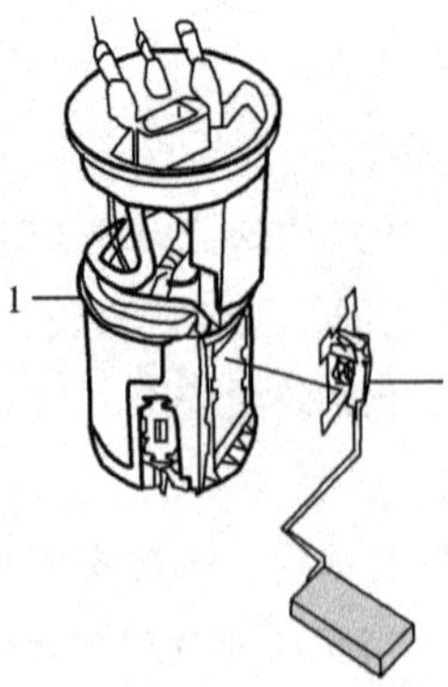

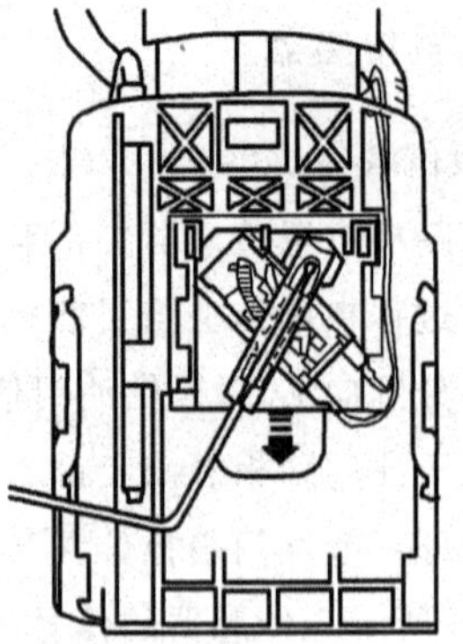

图 6-37 燃油量传感器及电路

工作原理：安装在油泵上的浮子随着油箱中液面的高低上下浮动，带动滑片沿可变电阻滑动。输出电阻值改变，仪表电脑根据此信号驱动燃油表指示燃油量。

五、曲轴位置传感器的识别与检测

（一）曲轴位置传感器的作用

在实际中它们一般制成一体，转速传感器用来测量发动机转速，以确定基本喷油量和基本点火提前角；曲轴位置传感器用来确认曲轴位置的信号，用于检测活塞上止点、曲轴转角信号，配合凸轮轴位置传感器的判缸信号确定相对于每缸压缩上止点的喷油时刻和点火时刻。

曲轴位置传感器是发动机电子控制系统中最主要的传感器之一。

（二）安装位置

它通常安装在曲轴后端靠近飞轮的位置上，也有安装在凸轮轴前端、飞轮上或分电器内。曲轴上有一带有细齿的薄圆齿盘（用以产生信号，称为信号盘），它随曲轴一起旋转，如图 6-38 所示。

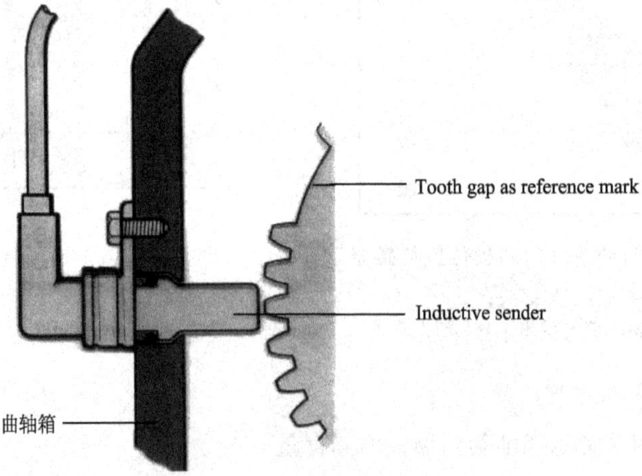

图 6-38 曲轴位置传感器示意图

（三）曲轴位置传感器工作原理

曲轴位置传感器可分为磁脉冲式、光电式、霍耳式等，其中磁脉冲式和霍耳式应用的比较多。

1. 磁脉冲式曲轴位置传感器

（1）磁脉冲式曲轴位置传感器的结构原理

磁脉冲式曲轴位置传感器是利用电磁感应原理在电磁线圈内产生与曲轴转角位置相对应的感应电动势信号，如图 6-39 所示。

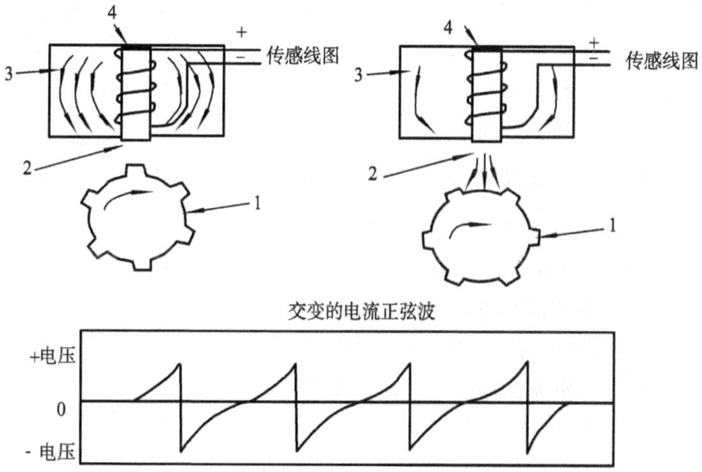

图 6-39　磁脉冲式曲轴位置传感器电磁感应原理

德系轿车多采用磁脉冲式曲轴位置传感器，用它检测发动机曲轴转角和活塞上止点，并将检测信号及时输入发动机电子控制单元，用以控制点火时刻和喷油正时，同时也用于测量发动机的转速。例如大众、奥迪、奔驰、宝马曲轴位置传感器安装在气缸体左侧、发动机后端靠近飞轮处。

磁脉冲式传感器用螺钉固定在发动机缸体上，由永磁铁、线圈和连接器插头组成，如图 6-40所示，线圈即为信号线圈，永磁铁上带有一个磁头，磁头与信号转子相对安装，磁头与导磁板连接构成导磁回路。在信号转子的圆周上均匀制有 58 个凸齿、57 个小齿缺和一个大齿缺，大齿缺输出基准信号，对应 1 缸或 4 缸上止点前一定角度。大齿缺所占的弧度相当于两个凸齿和三个小齿缺所占的弧度。所以每个凸齿和小齿缺所占的曲轴转角均为 3°，而大齿缺所占的曲轴转角为 15°。

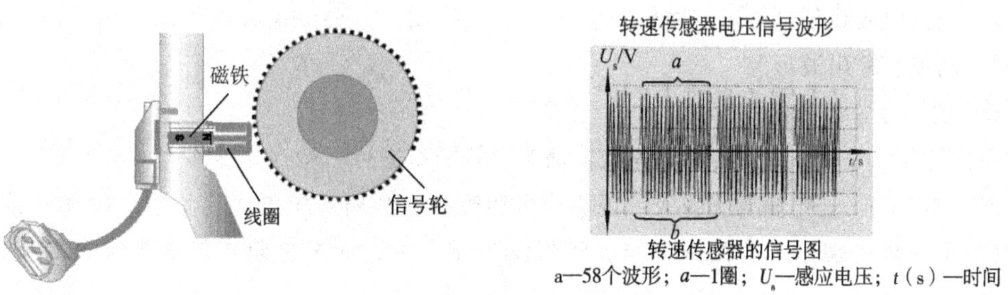

图 6-40　曲轴位置传感器的结构及转速信号图

在大众车系如桑塔纳2000车型电路图中，曲轴位置传感器G28与ECU控制单元J220的连接关系，如图6-41所示。端子1为转速与转角正极，与ECU的56端子相连；端子2为转速与转角的负极，与ECU的63端子相连；端子3为屏蔽线端子，与ECU的67端子相连。

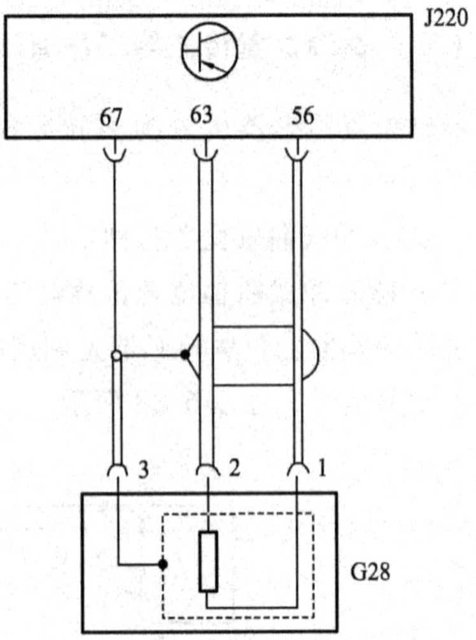

图6-41 大众车系曲轴位置传感器电路图

具体工作过程如图6-42所示，当信号转子凸齿的中心线与磁头对正时，磁通的变化率为零，在线圈中的感应电动势为零；而当信号转子的凸齿离开磁头时，磁通量减少，感应电动势为负值；而当信号转子的凸齿接近磁头时，凸齿与磁头间的气隙减小，磁通量增多，感应电动势为正值。可知，信号转子每转过一个凸齿，传感线圈中就产生一个交变电动势，即一个最大值和一个最小值，感应线圈即输出一个交变电压信号。信号转子上的大齿缺转过磁头时，输出一个宽脉冲信号，该信号对应1缸或4缸活塞位于上止点前114°。ECU接收到宽脉冲信号时，再根据凸轮轴位置传感器输入的信号最终判定是1缸还是4缸活塞在上止点前。信号转子上有58个凸齿，所以信号转子每转一转，传感器线圈就产生58个交变电压信号，并输入ECU，作为计算曲轴转速和曲轴转角的依据。

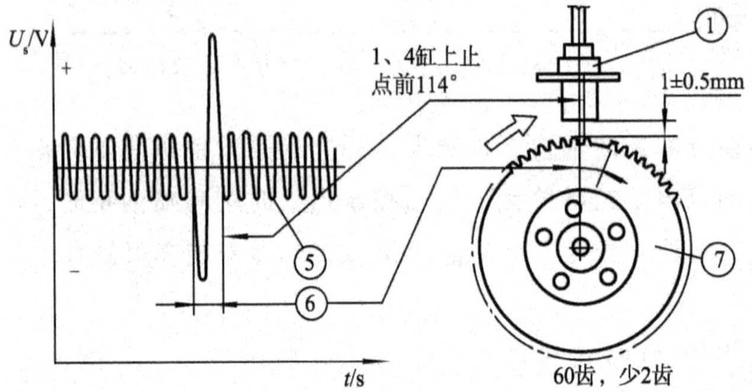

图6-42 曲轴位置传感器工作原理图

1—传感器；5—信号波形；6—相应于缺少两齿处的信号；7—曲轴皮带轮和靶轮

在发动机运行中，当曲轴位置传感器出现故障时，会导致信号中断，发动机立即熄火，这时电子控制单元可以诊断到故障并进行存储。利用V. A. G1551或其他故障诊断仪，通过故障诊断插座可以读取故障信息。对于曲轴位置传感器的检测，主要测量各端子间电阻、信号转子凸齿与磁头间隙、输出波形等。

（2）曲轴位置传感器的检查

① 关闭点火开关，拔下传感器连接器插头，按图6进行，检查传感器上1与2端子间电阻，应为450～1000Ω。若电阻为无穷大，说明信号线圈存在断路，应更换传感器。检查传感器上1或2端子与屏蔽线端子3之间的电阻，阻值应为无穷大，如果电阻不是无穷大，则应更换传感器。

② 检查传感器与 ECU 之间的连接线束。分别检查 1 与 56 端子，2 与 63 端子，3 与 67 端子间的电阻值，应不超过 0.5Ω。如果电阻为无穷大，说明存在导线断路或接触不良，需进行维修。

③ 信号转子与磁头间间隙检查。用厚薄规检查信号转子与磁头间间隙，标准值为 0.2 ~ 0.4mm。若有变化，需进行调整。

2. 霍耳式曲轴位置传感器

霍耳传感器是一种磁敏元件。它是利用导体或半导体的磁电转换原理工作的。如图 6-43 所示，霍耳元件是一种半导体四端薄片，其四端均有引出线。它的工作原理是：当在其 a、b 两端以电流激励并有垂直于薄片的磁场作用时，在垂直于电流和磁场方向的 c、d 端会出现与激励电流 I 和磁场强度 B 乘积成正比的电动势，这种现象称为霍耳效应，所产生的电动势称为霍耳电动势。

$$U_h = (R_h/d)\ IB$$

式中　U_h——霍耳电压；

R_h——霍耳系数；

d——基片厚度；

I——磁场电流；

B——磁场强度。

霍耳式曲轴位置传感器就是利用触发叶片或触发轮齿改变通过霍耳元件的磁场强度，从而使霍耳元件产生脉冲电压，经放大整形后即为曲轴位置传感器的输出信号。

（1）触发叶片式霍耳曲轴位置传感器

美国通用公司采用的触发叶片式霍耳曲轴位置传感器安装在曲轴前端，其结构如图 6-44 所示。在发动机曲轴带轮前端安装着内外两个带触发叶片的信号轮，与曲轴一起转动。外信号轮边缘上均匀分布着 18 个触发叶片和 18 个窗口，每个触发叶片和窗口的宽度为 10°弧长。内信号轮外缘上，有 2 个触发叶片和 3 个窗口，3 个触发叶片的宽度分别是 100°、90°和 110°弧长，三个窗口的宽度分别为 20°、30°和 10°弧长。由于内信号轮的安装位置关系，宽度 100°弧长的触发叶片前沿位于一、四缸上止点前 75°，90°弧长的触发叶片前沿在六、三缸上止点前 75°，110°弧长的触发叶片前沿在五、二缸上止点前 75°。

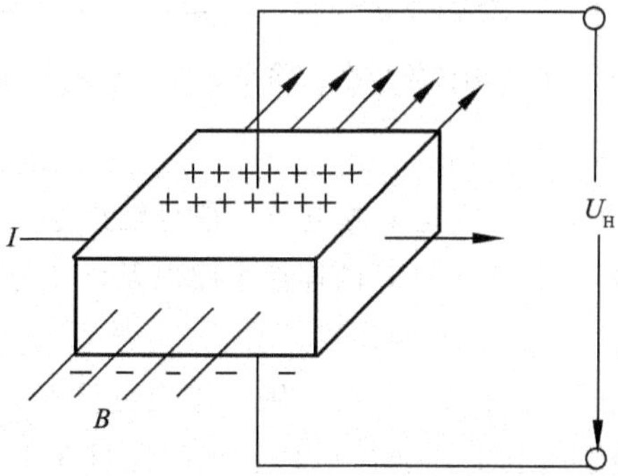

图 6-43　霍耳效应原理

I—电流；B—磁场；U_h—霍耳电压

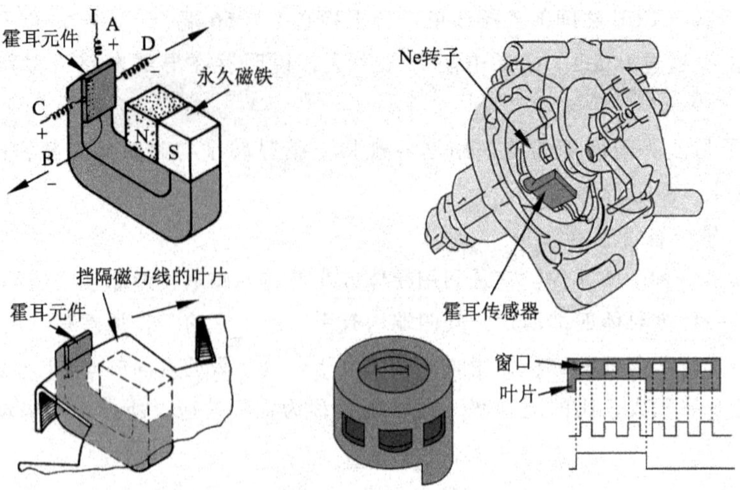

图 6-44　霍耳式曲轴位置传感器（美国通用 GM）

霍耳信号发生器由永久磁铁、导磁板和霍耳集成电路等组成，在内外信号轮侧面各有一个霍耳信号发生器。信号轮转动时，每当叶片进人永久磁铁与霍耳元件之间的空气隙时，霍耳集成电路中的磁场即被触发叶片旁路（即隔磁），这时不产生霍耳电压。当触发叶片离开空气隙时，永久磁铁的磁通便通过导磁板穿过霍耳元件，这时要产生霍耳电压。霍耳电压信号经霍耳集成电路放大整形后，即向 ECU 输人电压脉冲信号，如图 6-45 所示。外信号轮每旋转 1 周产生 18 个脉冲信号，称为 18X 信号。1 个脉冲周期相当于曲轴旋转 20°转角的时间，ECU 再将 1 个脉冲周期均分 20 等份，即获得 1°曲轴转角所对应的时间。ECU 根据这个信号，控制发动机的喷油和点火时刻。

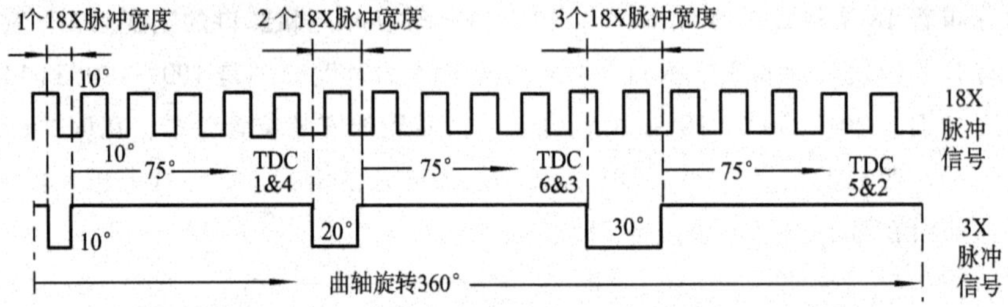

图 6-45　霍耳式曲轴位置传感器输出信号（美国通用公司 GM）

（2）霍耳式曲轴位置传感器的检测

霍耳式曲轴位置传感器的检测主要是电源电压、信号输出电压和连接导线电阻的检测。北京切诺基汽车霍耳式曲轴位置传感器与 ECU 的连接电路以及该传感器的三个端子 A、B、C 的位置如图 6-46 所示。

① 传感器电源电压的检测。打开点火开关，用万用表测量 ECU 侧 7 端子与 4 端子间电压，应为 8V；测量 A 端子与 C 端子间电压，也应为 8V，否则说明电源线断路或接头处接触不良。

② 传感器输出的信号电压检测。用万用表对传感器的三个端子 A、B、C 间进行电压检测。打开点火开关，A—C 间电压应为 8V 电源电压；在发动机运转时，测量 B—C 间电压，应在 0.3

~5V 间变化，电压呈脉冲变化，最高为 5V，最低为 0.3V，该脉冲电压为传感器的信号电压。如果无脉冲电压输出，说明传感器损坏，则应更换。

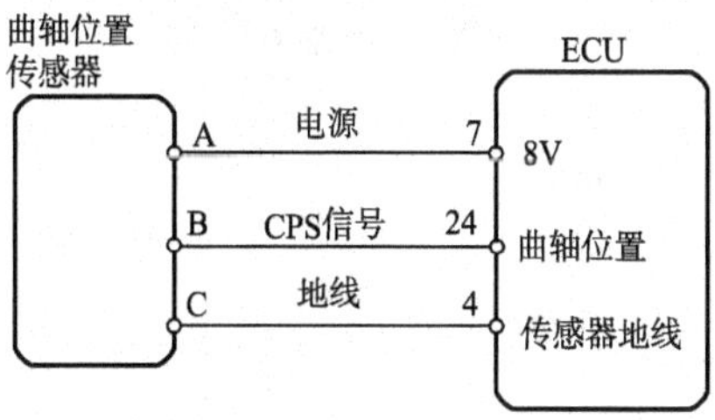

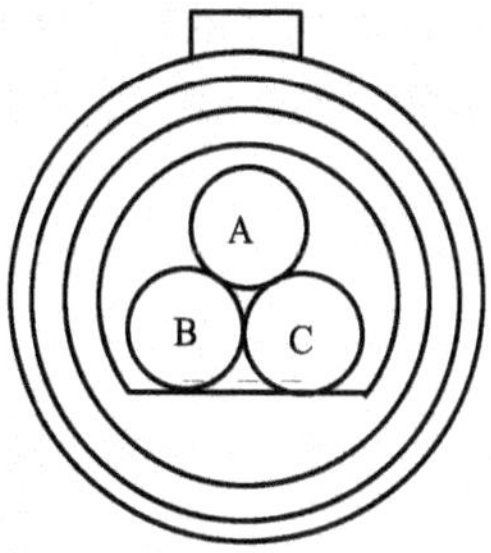

图 6-46 切诺基汽车曲轴位置传感器与 ECU 的连接电路及三个端子 A、B、C 的位置

③ 电阻的检测。关闭点火开关，拔下曲轴位置传感器导线连接器。用万用表测量传感器的 A—B 或 A—C 间电阻，应为∞，如果不是∞，则应更换曲轴位置传感器。

3. 光电式曲轴位置传感器

日产公司采用的光电式曲轴位置传感器安装在分电器内，如图 6-47 所示。它由信号发生器和带缝隙、光孔的信号盘组成。信号盘安装在分电器轴上，随分电器轴一起转动，它的外围均布有 360 条缝隙，这些缝隙即是光孔，产生 1°信号。对于六缸发动机，在信号盘外围稍靠内的圆上，间隔 60°分布六个光孔，产生 120°曲轴转角信号，其中有一个较宽的光孔是产生第一缸上止点对应的 120°信号缝隙，如图 6-48 所示。

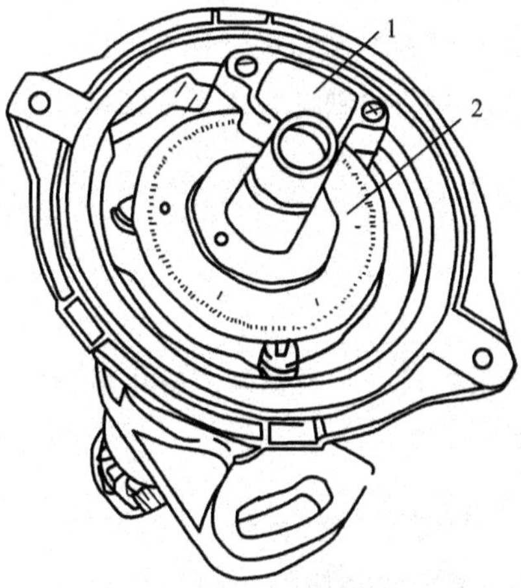

图 6-47 光电式曲轴位置传感器

1—曲轴转角传感器；2—信号盘

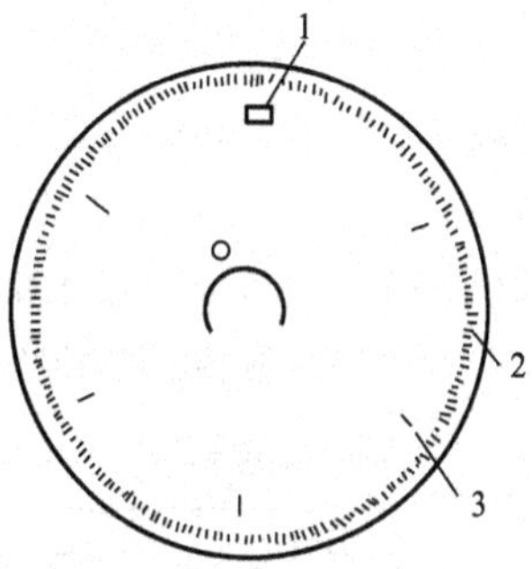

图 6-48 信号盘的结构

1—120°信号孔（第 1 缸）；

2—1°信号孔；3—120°信号孔

信号发生器安装在分电器壳体上，如图 6-49 所示。它由两只发光二极管、两只光敏二极管和电子电路组成。两只发光二极管分别对正着两只光敏二极管，信号盘在发光二极管和光敏二极管之间。发动机曲轴运转时，带动分电器轴和信号盘转动。因为信号盘上有孔，所以产生透光和遮光的交替变化，使信号发生器输出表征曲轴位置和曲轴转角的脉冲信号。

当发光二极管的光束照射到光敏二极管上时，光敏二极管感光产生电压；当发光二极管的光束被遮挡时，光敏二极管产生的电压为零。将光敏二极管产生的脉冲电压输入电子电路经放大整形后，向 ECU 输人曲轴转角的1°信号和120°信号。由于信号发生器安装位置的关系，120°信号在活塞上止点前70°输出。发动机曲轴转两圈，分电器轴转一圈，1°信号发生器输出360个脉冲，每个脉冲周期高电位对应1°，低电位也对应1°，表征曲轴转角720°。与此同时，120°信号发生器在各缸压缩行程上止点前70°产生一个脉冲，六个缸共产生6个脉冲信号。

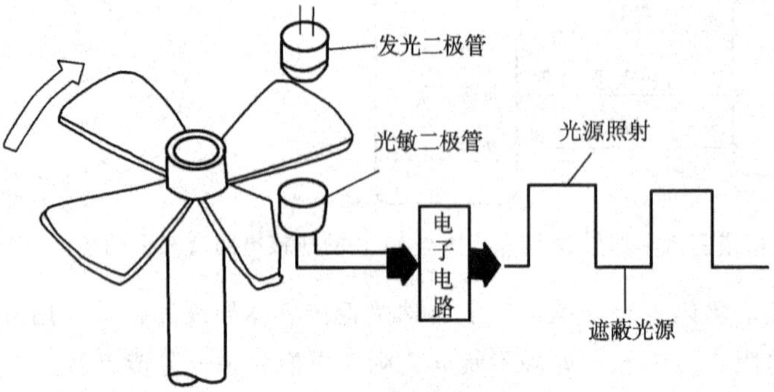

图 6-49　信号盘的结构

（四）其他转角位置传感器

1. 凸轮轴位置传感器作用

凸轮轴位置传感器（CMP）又称为气缸识别传感器（CIS），凸轮轴位置传感器一般都用 CIS 表示。凸轮轴位置传感器的功用是采集配气凸轮轴的位置信号，并输入 ECU，以便 ECU 识别气缸1压缩上止点，从而进行顺序喷油控制、点火时刻控制和爆燃控制。此外，凸轮轴位置信号还用于发动机起动时识别出第一次点火时刻。因为凸轮轴位置传感器能够识别哪一个气缸活塞即将到达上止点，所以称为气缸识别传感器。

2. 凸轮轴位置传感器安装位置

一般安装在凸轮轴一端或分电器内

3. 凸轮轴位置传感器工作原理

凸轮轴位置传感器可分为磁脉冲式、光电式、霍耳式，其中霍耳式应用最为广泛。图 6-50 所示为霍耳式凸轮轴位置传感器结构与产生的波形。

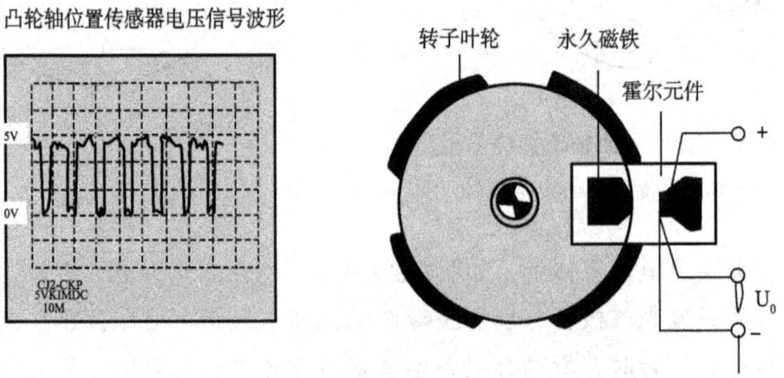

图 6-50　霍耳式凸轮轴位置传感器结构与波形

六、氧传感器的识别与检测

（一）氧传感器的作用

在使用三元催化进化装置的汽油喷射发动机中，一般都在排气管中安排氧传感器，用以检测排气中氧的含量，从而间接地判断进入气缸内混合气的浓度，以便对实际空燃比进行闭环控制，改善发动机的燃烧，减少有害气体的排放、节约燃油。当排气中氧的含量过高时，说明混合气过稀，氧传感器即输出一个电信号给 ECU，让其指令喷油器增加喷油量；当排气中氧的含量过低时，说明混合气过浓，氧传感器立刻将此信息传递给 ECU，让其指令喷油器减少喷油量。

（二）氧传感器的外形及安装位置

如图 6-51 所示，氧传感器均安装在发动机排气管上，排气门后三元催化器前。目前在汽车上使用的氧传感器主要有二氧化钛氧传感器和二氧化锆氧传感器两种类型的传感器。

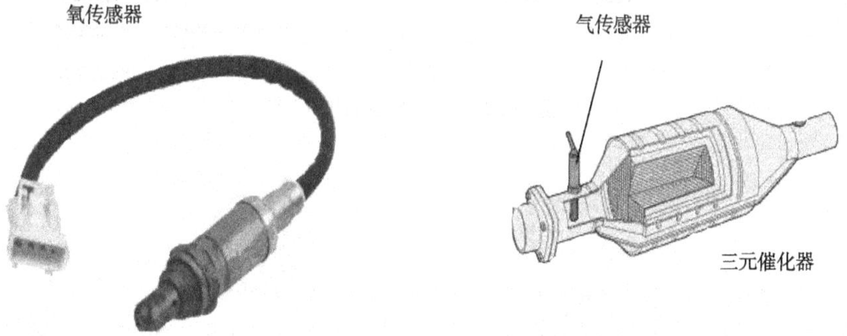

图 6-51　氧传感器外形及安装位置

（三）氧传感器的结构及工作原理

氧化锆式氧传感器主要由氧化锆（ZrO_2）、和护套组成。氧化锆式氧传感器有加热式的和非加热式的两种。现代轿车大部分使用加热式的氧化锆式氧传感器。如图 6-52 所示，加热式的氧传感器在锆管中间有加热棒，锆管是由陶瓷体制成、固定在带有安装螺纹的固定套中。传感器插入排气管中，它的内表面与空气相通，外表面与废气相通。锆管的内、外表面覆盖一层多孔性铂膜作电极，为防止废气腐蚀铂膜，在锆管外表面的铂膜层上覆盖一层多孔陶瓷层，并有一个防护套管，套管上开有槽口或孔。氧传感器的接线端有一个金属护套，上面开有孔，使锆管内表面与空气相通，电线将锆管内表面铂极经绝缘套从传感器引出。

氧化锆式氧传感器的工作原理如图 6-53 所示。锆管的陶瓷体是多孔体，氧气可以渗入该多孔体固体电解质内。温度较高时，氧气发生电离。只要锆管内（大气）外（废气）侧氧含量不一样，存在氧浓度差，则在固体电解质内部氧离子从大气一侧向排气一侧扩散，使锆管形成微电池，在锆管铂极间产生电压。当混合气稀时，排气中氧含量多，两侧氧浓度差小，产生的电压小；当混合气浓时，排气中氧含量少，CO、HO、H_2 的含量较多，这些成分在锆管外表面的铂的催化作用下，与氧发生反应，消耗废气中残余的氧，使锆管外表面氧浓度变成零，这样使得锆管内、外两侧的氧浓度差突然增大，两极间产生的电压也增大。因此，氧传感器产生的电压在过量空气系数 $\lambda=1$ 时产生突变，$\lambda>1$ 时，氧传感器输出电压几乎为零，$\lambda<1$ 时，氧传感器输出电压接近 1V，如图 6-54 所示氧传感器电压特性。在发动机混合气闭环控制过程中，氧传感器相当于一个浓度开关，根据混合气空燃比的变化向 ECU 输入宽度变化的电脉冲信号，ECU 根据氧传感器反馈信号，控制喷油量，使排气中有害气体的成分减到最少。

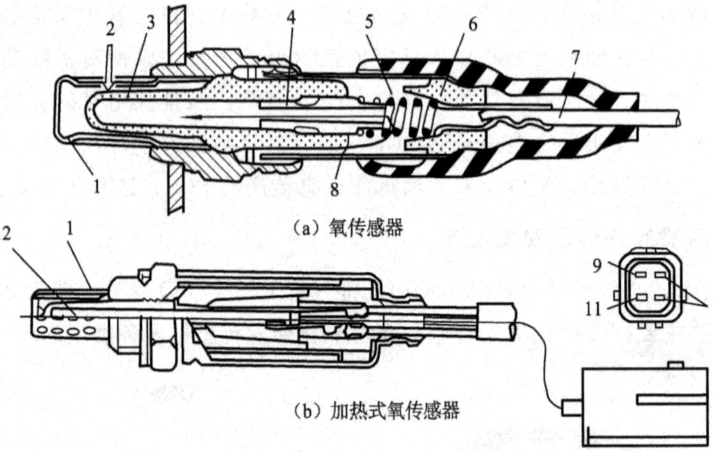

图 6-52 氧化锆式氧传感器

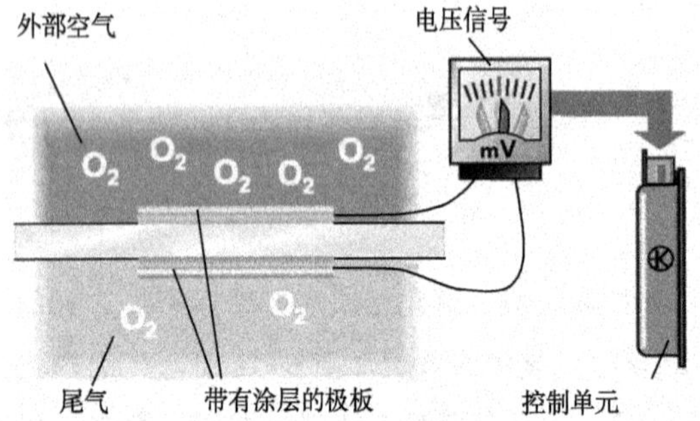

图 6-53 氧化锆式氧传感器的工作原理

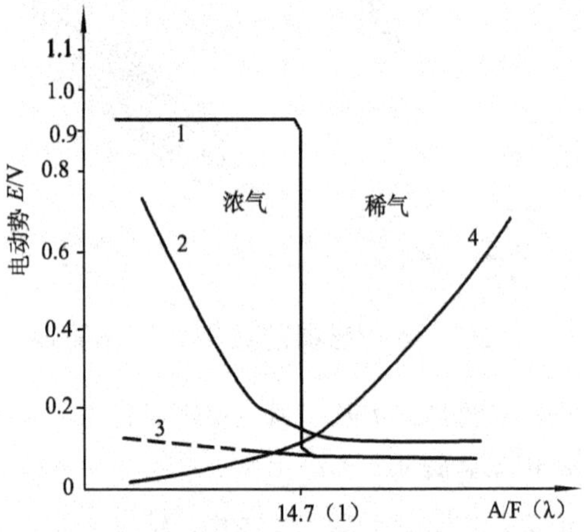

图 6-54 氧传感器的电压特性

氧传感器的这种特性只有在温度较高时（600℃左右）才充分体现出来。在低温时，这种特性会发生很大变化。为了得到稳定的输出，在氧传感器内部增加一个陶瓷加热元件，用于保证其工作温度，这种叫做加热式氧化锆氧传感器，如图 6-55 所示。这种加热式的氧传感器有四根线，两根与 ECU 相连，另外两根是电源正、负极线。加热元件受 ECU 控制，无论排气温度是多少，只要不超过工作极限温度，陶瓷体温度总是不变化。

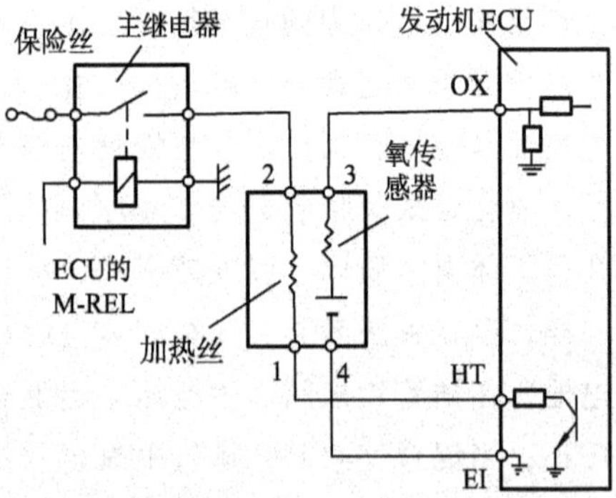

图 6-55 氧传感器接线关系图

（四）氧传感器的检测

（1）氧传感器加热器电阻的检测

点火开关置于“OFF”，拔下氧传感器的导线连接器，用万用表Ω档测量氧传感器接线端中加热器端子与搭铁端子（图6-56的端子1和2）间的电阻，其电阻值应符合标准值（一般为4～40Ω；具体数值参见具体车型说明书）。如不符合标准，应更换氧传感器。

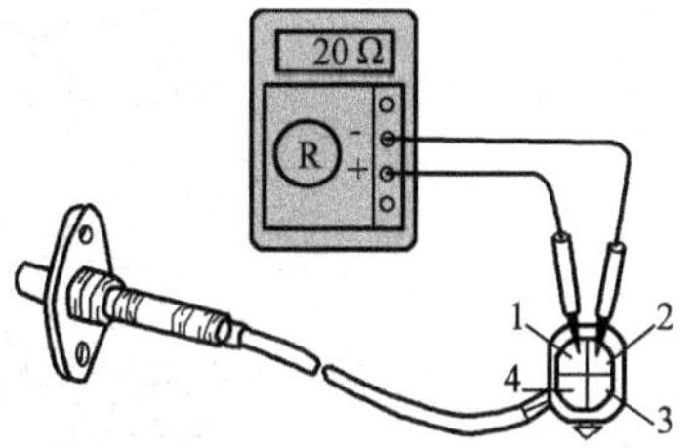

图6-56　测量氧传感器加热器电阻

（2）氧传感器反馈电压的检测

测量电阻后，接好氧传感器线束连接器3，4端子，以便作进一步的检测，让发动机以2500r/min左右的转速保持运转，同时检查电压表指针是否在0～1V之间来回摆动，记下10s内电压表指针摆动次数。在正常情况下，随着反馈控制的进行，氧传感器的电压将在0.4V上下不断变化，10s内反馈电压的变化次数应不少于8次。

二氧化钛式氧传感器和氧化锆式氧传感器的主要区别是：氧化锆式氧传感器是将废氧中的氧分子含量的变化转换成电压的变化；而二氧化钛式氧传感器则是将废气中的氧分子含量的变化转换成传感器电阻的变化。

在发动机的运转过程中，并不是在任何时刻或任何工况下，氧传感器和反馈控制系统都起作用，ECU是通过开环和闭环两种方式对发动机的喷油量进行控制。发动机在起动、大负荷及暖机运转过程中，需要浓混合气，此时ECU处在开环控制状态，氧传感器不起作用。因为氧传感器只有在高温下（一般在390℃）才投入工作，产生可靠信号，而发动机在起动后，在氧传感器未达到一定温度之前，ECU处于开环控制状态。当发动机达到正常工作温度后，ECU才进行闭环控制，氧传感器才起反馈作用。当氧传感器出现故障、输出信号异常时，电控单元会自动切断氧传感器的反馈作用，使发动机进入开环控制工作状态。

使用氧传感器进行反馈控制的发动机必须使用无铅汽油，因为含铅汽油燃烧后废气中的铅分子会附着在氧传感器表面上，会堵塞多孔性铂层，甚至会侵入氧化锆内部，阻碍氧离子的扩散，使氧传感器的灵敏度下降，最终会失效，使发动机进入开环控制状态，出现这种情况称之为氧传感器中毒。此外，氧传感器还会发生硅中毒，即汽油和润滑油中含有硅化合物，燃烧后生成二氧化硅，硅橡胶密封圈使用不当散发出的有机硅气体，都会使氧传感器产生硅中毒而失效。所以在使用和维护作业时，要选用无铅汽油和质量好的润滑油，正确选用和安装橡胶圈，不要在传感器上涂抹不符合原厂规定的溶剂和密封胶。

七、爆震传感器的识别与检测

（一）爆震传感器的作用

爆震传感器将发动机爆震信号转化为电信号传递给ECU，ECU根据爆震信号对点火提前角进行修正，使点火提前角在任何工况下都保持最佳值。

（二）爆震传感器的安装位置

爆震传感器安装在发动机的缸体上或安装在火花塞上，如图 6-57 所示，随时监测发动机的爆震情况。目前采用的有共振型和非共振型两大类。

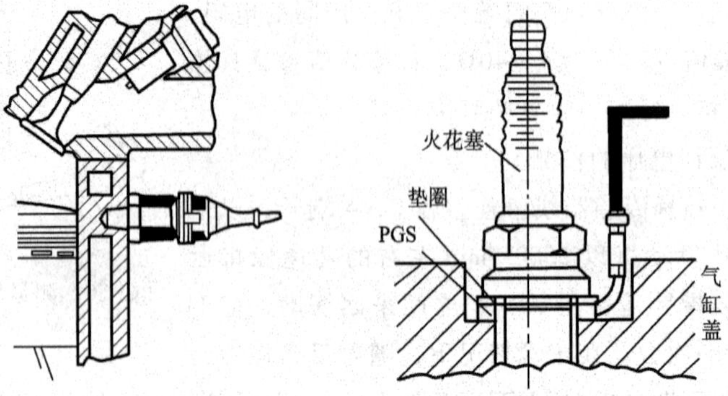

（a）安装在发动机缸体上　（b）安装在火花塞上

图 6-57　爆震传感器的安装位置

（三）爆震传感器的检测

检测发动机爆震可以有三个路径，一是检测气缸压力，二是检测发动机振动，三是检测燃烧噪声。根据气缸压力的检测法，精度最好，但是存在着传感器的耐久性差和难以安装的问题。根据燃烧噪声的检测法，由于是非接触式的，其耐久性很好，但是精度和灵敏度偏低。现在常用检测发动机振动的方法来判断有无爆震。

采用振动检测方法的爆震传感器有磁滞伸缩式和压电式两种。

1. 磁滞伸缩式爆震传感器

磁滞伸缩式爆震传感器应用较早，它安装在发动机上，是一种电感式传感器，其内部有永久磁铁、强磁性铁心以及电磁绕组等。

其工作原理是：当爆震发生，也就是当发动机气缸体出现振动时，铁心受振使电磁绕组的磁通发生变化，根据电磁感应原理，通过线圈的磁通变化时，线圈就会产生感应电动势，这个电动势就是爆震传感器的输出电压信号。当传感器的固有频率与发动机爆震时的振动频率相同时，传感器输出最大信号。

2. 压电式爆震传感器

压电式爆震传感器是利用压电效应原理制成的传感器。什么是压电效应呢？压电效应就是指当沿着一定方向向某些电介质施力而使其变形时，其内部会发生极化，同时在其表面产生电荷的现象。压电式传感器是一种力敏元件，发誓能够转换为力的动态物理量，比如说应力、压力、加速度等都能够进行检测。

压电式传感器又可分为共振型和非共振型两种。

共振型压电爆震传感器

共振型压电爆震传感器主要由压电元件、振荡片、基座等组成。压电元件紧密地贴合在振荡片上，振荡片则固定在传感器的基座上。振荡片随发动机的振荡而振荡。波及压电元件，使其变形而产生电压信号。当发动机爆震时的振动频率与振荡片的固有频率相符合时，振荡片产生共振，此时压电元件将产生最大的电压信号。它的输出特性与磁滞伸缩式类似。

非共振型压电式爆震传感器

非共振型压电式爆震传感器是以接收加速度信号的形式，来判断爆震是否产生的。这种传感器与共振型传感器的不同之处在于：它内部没有振荡片，但设置了一个配重块，配重块以一定的预紧力压紧在压电片上。当发动机产生爆震时，配重块就以一个正比于加速度的交变力，施加在压电片上，从而产生输出信号。

这种传感器产生的输出电压不会很大，不象磁滞伸缩式爆震传感器在爆震频率产生一个较高的输出电压，而是具有平的输出特性。因此，必须将反映发动机振动频率的输出电压信号输送给识别爆震的滤波器中，判别是否由爆震信号产生。

比较共振型压电式传感器，共振型在爆震时输出电压明显增大，易于测量，但传感器必须与发动机配套使用；非共振型用于不同发动机时，只须调整滤波器的频率范围就可以，不需要更换传感器，通用性比较强，这是非共振型压电式爆震传感器的突出优点。

压电式爆震传感器与其他压电传感器一样，必须配合一定的电压放大器，将信号放大并将高阻抗输入变换为低阻抗输出。

任务实施

实车识别各传感器并检测

通过该任务的实施，应在完成该任务的过程中，逐渐掌握正确地识别汽车常用传感器的方法，并运用正确的检测方法对其进行检测，判断出元件是否已经损坏。掌握各种传感器的检测方法。

（一）实训设备、工具与测试仪表

① 实训设备：整车一台、各种传感器若干；

② 测试仪表：万用表、示波器各六套；

③ 工具：试灯、酒精灯、烧杯、温度计各六套。

（二）操作步骤

① 各个组长领取工具、仪表及材料，并分配下发组内成员任务；

② 实车识别元件并利用万用表等设备检测其质量好坏；

③ 各小组讨论检测方案是否合理及检测结果是否正确；

④ 填写工作记录；

⑤ 总结。

（三）注意事项

用加热法检测温度传感器时注意温度传感器一定悬在水中，不能触碰杯壁和杯底。

拓展知识

拓展知识

汽车传感器的发展趋势

未来的汽车传感器技术的发展趋势是微型化、多功能化、集成化和智能化。20世纪末期，设计技术、材料技术，特别是Mems（微电子机械系统）技术的发展使微型传感器提高到了一个新的水平，利用微电子机械加工技术将微米级的敏感元件、信号处理器、数据处理装置封装在同一芯片上，它具有体积小、价格便宜、可靠性高等特点，并且可以明显提高系统测试精度。目前采用Mems技术可以制作检测力学量、磁学量、热学量、化学量和生物量的微型传感器。由于Mems微型传感器在降低汽车电子系统成本及提高其性能方面的优势，它们已开始逐步取代基于传统机电技术的传感器。Mems传感器将成为世界汽车电子的重要构成部分。

汽车传感器和电子系统向着采用Mems传感器的方向发展。PhilipsElectronics公司和ContinentalTreves公司10年销售1亿只用于汽车ABS系统的传感器芯片，生产上达到了一个新的里程碑。两个公司共同开发有源磁场传感器的前瞻性技术，产品已应用在汽车厂家生产的最新的轿车上。ContinentalTeves公司用这种磁阻式转速传感器制作了轮速传感器，用于ABS系统，防滑系统等。

Mems传感器成本低、可靠性好、尺寸小，可以集成在新的系统中，工作时间达到几百万个小时。Mems器件最早的是绝压传感器（Map）和气囊加速度传感器。目前，正在研发和小批量生产的MEMS/MST产品有：轮速旋转传感器，胎压传感器，制冷压力传感器，发动机油压传感器，刹车压力传感器和偏离速率传感器等等。在今后的5—7年Mems器件将大量应用到汽车系统中。

随着微电子技术的发展和电子控制系统在汽车上的应用迅速增加，汽车传感器市场需求将保持高速增长，以Mems技术为基础的微型化、多功能化、集成化和智能化的传感器将逐步取代传统的传感器，成为汽车传感器的主流。

21世纪初期（2010前后），敏感元件与传感器发展的总趋势是小型化、集成化、多功能化、智能化、系统化。传感器领域的主要技术将在现有基础上予以延伸和提高，并加速新一代传感器的开发和产业化。

微机械加工技术（MEMT）和微米/纳米技术将得到高速发展，将成为21世纪传感器领域中带有革命变化的高新技术。采用MEMT制作的MEMS产品（微传感器和微系统），具有划时代的微小体积、低成本、高可靠等独特的优点，预计由微传感器、微执行器以及信号和数据处理装置总装集成的微系统将进入商业市场。

随着新型敏感材料的加速开发，微电子、光电子、生物化学、信息处理等各学科、各种新技术的互相渗透和综合利用，可望研制出一批新颖、先进的传感器。如：新一代光纤传感器、超导传感器、焦平面阵列红外探测器、生物传感器、诊断传感器、智能传感器、基因传感器以及模糊传感器等。

硅传感器的研究、生产和应用将成为主流，半导体工业将更加有力地带动传感器的设计手日工艺制造技术；而微处理器和计算机将进一步带动新一代智能传感器和网络传感器的数据管理和采集。

敏感元件与传感器的更新换代周期将越来越短，其应用领域将得到拓展，二次传感器和传感器系统的应用将大幅度增长，廉价传感器的比例将增大，必将促进世界传感器市场的迅速发展。

高科技在传感技术中的应用比例更加增大。传感技术涉及多学科的交叉，它的设计需要多学科综合理论分析，常规方法已难于满足，CAD技术将得到广泛应用。如：国外在90年代初就研究出了用于硅压力传感器设计的MEMSCAD软件，大型有限元分析软件ANSYS，包含了力、热、声、流体、电、磁等分析模块，在MEMS器件的设计和模拟方面取得了成功。

传感器产业将进一步向着生产规模化、专业化和自动化方向发展。工业化大生产的平面工艺技术将是促进传感器价格大幅度降低的主要动力。而传感器制造的后工序——封装工艺和测试标定（两者的费用约占产品总成本的50%以上）的自动化，将成为关键生产工艺予以突破。

传感器产业的企业结构仍将呈现“大、中、小并举”“集团化、专业化生产共存”的格局，集团化的大公司（含跨国集团公司）将越来越显示出它的垄断作用，而专业化生产的中、小企业因其能适应市场小批量产品的需求，仍有其生存、发展的空间和机遇。

多功能化是指一个传感器能检测2个或者两个以上的特性参数或者化学参数，从而减少汽车传感器数量，提高系统可靠性。

集成化是指利用IC制造技术和精细加工技术制作IC式传感器。

智能化是指传感器与大规模集成电路相结合，带有CPU，具有智能运算作用，以减少ECU的复杂程度，减少其体积，并降低成本。

小　　结

发动机控制系统用传感器是整个汽车传感器的核心，种类很多，包括温度传感器、压力传感器、位置和转速传感器、流量传感器、气体浓度传感器和爆震传感器等。这些传感器向发动机的电子控制单元（ECU）提供发动机的工作状况信息，供ECU对发动机工作状况进行精确控制，以提高发动机的动力性、降低油耗、减少废气排放和进行故障检测。

由于发动机工作在高温（发动机表面温度可达150℃、排气歧管可达650℃）、振动（加速度30g）、冲击（加速度50g）、潮湿（100% RH，－40℃～120℃）以及蒸汽、盐雾、腐蚀和油泥污染的恶劣环境中，因此发动机控制系统用传感器耐恶劣环境的技术指标要比一般工业用传感器高1～2个数量级，其中最关键的是测量精度和可靠性。否则，由传感器带来的测量误差将最终导致发动机控制系统难以正常工作或产生故障。

1. 空气流量传感器

流量传感器主要用于发动机空气流量的测量。空气流量的测量用于发动机控制系统确定燃烧条件、控制空燃比、起动、点火等。空气流量传感器有旋转翼片式（叶片式）、卡门涡旋式、热线式、热膜式等四种类型。旋转翼片式（叶片式）空气流量计结构简单，测量精度较低，测得的空气流量需要进行温度补偿；卡门涡旋式空气流量计无可动部件，反映灵敏，精度较高，也需要进行温度补偿；热线式空气流量计测量精度高，无需温度补偿，但易受气体脉动的影响，易断丝；热膜式空气流量计和热线式空气流量计测量原理一样，但体积少，适合大批量生产，成本低。空气流量传感器的主要技术指标为：工作范围0.11～103m^3/min，工作温度－40℃～120℃，精度≤1%。

2. 压力传感器

压力传感器主要用于检测气缸负压、大气压、涡轮发动机的升压比、气缸内压、油压等。吸气负压式传感器主要用于吸气压、负压、油压检测。汽车用压力传感器应用较多的有电容式、压阻式、差动变压器式（LVDT）、表面弹性波式（SAW）。

电容式压力传感器主要用于检测负压、液压、气压，测量范围20～100kPa，具有输入能量高，动态响应特性好、环境适应性好等特点；压阻式压力传感器受温度影响较大，需要另设温度补偿电路，但适应于大量生产；LVDT式压力传感器有较大的输出，易于数字输出，但抗干扰性差；SAW式压力传感器具有体积小、质量轻、功耗低、可靠性高、灵敏度高、分辨率高、数字输出等特点，用于汽车吸气阀压力检测，能在高温下稳定地工作，是一种较为理想的传感器。

3. 温度传感器

温度传感器主要用于检测发动机温度、吸入气体温度、冷却水温度、燃油温度以及催化温度等。温度用传感器有线绕电阻式、热敏电阻式和热偶电阻式三种主要类型。三种类型传感器各有特点，其应用场合也略有区别。线绕电阻式温度传感器的精度高，但响应特性差；热敏电阻式温度传感器灵敏度高，响应特性较好，但线性差，适应温度较低；热偶电阻式温度传感器的精度高，测量温度范围宽，但需要配合放大器和冷端处理一起使用。

已实用化的产品有热敏电阻式温度传感器（通用型－50℃～130℃，精度1.5%，响应时间10ms；高温型600℃～1000℃，精度5%，响应时间10ms）、铁氧体式温度传感器（ON/OFF型，－40℃～120℃，精度2.0%）、金属或半导体膜空气温度传感器（－40℃～150℃，精度2.0%、5%，响应时间20ms）等。

4. 位置和转速传感器

位置和转速传感器主要用于检测曲轴转角、发动机转速、节气门的开度、车速等。目前汽车使用的位置和转速传感器主要有交流发电机式、磁阻式、霍耳效应式、簧片开关式、光学式、半导体磁性晶体管式等，其测量范围0～360，精度0.5以下，测弯曲角达0.1。

车速传感器种类繁多，有敏感车轮旋转的、也有敏感动力传动轴转动的，还有敏感差速从动轴转动的。当车速高于100km/h时，一般测量方法误差较大，需采用非接触式光电速度传感器，测速范围0.5～250km/h，重复精度0.1%，距离测量误差优于0.3%。

5. 气体浓度传感器

气体浓度传感器主要用于检测车体内气体和废气排放。其中，最主要的是氧传感器，实用化的有氧化锆传感器（使用温度－40℃～900℃，精度1%）、氧化锆浓差电池型气体传感器（使用温度300℃～800℃）、固体电解质式氧化锆气体传感器（使用温度0℃～400℃，精度0.5%），另外还有二氧化钛氧传感器。和氧化锆传感器相比，二氧化钛氧传感器具有结构简单、轻巧、便宜，且抗铅污染能力强的特点。

6. 爆震传感器

爆震传感器用于检测发动机的振动，通过调整点火提前角控制和避免发动机发生爆震。可以通过检测气缸压力、发动机机体振动和燃烧噪声等三种方法来检测爆震。爆震传感器有磁致伸缩式和压电式。磁致伸缩式爆震传感器的使用温度为－40℃～125℃，频率范围为5～10kHz；压电式爆震传感器在中心频率5.417kHz处，其灵敏度可达200mV/g，在振幅为0.1g～10g范围内具有良好线性度。

习　题

一、填空题

1. 空气流量传感器是将吸入的空气转换成电信号送至________测量发动机吸入的空气量，作为决定________的基本信号之一。

2. 空气流量传感器一般安装在进气道上________之前，________之后。

3. 半导体压敏电阻式进气压力传感器用________电阻制成。

4. 发动机冷却液温度传感器检测发动机冷却水温度，向ECU输入温度信号，作为________和________的修正信号。同时也是其他控制系统的控制信号。

5. 磁脉冲式曲轴位置传感器是利用________原理在电磁线圈内产生与曲轴转角位置相对应的感应电动势信号。

6. 当排气中氧的含量过高时，说明混合气________，氧传感器即输出一个电信号给ECU，让其指令喷油器增加喷油量；当排气中氧的含量过低时，说明混合气________，氧传感器立刻将此信息传递给ECU，让其指令喷油器减少喷油量。

二、判断题

1. 热膜式空气流量传感器的原理是保持空气流量计中热电阻的温度恒定。（　　）

2. 冷却液温度传感器主要元件是一个具有正温度系数的半导体热敏电阻。（　　）

3. 在发动机运行中，当曲轴位置传感器出现故障时，会导致信号中断，发动机立即熄火，这时电子控制单元可以诊断到故障并进行存储。（　　）

4. 霍耳传感器是一种磁敏元件。它是利用导体或半导体的磁电转换原理工作的。（　　）

5. 常用检测发动机振动的方法来判断有无爆震。（　　）

三、简答题

1. 半导体压敏电阻式进气压力传感器的特点、构成及工作原理。

2. 试说明进气歧管压力传感器的作用。

3. 简述温度传感器的应用范围。

4. 叙述热线式空气流量传感器所具备的特点包括哪些。

5. 热线式空气流量传感器的构成、分类、工作原理及特点各是什么？

附录　习题参考答案

任务一　习题答案

一、选择题

1. A；2. C，3. C，4. B，5. C，6. C，7. A，8. B，9. C，10. A 。

二、判断题（正确√，错误×）

1. ×，2. √，3. ×，4. ×，5. ×，6. √，7. √，8. ×，9. √，10. ×，11. ×，12. ×，13. ×，14. ×，15. ×。

任务二　习题答案

一、填空题

1. 4Ω、6Ω

2. 相对，有关，不变，无关

3. 电流的代数和，$\Sigma I=0$，各电阻上电压降，各电源电动势，$\Sigma RI=\Sigma E$

4. 电阻，电感，电容

5. $10\sqrt{2}$，10，50，0.02，$\frac{\pi}{4}$

6. 最大值，频率，

7. $\sqrt{3}$，0

8. 380V，220V

9. Y，Δ，Y，Δ

10. 单相触电，双相触电，跨步触电

二、选择题

1. A　2. D　3. D　4. C　5. A　6. B　7. A　8. A

三、判断题

1. ×　2. √　3. √　4. √　5. ×　6. ×　7. √

四．计算题

1. 2V　3. 8Ω　0. 95W

2. $I_1=3A$，　$I_2=2A$，　$I_3=1A$

3. $V_A=21V$

4. （1）$I=35A$，电流的解析式为 $i=35\sin(\omega t-60°)$ A

（2）电路的无功功率 $Q_L=ULI=220\times35=7700$var

5. $I_1 = 1A$　$I_2 = 10A$　$I_3 = 11A$　$U_{AB} = R_3 I_3 = 10 \times 11 = 110V$

6. 22A，22A，11.6kW，66A，36A，34.8kW

任务三　习题答案

一、填空题

1. 磁通变化率，电磁感应
2. 磁通，磁感应强度，磁通等于磁感应强度乘以面积
3. 电磁感应，变电压，变电流，变阻抗
4. 24V
5. 线圈，铁心
6. 通断电流，改变电流大小，改变电流方向
7. 有，消失，越强，越多
8. 较小电流，较大电流

二、选择题

1. D　2. D　3. B

三、判断题

1. ×　2. ×　3. √

四、计算题

1. 2.27A，13.9A，5
2. 2，1100，11A，5.5A

任务四　习题答案

一、填空

1. 变化、不变　2. 串励、并励、复励、他励
3. 制动转矩、驱动转矩　4. 减小电枢电压、电枢回路串电阻
5. 电阻大小　6. 电能、机械能　7. 可旋转的磁铁（转子）
8. 定子绕组　9. 错齿　10. 换向片

二、选择题

1. B　2. A　3. B　4. C　5. D　6. D　7. A　8. C

三、简答题

（略）

任务五　习题答案

一．填空

1. 0、1、001；　2. 1101，1011010，8C；　3. 1100；　4. 010100000011；
5. ASCII；　6. 0、1、高、低；　7. 与、或、非；　8. 有1出0、全0出1

二．判断（每题2分，共6分）

1. ×　2. ×　3. ×

三、选择（每题 2 分，12 分）

1. A　　2. B　　3. C

任务六　习题答案

一、填空

1. 电控单元、喷油；2. 节气门、空气滤清器；3. 负温度系数热敏；4. 燃油喷射、点火正时；5. 电磁感应；6. 过稀、过浓

二、判断题

1. √；2. ×；3. √；4. √；5. √。

三、简答题

略

参 考 文 献

[1] 刘皓宇．汽车电工电子技术［M］．北京：高等教育出版社，2007.

[2] 高树德．汽车电工电子技术基础［M］．北京：机械工业出版社，2005.

[3] 冯渊．汽车电工与电子技术基础［M］．北京：机械工业出版社，2002.

[4] 邓木生，周红兵．模拟电子电路分析与应用［M］．北京：高等教育出版社，2008.

[5] 秦曾煌．电工电子学［M］．北京：高等教育出版社，2000.

[6] 李源生．电工电子技术［M］．北京：清华大学出版社，北京交通大学出版社，2004.

[7] 娄云．汽车电器［M］．北京：机械工业出版社，2004.

[8] Norm Chapman. Principles of Electricity and Electronics for the Automotive Technician［M］．北京：高等教育出版社，2004.